向立足于创

罗利建⊙著

个性化教育

GexingHua

Jiaoyu

经济管理出版社

ECONOMY & MANAGEMENT PUBLISHING HOUSE

图书在版编目（CIP）数据

个性化教育/罗利建著 . —北京：经济管理出版社，2016. 10

ISBN 978-7-5096-4403-4

Ⅰ.①个… Ⅱ.①罗… Ⅲ.①中小学教育—教育研究 Ⅳ.①G632.0

中国版本图书馆 CIP 数据核字（2016）第 096002 号

组稿编辑：郝光明

责任编辑：郝光明 郑学文

责任印制：黄章平

责任校对：赵天宇

出版发行：经济管理出版社

    （北京市海淀区北蜂窝 8 号中雅大厦 A 座 11 层 100038）

网 址：www. E-mp. com. cn

电 话：(010) 51915602

印 刷：三河市聚河金源印刷有限公司

经 销：新华书店

开 本：720mm×1000mm/16

印 张：15. 25

字 数：245 千字

版 次：2016 年 10 月第 1 版 2016 年 10 月第 1 次印刷

书 号：ISBN 978-7-5096-4403-4

定 价：38. 00 元

序

　　基础教育是人生之奠基，方向错了，青少年的成长就会被扭曲。中国自隋朝历经1300余年的科举制度，不知戕害了多少代优秀青年；当今以应付考试、分数第一的应试教育，正在泯灭青少年的想象力和创造力，这与正在崛起的中国是极不相称的。如今应试教育逼迫家长去办私塾、送年少孩子出国学习以及留学。中央人才工作协调小组办公室负责人在接受《人民日报》记者采访时指出：我国流失的顶尖人才数量居世界首位，其中科学和工程领域滞留国外率平均达87%。中国与全球化智库和社会科学文献出版社共同发布的《国际人才蓝皮书：中国移民报告（2014）》显示：中国人移民的首要原因是子女教育。这种种趋势和现象在警示我们：中国的教育必须加速改革。

　　中国的教育怎么改革？首先应从幼儿教育和基础教育着手。中国的基础教育是中国教育改革的重中之重。中国的基础教育关系着中国青少年健康成长的问题，它应怎么改革呢？个性化教育是现实性的选择。当今的个性解放和科技创新已成新时代的主旋律，伟大的时代在强烈地呼唤个性化教育，因为个性化教育不仅是人本教育的具体化，而且它着力于把学生特长发挥到极致，也体现了现代教育的本质特征。个性化教育不仅能促使教师发现并尊重学生现有的个性，因为"善之本在教，教之本在师"（宋·李觏语），而且也能促使学校提供有利于学生个性提升的物质条件。从某种意义来说，教育的目的是培养人的良好个性和创新智慧。个性化教育因为是建立在人本教育基础之上，实行个性化教育，学校、校长以及老师就会主动去发现学生个性的差异、成就上的差异、特长上的差异，这样才能使教者从容地对学生因材施教，促进学生的特长发展到极致，使学生从平庸走向出类拔萃。

我国的孔子是个性化教育的始祖，他教的学生不分尊卑贵贱，"有教无类"，一视同仁，并特别注重学生的个性而施之教育。在共同的目标下，孔子对不同的受教育者提出不同的要求，采用不同的教育方法。孔子还常常对学生的同一个问题有不同的回答。并强调"弟子不必不如师，师不必贤于弟子"、"当仁不让于师"（《论语·卫灵公》），主张学生超过老师，对于今日在学生面前总以"权威"和"真理"自居者而言，应该汗颜。孔子为我们今日之教师做出个性化榜样，他教学生不仅教知识，更教思想，并力求塑造学生的文化个性和君子人格。孔子生在中国，是中国教师之福分，只要我们努力汲取孔子教育精华并与中国当代教育相结合，再汲取世界一切优秀教育思想和方法为我所用，就一定能使中国教育成为最优秀的教育天地，被世人所向往。为此，笔者在写了关于幼儿教育《解放儿童》之后又写了《个性化教育》这本书，是为了抛砖引玉，好与同行切磋。就美国教育来说，有许多地方值得我们借鉴，但大可不必把美国教育推向"神坛"，如今连他们自己也在反省自由放任的教育的弊端。总的来说，美国教育还不如芬兰教育、德国教育。

西方政客总爱在教育方面羞辱中国，尤以参加美国 2016 年总统竞选的惠普前 CEO 费奥里娜为甚，她在与一些政治博客写手聊天时称："中国人没有创业精神，也没有创新意识，还很'缺乏想象力'"，"美国人不应和中国人在通识教育领域竞争"，"教会学生创新、冒险和想象才是美国人所独有的财富，我们不能失去"。此君肯定是没有读过或读不懂中国古代史诗《山海经》和屈原的《离骚》，才有此无知的狂言。在当今中国科技创新的最好时代，我们对此傲慢和偏见的西方政客最好的回击是让创新实力说话，故我要向立足中国创新教育的教师们致敬，这也是我写本书的动力之一。

教育是培养有道德、有智慧并能独立思考和善于创新的人，而个性化教育方能完成此项任务。首章"人本与个性化"系提纲挈领；第二至第四章"中国高考——教改突破口"、"思考之母——阅读"以及"个性解放"是我国教育实行个性化教育必须解决的短板，把它们提在前；然后以文化个性、乐学个性、思辨个性、创新个性、心理个性、动手个性、美德个性七个方面，形成个性化塑造的一个体系进行论述；最后的"教育传承短语"（百则）作为本书的补遗附后，使之与正文相得益彰。

"教育是通向未来的通行证"，个性化教育则是通向光辉未来的通行证。

本书和前期《解放儿童》的出版，经济管理出版社郝光明主任和王琼编辑付出了不少心血，在此一并致以谢意。

我父母都是小学教师。灾年父亡母病，我当了三年农民，才真正读懂中国农民。后来在武隆山区农村中学教学，继后又在重庆技工学校教学，改革开放后方在高校教学至今，我又自办学校十余年，故我特别能体会到中国教师同行的甘苦。特把本书献给教师同行，也献给一生献给小教事业并影响我一生的母亲。

是为序。

罗利建

2016 年 6 月

目　录

第 1 章　人本与个性化 / 001

1. 个性化教育是人本教育的核心 / 003

2. 个性辩证法 / 005

3. 个性化教育首先要确立人的主体意识 / 008

4. 个性化教育需要学校形成个性化 / 010

5. 个性化教育就是把素质教育融入智力教育之中 / 013

6. 个性化教育是中国当代教育的发展趋势 / 015

7. 泯灭个性是中国教育的最大危机 / 017

第 2 章　中国高考——教改突破口 / 021

8. 中国高考最紧缺的是考学生的思想 / 023

9. 败亦高考，成亦高考 / 026

10. 高考改革应把语文改革作为突破口 / 028

11. "素质高考"是一种形而上学的考试 / 031

12. 中国高考应实行双轨制，废除推荐制 / 033

13. 农村子弟进高校逐年下降是高考招生战略性失误 / 035

14. 英语在高考普考科目中应禁止作主考科目 / 037

第3章　思考之母——阅读 / 041

15. 阅读能力是知识积累和独立思考的利器 / 043

16. 不爱阅读的民族就不会有光明的未来 / 045

17. 丢了读书大国传统就是败家子 / 047

18. 阅读是在享受孤独 / 051

19. 阅读不是当书奴而是超越 / 053

20. 我们应力求把"浅阅读"转化为"深阅读" / 055

21. 从少年儿童抓起，改变中国人缺少阅读的不良习惯 / 057

第4章　个性解放 / 063

22. 中国教育离不开中国文化主旋律——个性解放 / 065

23. 个性解放就是顺其自然 / 067

24. 因材施教是学生个性解放的必要手段 / 069

25. 个性解放就是按规律办事 / 071

26. 没有分离就没有孩子的自由可言 / 074

27. 把自由还给学生 / 077

28. 孩子做"中等生"，挺好！ / 079

第5章　文化个性 / 083

29. 让中国孩子拥有"文化个性"地成长 / 085

30. 我们应该追求怎样的"文化个性" / 087

31. 我们没有任何理由在孔子的"启发式"面前后退 / 090

32. 中国文化底蕴的匮乏导致中国孩子缺少阳刚之气 / 093

33. 抛弃了传统文化的"乌龙指"教改是十分危险的 / 095

34. 我赞赏但不支持"桃花源"式教育 / 097

第6章　乐学个性 / **101**

35. 倡导乐学，摒弃苦学 / **103**

36. 让创新教育使学生快乐 / **106**

37. 让学生在课堂诞生"精彩观念" / **108**

38. 用最自由的方式享受学习 / **110**

39. 让课堂教学成为学生一种难得的享受 / **112**

40. 过度教育必然会导致厌学 / **114**

41. 青春最不能错过的是独立性 / **116**

第7章　思辨个性 / **119**

42. 平等交流是思辨个性形成的前提 / **121**

43. "爱提问"最易彰显学生的思辨个性 / **123**

44. 让孩子从小学会思考 / **126**

45. 不要让"述而不作，信而好古"再戕害我们青少年 / **128**

46. 应试教育使中国青少年辩证思维退化 / **130**

47. "探究性问题意识"是"探究式教学"成功的保证 / **133**

第8章　创新个性 / **135**

48. 教育创新的根本是创新个性人才的培养 / **137**

49. 再不能为我国青少年创造力低而麻木 / **139**

50. 让学生始终保持发现的喜悦 / **142**

51. 教育要有"创新立国"意识 / **145**

52. 中国学生需要一场"想象革命" / **148**

第9章　心理个性 / 151

53. 教育要抓住心理个性的支点——情感 / 153

54. 抛弃竞争就会制造平庸 / 156

55. 有了自信的生态环境才能孕育自信的心理 / 159

56. 学会用"延迟满足"来战胜自己 / 162

57. 树立学生抗挫折力和灾难意识 / 164

第10章　动手个性 / 167

58. 用"工匠精神"改变鄙弃动手能力陋习 / 169

59. 请墨子学说回归应成为当今中国教育的战略之举 / 171

60. 蔑视动手能力成了中国人强国之痛 / 174

61. 让儿童从小就养成动手动脑的良好习惯 / 177

62. 优质职业教育是国家竞争力的重要方面军 / 179

63. 忘了培训新一代农民将会造成重大失误 / 181

第11章　美德个性 / 185

64. 仁爱是教育的第一要义 / 187

65. 不学礼，无以立 / 191

66. 尊重是德育必须具备的基本美德 / 193

67. 辨善恶是美德个性形成的前提 / 197

68. 用"良心"塑造学生的"君子人格" / 199

69. 做个"好老师" / 202

70. "美育者，以陶养感情为目的者也" / 204

教育传承短语（百则）/ 209

参考文献 / 233

第 1 章

人本与个性化

　　个性化教育是建立在人本教育基础之上的教育，它又是人本教育的具体化。我们检验教育是否实行人本教育时，其中一个主要指标就是是否实施了个性化教育。个性化教育对现代国家人才建设之所以重要，是因为它更接近教育的本质，即既注重培养被教育者有道德、有智慧，更注重培养被教育者独立思想和创新能力的形成。

1 个性化教育是人本教育的核心

●○ --

　　教育是培养有道德、有智慧并能独立思考、立足于创新的人。培养有道德、有智慧的人是教育的普遍原则，但它必须实行个性化教育，使学生能独立思考和立足于创新，才能实现上述原则。中国封建科举制和当代应试教育抛弃了个性化教育，抛弃了学生的独立思考，抛弃了学生立足于创新，反过来从根本上损害了培养有道德、有智慧这一教育原则，从而抛弃了人本教育本身。

-- ○●

　　什么是教育？教育是培养有道德、有智慧并能独立思考、立足于创新的人。教育的对象和核心是活生生的人，因此，人本教育是教育的根基。培养有道德、有智慧的人是教育的大前提，如果培养出来的人无道德或逆道德、无智慧或逆智慧，则是教育的失败，可以肯定地说这是教育出了问题。教育在培养有道德、有智慧的人的前提下，则要着力于培养能独立思考和立足于创新的人。培养能独立思考和立足于创新的人，就必须实行个性化教育，因为只有实行个性化教育，学校才有实施独立思考、也才有立足于创新的动力和活力的生态氛围，这是尊重学生、尊重个性、欣赏差异的生态氛围，因此，个性化教育是人本教育的核心，也是实施人本教育的基本标量。我们在考察学校教育是否实行人本教育，只要具体考察学校教育是否实施个性化教育；我们在考察学校教育是否实施个性化教育，只要着力于考察学校师生是否拥有独立思考和立足于创新的生态环境以及学生是否拥有独立思考能力，才是检验教育良劣真伪的试金石。

　　几千年来，我们的教育只是不同程度和不同角度地注意到了对人的道德和智慧的培养，却有意或无意地忽略了对学生思考力，特别是对学生创新能力的培养。对学生有道德、有智慧的培养，是涉及教育的共性化问题，是教育所普遍应该遵循的原则；而培养学生成为能独立思考和立足于创新的人，则是必须实行个性化教育才能完成的。长期以来的教育只重视或只专注共性化而忽略甚至放弃个性化，培养出来的学生必然是扭曲的、不合格的。而中外教育史显示，那些既重视道德和智慧，又特别善于独立思考并立足于创新的人，在他的短暂一生中往往会有卓越的业绩；相反，那些喜欢死记硬背、不善独立思考和不善创新而取得好成绩的人，走向社会后"卓越"总与他无缘。

中国自隋朝到清朝 1300 多年的封建科举制度，若按 20 年为一代的话，历经 65 代，也就是让 65 代中国最优秀的青年泯灭了个性，也泯灭了创新才能。我们从中国史中最卓越的人才中，没有看到有一个是封建科举状元出身的；中国现代应试教育愈演愈烈是"文革"过后恢复高考以后。一份调查报告显示：1977~2008 年 32 年的 1000 余位高考"状元"中，没发现一位是做学问、经商、从政等方面的顶尖人才，他们的职业成就远低于社会预期（《解放日报》，2010.6.28）。中国古代 65 代科举"状元"和中国当代应试教育的"状元"都不能因他们"非凡第一"而成了"不状元"，皆为何故？其源于中国封建科举和当代的中国应试教育排斥人本教育，特别地排斥个性化教育。

中国的封建科举制度自隋朝大业三年（607 年）设立以来到满清末年废止，其选拔官员制度与应试教育相结合，达到巩固封建王朝统治的目的。盛唐科举制度较为开放，较为偏重于具有创新性的诗赋，再加之口试、帖经、墨义和策问等方式进行选拔人才。到了明清，不仅废除了唐代的诗赋、策问，而且试题及答案一律以朱熹的《四书集注》为标准，文章实行由破题、承题、起讲、入手、起股、中股、后股、束股八个部分严格组合的八股文，内容只准尊圣忠经，不许考生自由发挥。这种让考生没有自己的思想、不准有自己的思想的科举考试，由于抛弃了考生的独立思考，科举考试拒绝了个性化，也直接损害了"有道德、有智慧"，使"有道德"成了符合封建三纲五常的道德，使"有智慧"成了对封建"五经"的注解和诠释，无人敢也无人言把智慧凌驾于儒家经典之上，想想这样的"智慧"是什么层次的"智慧"，也想想这样的科举能产生思想大家吗？

中国当代的应试教育，使教学围绕考试转，把分数作为学生优劣的等价物。这不仅使学生分数成了自己的命根，由于这种见物不见人的教育，跟科举考试一样，教师让学生背有关"范文"，夜以继日地练习升学出现的各种题型。这种以记忆为核心的、只寻唯一答案的应试教育，使学生失去独立思考、失去想象力、失去创新的激情，唯一能使学生亢奋的只是考试的分数。学生的个性被泯灭了，教师的个性被泯灭了，学校的个性被泯灭了，这种抛弃人的发展的教育体制，从根本上排斥了人本教育。

个性辩证法

●○--

　　个性是在共性中产生的，因此，我们讲个性化教育不能离开共性化，即普遍共同的教育，因为共性中有个性、个性中有共性。中国传统的千人一面的教育共性化排斥了个性化，而美国传统的自由放任的教育却排斥了共性，都是不可取的。而人们实施的个性化教育，由于没有共性化教育奠基，它还不是真正意义上的个性化教育。

--○●

　　中国的孔子最先实行因材施教，这是个性化教育的发端，因此，孔子是个性化教育之始祖。他在 2500 年前实施个性化教育时，对每个学生的性格、才能、志趣和专长都了如指掌，并按照学生不同个性提出不同的要求，对同一个问题常常有不同的回答。最为生动的有这样一个事例：学生子路问孔子："一听说某事便立刻去做吗？"他要求子路先征求父兄的意见再去做；而对学生冉求提出同样问题，孔子却有不同的回答，要求一听便去做。公西华诧异而问其

故，孔子说：子路胆大勇为、鲁莽草率，所以我教他遇事不妨后退一步；而冉求胆小畏缩，少有闯劲，所以我提醒他做事不要犹豫（据《论语·先进》）。"

当今的教学中，强调个性化教育还存在很大的误区，把个性化教育理解为个别化教育，甚至理解为一对一的个别教育，这显然把个性化教育理想化和教条化。应该说个别化教育和个别教育与传统的注入式教育没有质的差别，只是方法上的区别。关于个别性教育，我国在教育理论和实践中运用了多种方法，诸如分层递进、差异教学、异步教学、区别教学、自然分材教学、分层分类教学、选修课、弹性课程、走班制、自主选班等。这种个别化教育不仅极大地加大教学成本和教师的精力，而且会收效甚微甚至会适得其反。这是因为这种因材施教的差异性教学，只看到被教育对象存在差异，而忽略和否定了被教育对象非差异的地方。差异是一种个性化的表露，非差异则是一种共性化的显现。是从传统教学只重视整体性的另一个极端的表现，整体性不存在了，个体性又怎么存在呢？加之，这种差异性教学只在扶植学生的暂时表现的某一强项，而有意让他的弱项更弱，这跟中学阶段的通识教育目标是背道而驰的。如果把个性化教育等同于个别教育，就使个性化教育更引向歧途，因为个别教育是一对一或多对一的教育，这种教育就是脱离学校的家长或家教教育，它似乎针对了个人或个人的个性，但失去群体的互动、启发和影响，这种个性往往是单向的，它的生气是很容易枯竭的。

为什么许多教育者把个别化教育和个别教育视为个性教育呢？主要原因是我们的教育长期在这两个极端中徘徊，不去思考个性与共性的辩证关系。中国传统教育注重被教育者的整体性，即共性而忽略学生的个性，千篇一律，唯唯诺诺，千人一面，甚至连思维方式和行为举止都是一致的，这就是教育只求共性而抛弃个性的一面。美国是一个没经过封建社会的年轻国家，因此，它的教育受封建束缚很少，追求个性的绝对自由。由于教育抛弃了共性而只追求绝对的个性，这种没经过整体性制约的个体性就成了任性、唯我独大甚至飞扬跋扈。显然这两种教育观都违背了辩证法。

怎样看待个性？怎样正确地认识个性化教育？这是实施个性化教育的必要

前提。个性是指一个人特有的精神风貌，指一个人在思想、性格、品质、兴趣、爱好、意志、情感、态度等方面不同于其他人的特质，这个特质表现于外就是他的言行、兴趣喜好和情感方式。而一个人的这种个性主要是后天在群体的活动中发生的，也就是在人的共性中生发出来的差异。没有共性就无所谓个性，没有个性也就无所谓共性；共性中有个性，个性中有共性。根据这个个性辩证法，在我们讲个性化时，不能忽略共性化，同样，在我们讲共性化时，也不能忽略个性化。作为教育也是如此。个性化与共性化在教育中是不可分割的两个方面，它们相互依存、相互提高，任何强调单方面的做法都会导致另一方面的损害甚至丧失。

因此，个性化教育，应该根据个性辩证法来思考，教者在实施个性化教育之时，应该充分运用适应于被教育者有普遍性的共同性，这样，才能从中孕育出鲜明的个性，从而使教育达到个性化的目的。根据上述辩证观点，我们在实施个性化教育时，就不会在个别化或个别教育中折腾，不管数学、语文、化学、物理、生物、历史、地理、外语、艺术、体育等课程，以及科技活动、课外活动，都应按普遍接受的原则。也就是按共性的原则进行讲课，在这个基础之上才能实现个性化教育。即采用如下措施：①教者与学生平等互动，在共性即普遍性的基础上提出使学生能独立思考的问题，提出的问题应多样化，采取不同个性的学生都能擅长的方式；②教学中教者应实行"和而不同"的原则，尊重差异、鼓励和欣赏学生不同的看法；③不设标准答案，只要言之有理都是一种好的答案；④教者与学生平等对话，鼓励学生超过老师或某项权威；⑤对学生幼稚或肤浅的看法不嘲讽，甚至应予以鼓励；⑥学生有闪光的独立见解或对某事件有有效的建议，除赞赏外，应给予恰当的肯定，能具体实现的即刻实现，让学生在课堂或课外有成就感；⑦教者对学生一视同仁，对则肯定，错则帮助纠正；⑧教者树立每个学生都能成才观，在施教的过程中，让每个学生的学习积极性都能调动；⑨在学生之中，只要某一方面表现突出，都应视为佼佼者；⑩鼓励课余阅读和实验，在必要时在课堂上阅读或把实验的结果进行展现。

个性化教育首先要确立人的主体意识

教育要培养具有终身心智探究精神、个性健康发展和高度社会责任意识的人才，就必须实行个性化教育。而个性化教育的精髓是人的主体意识。人一旦确立了主体意识，学生就会由"要我学"变为"我要学"；教师就会由"要我教"变为"我要教"；校长就会由"要我改"变为"我要改"。故在学校确立人的主体意识显得多么重要。

如果教育是要培养具有终身心智探究精神、个性健康发展和高度社会责任意识的人才，就非使其确立人的主体意识不可。因为一个有建树的人才，不是只靠学校学习可以获得成功的，而是要靠学生自己一生的努力并且是不懈的奋斗。学校的学习是为将来有所建树的人才奠定继续奋斗的基础。因此，一个人要想一生中有所建树，就必须具有终身探究精神、健康的个性和高度责任感，而要满足这三点，就必须确立人的主体意识。

什么是人的主体意识呢？人的主体意识是指人的一种独立主动而非被动依附的、平等尊重而非等级尊卑的、积极进取而非封闭保守的自我强化、自我完善的意识。那么，个性化教育为什么首先要确立师生的主体意识呢？它有哪些特点呢？

第一，个性化教育的必要前提是学生是教育的主体，这个主体，就意味着学生作为主体的人，不管是学生个体还是学生群体，都应是教育的主体。学生既然是教育的主体，就必须改变"教师中心"的传统价值观，即应彻底改变学生处于"被学习"的氛围，改变以教为主为师生互动，改变教师教学生学为学生主动要学，改变师道尊严为师生平等，改变蔑视个性为重视个性，改变被迫学习为享受学习、学会学习，改变教育中不见"人"为处处见"人"的局面。

第二，要确立主体意识，教育必须进行革命性的变革，使学校真正做到以人为本，而学校真正的以人为本的实现，就要落实到个性教育上来。这就要落实 2001 年 6 月教育部发布的《基础教育课程改革纲要（试行）》的明确目标，改变课程实施过于强调接受学习，死记硬背、机械训练的现状，倡导学生主动参与，乐于探究、勤于动手，培养学生收集和处理信息的能力，获取新知识的能力，分析和解决问题的能力以及交流与合作的能力。纲要中的教改目标明确、清晰，但十多年来，应试教育却依然故我，朝气蓬勃的青少年仍然是习题的奴隶、考试的奴隶，这显然与确立人的主体意识背道而驰，此种状况的延续主要是改革没有抓住要害：首先应改革作为指挥棒的高考。

第三，教育培养什么样的人，这是教育者教育的前提。试想，一个教育者连培养什么样的人也不清楚，又怎么实施个性化教育呢？因为个性化教育必须具有师生皆形成主体意识才行。学生形成了主体意识，才拥有独立思考的能力，拥有独立思考能力，就不会做习题的奴隶、分数的奴隶，并敢于质疑权威，善于与老师互动，成为有个性的学子；教师形成了主体意识，也才拥有独立思考的精神，才不对"上课讲试卷，下课排名位，外出开考会"的泯灭学生个性的教学行为而麻木不仁，而会奋起教学改革，同心协力让应试教育扫地出门，换之以人本教育；校长形成了主体意识，才能以人为本，尊重师生的意愿，给师生较大的自主权，尊重教育的规律，把以学生健康成长作为学校成功的标志，力求教育改革，鼓励教师创新，赞赏学生立志超过权威，为享受学习和不断创新创造出良好的生态环境。

第四，学校的主体意识的确立还有一个显著标志，就是让每一个人都感到自己很重要。"优秀"不是一个，也不只在成绩而是在多元化领域。就像已故的优秀小学教师霍懋征生前所倡导和实行的"无差等"的教育原则，即"不放弃一个学生"、"没有教不好的学生"。她的这种教育观对我们教育者是一个有益的启示：我们的教育不可能使每个学生都成为专家学者、部长、司长，但我们应该把学生都培养成对社会有用的好工人、好农民、好公民。

第五，主体意识的确立还有一个最重要的标志是自己做自己的救星。在社会生活中，每一个人的生活都不会是一帆风顺的，有低谷、有困惑、有屈辱、有坎坷、有危难、有艰险、有不幸、有意外等不测，当一个人遇到这些困厄是迎难而上还是退避三舍？是勇于挑战还是相信宿命？是磨炼意志还是看破红尘？这涉及一个人是否确立了主体意识，具体来说，也涉及一个人是否树立了自己做自己救星的观念。因此，在学校个性化教育中，要用种种方法让学生树立自己做自己救星的观念，当他们走向社会时，一旦遭遇到困厄，就会迎难而上，坦然地接受暴风雨的洗礼，使自己在困厄中长成参天大树。

个性化教育需要学校形成个性化

●○--

　　　　没有个性化的学校就很难让个性化教育茁壮成长，因为个性化学校是个性化教育成长的温床。个性化学校的形成必须具备三个条件：一是学校能鼓励学生独立思考和创新；二是学校利于激励学生；三是师生之间能平等、自由地交流。一个学校要形成个性化学校，这三个条件缺一不可。

--○●

　　个性化教育需要学校形成个性化，没有个性化的学校就形成不了个性化氛围，没有个性化氛围，即使有教师实行了个性化教育也不会长久。学校个性化是教师实施个性化教育必备的条件。因此，个性化教育需要的校长是现代教育家或全身心献给教育的教育工作者，而不是只懂抓升学率的行政官员。

　　首先，个性化学校的第一个条件是最为重要的，如果一个学校学生普遍没有独立思考能力和创新力，那什么"个性化学校"都免谈。因为只有学生普遍具有独立思考能力和创新力，才能有学生个性化展现。这一教育法则不仅适合中小学教育，同时适用于幼儿教育和大学教育。就幼儿教育来说，本来是童言无忌，爱讲具有个性色彩的真话，家长或幼儿教师要幼儿按大人的思路和语言去思考和说话，就从小损害了幼儿独立思考能力和创新力，自然构不成个性化幼儿园。当今流行的"虎妈"、"狼爸"，就是扼杀幼儿独立思想的典型育儿法。就大学来说，它是无条件追求真理的地方，而追求真理极具个性色彩，这种个性色彩主要体现在按个人的个性对真理执着地探索，探索真理是探索未知领域，没有独立思考能力和创新力就等于对未知领域的探索解除了武装。我国的清华、北大之所以成为中国一流大学，就在于它们拥有"独立之精神，自由之思想"（蔡元培语），在一定意义上来说，独立思考能力是探索真理的必备前提。我们再看作为基础教育的中小学来说，独立思考能力和创新力对学生和学校多么重要。个性，是指一个人在思想、性格、品质、意志、情感、态度等方面不同于其他人的特质，而这种特质总是通过独立思考来实现的。当今我国基础教育以死记硬背为核心的、教学围绕考试转的应试教育，彻底损害了中小学青少年的独立思考能力和创新力，也从根本上泯灭了青少年的个性，因此，应试教育不解除，属于基础教育的中小学教育，就免谈个性化学校。基础教育要改变这一与时代相悖的局面，就应拜我们新教育的先行者陶行知先生为师，他强调学生要有独立的思想、有判断是非的能力。他的下述真言对中国当代基础教育极具指导意义："解放他们的空间，使他能到大自然、大社会里去取得更丰富的学问；释放他的时间，不把他的功课表填满；不逼迫他赶考，不和家长联合起来在功课上夹攻，要给他一些空闲时间消化所学，并且学一点他自己渴望要学的学问"（《陶行知教育名著教师读本》金林祥、张雪蓉编注，上海教育出版社，2006年版，第129页）。

其次，个性化学校的第二个条件是要使学校的精神以及教师利于或善于激励学生。学校的精神不能千篇一律，其校训都在"求实"、"创新"、"团结"、"严谨"、"自强"这些有名无实的口号下搞师生"大一统"，千校一面，大都毫无特色，既然有名无实而无特色，那还有什么个性化学校可言呢？清华大学由梁启超拟定的校训："自强不息，厚德载物"，这取自《易经大传》的两句话，既体现了中华民族之精神，又体现了清华大学之精神，使清华大学从诞生之日到现在，都体现了"学贯中西、融汇古今"的清华之个性，这种清华精神激励着一代又一代清华人。清华大学20世纪30年代实行大学生一年级不分科，自然科学和人文科学并重，形成清华人自己并互相激励机制，名教授为一年级学生上课，使师生涌现出一大批一流的学者和科学家。在基础教育方面，善于激励学生，江苏泰兴的"洋思经验"值得借鉴。洋思中学本来是一所师资三流、设备三流、生源三流的偏僻、落后、薄弱的农村学校。经过几十年的发展，现在有将近70个班，全校3300多名学生中仅15%是本地生，其余都是来自全国各地的学生，而来洋思求学的很多都是令家长头疼的学生。是什么原因使洋思中学由三流学校一跃为远近闻名的、具有个性的学校？它鲜明的个性体现在它的学校精神和教师都利于或善于激发学生。学校制定了激发学生的三个原则：自主而不自流、放手而不放任、互动而不浮动，加之反复强调"没有教不好的学生"这一铁定原则，极大地激活了学校自我激励、师生激励、互相激励的生态氛围。教师在人本教育的基础上，尽量呵护和培育学生的个性：教师的出场不是解答，不是告知，不是传授，而是精彩地引导。引导要作为问题、方法、答案、规律、内涵的桥梁，形成能力，找到方法，获得情感上的熏陶，从而最大限度地激发了学生独立思考和创造思维，使学生的思考和学习个性彰显。

最后，个性化学校的第三个条件是师生在自己拥有个性化的前提下，校长、教师和学生间能平等地交流。幼儿与家长之间，家长是"虎妈"、"狼爸"，甚至"三天一大打、两天一小打"，幼儿与家长能平等地交流吗？基础教育是青少年成长的关键时期，学校挥之不去的"师道尊严"，能让校长和老师与学生平等地交流吗？在这阶段，教师总以权威自居，或俨然要保持自己的"尊严"，不苟言笑，这样很难与学生沟通，更难在互相尊重的前提下师生相互辩论，这怎么能形成相互之间的交流呢？因此，要形成相互交流的生态环境，幼儿的家长要拒绝当"虎妈"、"狼爸"；基础教育的中小学要去掉由来已久的"教师爷"式的"师道尊严"；大学教师应与学生主动交流，并向学生学习。这正是陶行知先生所主张的"以教人者教己"。

个性化教育就是把素质教育融入智力教育之中

素质教育推行近20年却收效甚微，许多校长搞了多年还不清楚何为素质，这个责任在于我们在推广素质教育时没有把素质教育的内涵明确化，让校长和教师无所适从。其实，素质教育是针对应试教育的，是对传统的智力教育的修正和改造，只有把确立学生独立思考能力、呵护和培育学生具有个性兴趣并加以适当鼓励、提倡学生好问善疑这三大素质融入智力教育之中，才是真正的现代个性化教育。

我国素质教育自1987年提出以来，将近30年了，但它在应试教育面前显得屡弱，应试教育至今岿然不动。据了解，许多中小学校校长至今还不清楚素质教育为何物。有的教育部门和学校，认为素质教育就是没有考试的教育，于是致力于淡化或停止考试，这显然是对素质教育很大的误解。这种误解来源于把素质教育与传统的智力教育对立起来，人为地把素质教育和智力教育分成两张皮，并把它们之间的关系视为零和游戏，即要树立素质教育就要消失或弱化智力教育；要固守智力教育就谈不上素质教育，就使校长和教师处于两难境地。其实，素质教育融入智力教育之中，两者相融而不能分割，一旦两者相融，那么，它就形成了个性化教育。所以说，个性化教育就是把素质教育融入智力教育之中。

素质教育，一般是指生理素质教育、心理素质教育、社会文化素质教育的总和，这是一个非常宽泛的、内容极为丰富的概念。1987年针对应试教育而提出的素质教育，显然是针对基础教育，特别是针对应试教育排挤基础教育中所缺乏的素质而提出来的；1999 年 6 月，素质教育以政府行为提出来以后，更加强了中小学校展开素质教育的召唤力。但提出者对素质教育的"素质"在理论上没有进行合理的解释和指导，加之对应试教育的一切围绕考试转的中考、高考没有进行有利于教育素质的渗透，对高考改革一直在犹豫之中徘徊。由于素质教育在提出以后并没有触动应试教育的根基，几十年来应试教育依然故我是十分自然的事。

针对应试教育的问题而提出的素质教育的素质，应是克服应试教育的弊端所采取的举措。应试教育把学生当"物"来培养，当成应付考试的"机器"来训练，在整个教育和教学过程中，见"物"不见"人"，见"机器"不见富有创造力的"生灵"。要改变这个现状，就应树立学生独立思考为己任这样的素质来冲击它；应试教育为了让学生应付升学考试，教师让学生背有关"范文"，夜以继日地让学生练习升学考试出现的各种题型，为此，把学生玩耍、阅读、交流以及思考的空间全部占领，更难有个性兴趣的选择，针对这种情况，在浓缩和精简知识教材的基础上，让学生有更多的时间去做自己感兴趣的事，去思考各种问题，这就需要呵护和培育学生具有个性的兴趣并加以适当激励；应试教育只让学生一切围绕考试转，答案只有一个，课内课外都不能也不允许学生好问善疑，因此，针对应试教育这一弊端，必须培养学生具有好问善疑的素质。前面针对应试教育而确立学生树立独立思考能力、呵护和培育学生具有个性兴趣并加以适当的鼓励、提倡学生好问善疑这三大素质完全可以融入于智力教育之中，使智力教育从旧传统中改造过来，这样改变后的智力教育就是个性化教育。

要特别注意，提倡素质教育不是否定智力教育，而是深化了智力教育。教育本身就是一种持续的、强劲的智力活动，关键是看教育者用什么智力教育的方法。封建卫道士需要的是科举式的智力教育方法，神道卫道士需要的是经院式智力教育方法，现代化需要的是富有创造力的个性化智力教育方法。对于智力教育的改造和革新，应取其精华、去其糟粕，是"扬弃"，而不是"抛弃"。

个性化教育是中国当代教育的发展趋势

●○--

有美国人断言：中国会崛起，中国人不会崛起。这种尖刻的断言警示我们，教育再不能拖中国的后腿了。当今有三个因素不允许教育继续落后，中国国家创新驱动战略需要一大批现代观念的创新人才；教师特别是绝大多数家长赞同让孩子有个性；大批中学生反感应试教育并开始觉醒。这三个因素促成个性化教育成为中国当代教育的发展趋势。

--○●

曾经有位美国人断言："中国会崛起，中国人不会崛起。"这种断言虽然片面而刺耳，却有警世作用。他看到中国有钱游客的乱象，他也看到中国的学生被"标准答案"统治，他特别看到教育弊端阻挡中国前进：中国学生大多是死记硬背地学习知识，使中国学生最缺乏创造性和质疑性头脑。这位美国人的看法虽然尖刻，却击中了中国的要害：中国的应试教育是与大国崛起背道而驰的。因此，要么尽快改革不适应大国崛起的应试教育制度，要么坚持、固守应试教育让中国崛起变成空中楼阁。如果是后者，教育主管、校长和教师皆会成为时代的罪人。

中国当今已是世界第二大经济体，如果要使经济可持续发展并使国力长盛不衰，唯一的途径就是人的崛起，没有人的崛起，就没有真正意义上的大国崛起。而人的崛起，主要靠现代教育，现代教育的方向就是人本教育，即培养人的健康个性，发展人的能力和发掘人的潜能的教育，这样的人本教育的核心是把人真正当人来培养，是以人为目的的教育。人既是目的，又是手段，人要靠自己来实现自己。要具体实现上述人本教育的基本目标，就必须实行个性化教育不可。因此，个性化教育是当代中国教育发展的趋势。此其一。

中国改革开放实行的是有指导性的市场经济和民主政治，商品具有天生的平等性，而这种平等逐渐消释学校旧传统的"教师爷"式的师道尊严，使师生逐渐处于平等的地位，再加上国家民主政治的发展，中国长期存在的家长制在家庭教育和学校教育受到冲击，许多家长平等而民主地对待孩子，许多教师厌倦并反感不能体现自我个性价值的应试教育。据调查显示：95%的家长赞同让孩子有个性，教孩子不盲从学校潜规则。有家长表白："学会学习的前提是学会做人，我希望我的女儿是一个独立的生命个体，对这个世界，她应有自己独特的认知。我不想女儿在学校被'模式化'"（《山东商报》2012.10.16）。绝大多数的家长和老师追求学生有个性，这是当今实现个性化教育的重要动力。此其二。

目前我国的应试教育不仅使学生家长反感，也被大多数学生所厌恶。学生对应试教育的厌恶表现为两种方式，一是用消极方式对当前应试教育进行抵制。中国青少年研究中心公布的《中日韩美高中生比较研究报告》（2013.4.11）显示，比起美国、日本、韩国的高中生，中国高中生有着最强的国家意识和最为务实的人生观，却有48.7%的中国高中生希望出生在别国，这反映一个文明古国的孩子的文化自卑，这既有我们有关部门抓文化软实力不够的原因，更意味着我们的孩子被应试教育压得喘不过气来，"状元榜"这种泯灭个性的分数竞赛让绝大多数孩子都成为失败者，让他们心灵受到极大的伤害，才对外国认识存在很多幻想。二是消极抵御应试教育的方式，是家长选取孩子"在家上学"的方式，的确，这在一定程度上躲开了应试教育的损害，但它的负面效应也是明显的，因孩子在"温室"中长大，平静而经受不到大的"风雨"，特别是离开了群体的孩子，他的个性生长是被扭曲的。当前，好多孩子开始认识到：做自己的救星，不要把希望全寄托在外界，新时代的青少年能自己做自己的主人。最为典型的莫过于毕业于中国人民大学附属中学、就读于中国人民大学经济学院的21岁的钟道然，写了质疑当今应试教育的《我不原谅》这本书。他向记者坦白："我认为中国教育在标准化的模式下固化我们的思维，整个教育过程就是驯化的过程。我牺牲了人生最美好的时光，但是等高考完了，所学的所有东西就好像一个你花了很多精力写的文档，然后毫不犹豫地扔进了回收站"（《京华时报》2012.3.13）。学生的觉醒是促进改革应试教育的根本动力，使个性化教育取代应试教育，是中国当代教育的必然发展趋势。此其三。

调查显示：更多中学生趋向国外优质教育，这是在倒逼中国必须进行教育改革。作为一个人口大国和发展中的经济大国，教育界难道没有一点紧迫感吗？

7 泯灭个性是中国教育的最大危机

● ○ --

刚跨进创新境界的一个高三学生，却在喊"我快被逼疯了"；应该是风华正茂加之成绩名列前茅的一个高二学生因"排座位"想不开跳楼身亡；应该是在课堂与学生互动展现现代教育风采的高中教师却不愿再当教师。当今的应试教育让师生为了升学率而泯灭个性。90后大学生著书批判中国教育——《我不原谅》。

-- ○ ●

一个高三学生呼喊：我快被逼疯了。广州一家媒体发表了一名高三学生不堪身心压力写的一篇文章：《我快被逼疯了》，经过网络放大后，引起大量跟帖讨论：我们中国的教育怎么办？这篇署名章锐的文章说，"父亲说，考不上一本你就去死，早点死，你死了老子不会掉一滴泪……我想过自杀，我恨我父亲，我更质疑当前的教育体制，是教育体制不合理让所有亲人只用分数衡量人"。这位高三学生是用血泪控诉现在不合理的应试教育体制，它不仅泯灭人的个性，现已发展到泯灭人的人性。

成绩中下等的学生"考不上一本你就去死"，还要"早点死"；成绩居前的优等生在应试教育面前又是怎样的心态呢？《齐鲁晚报》报道，山东省郓城县实验中学一名高二学生小昱，成绩一向优异，在刚结束的期中考试中理科分数年级第一名，只因对排座位"想不开"，竟跳楼自杀身亡。"优秀生"却心理脆弱，这也是当今应试教育惹的祸。因为应试教育宣称"分数就是素质"，教育的主旨是培养新人被抛到九霄云外。小昱的自杀是不重视人的教育的应试教育的直接结果，它用分数泯灭人的个性。

当今的应试教育泯灭了学生的个性，也泯灭了老师的个性。有位中学语文老师赵成昌曾这样自白："如果要我说实话，我是不愿干教师这行当的，更不愿当一个语文教师。因为，'上课讲试卷，下课排名位，外出开考会'的教学方式和所向往的语文教学相差实在太远。我所向往的语文教学，应该是完全开放式的，师生应该是完全互动的，课堂气氛应该是生动活泼的，教学形式和方法应该是灵活多变的，师生情感应该是轻松愉快的"（《中国青年报》2007.1.4）。这位不甘泯灭个性并想在教育事业上有所作为的同行令人钦佩，但也令人扼腕，因为他的教育才华被应试教育体制摧毁了，他的教育个性被应试教育泯灭了，作为一生为教的我感同身受。

学生如果对应试教育说"不"，你就会与考上重点大学无缘；教师如果对应试教育说"不"，你就会被教育局局长或校长以莫须有的名义"下岗"。有志于教育改革的教师一声叹息，面对应试教育，我无力反抗。应试教育让教学围绕着考试转，怎么考就怎么教。它只重视学生的应考能力，把学生完全训练成应付考试的"机器"，动手、动脑、思考、实践这成功教育的四大利器被应试教育抛到九霄云外。这样的结果，不仅使中学生的中考、高考应试如火如荼，而且应试已深入到大学和科学研究，深入到"小升初"的教育。甚至应试教育已渗透到幼儿教育，使应试教育成了幼儿园和家庭幼儿教育的主要内容，打着"不输在起跑线"的旗号，让本该以玩为主要教育方式的幼儿，硬逼去学初小的语文、数学、外语，从小彻底地泯灭幼儿的个性，甚至时兴"虎妈"和"狼爸"教育，让孩子不仅从小失去个性，也失去爱心。

对现行的中国应试教育，是与和平崛起的中国背道而驰的，作为教育界的官员、校长和教师，不应再如此麻木，我们应向应试教育坚决地说"不"！搞教育的，不能拖国家的后腿，不能拖中华民族的后腿。教育者在教育战线打拼一生，我们不能再让优秀的青少年泯灭个性，我们教育者不能到老来对教育事业的回顾时不是欣慰而是负罪感。

值得欣慰的是，90后大学生出书批判中国教育，直言"我不原谅"中国教育体制。这位学生成绩一直很优秀，基本上没上过补习班，就是考入中国人民大学分数最高的专业之一的钟道然，他为什么不原谅中国教育体制？他在回答记者问时说得非常清楚，也令人信服："我认为中国教育在标准化的模式下固化我们的思维，整个教育过程就是驯化人的过程。我牺牲了人生最美好的时光，但是等高考完了，所学的所有东西就好像一个你花了很多精力写的文档，然后毫不犹豫地扔进了回收站。"钟道然同学对应试教育剖析得很深刻，使我们教育者看到了青少年的希望，我们期望一大批青少年在泯灭个性的应试教育面前觉醒。

我国教育界应正视澳大利亚人迈克尔·贝克曼说的一段话："中国的经济将继续增长，但如果不实行教学改革，那么中国就构不成大的挑战。中国的学生大多数死记硬背地学习知识。中国经济可能增长，但不会构成致命的威胁。"（澳大利亚《世纪报》2007.3.1）现在是该彻底改革泯灭人的个性的中国教育制度的时候了，因为泯灭个性的应试教育已成为中国教育的危机。

第 2 章

中国高考——教改突破口

　　应试教育是实行个性化教育的根本障碍，使教育成为应付考试、应付高考的工具。因此，改革高考是个性化教育必须逾越的一道坎。高考改革应把语文改革作为高考改革的突破口，让没有思想的作文变得有哲学味；中国高考最紧缺的是考学生思想，这与我们拥有五千年文明史且特别重视思想的国度是极不相称的。应借鉴法国"高考"，把"政治"考试改为"哲学"考试。

中国高考最紧缺的是考学生的思想

●○--

　　思想历来在中国具有崇高的地位，中国应试高考却反其道
而行之，这不仅与中国传统文化相悖，而且也与和平崛起的大
国必须培养有个性、有思想的公民相悖。因此，只重视考知识
而不重视考学生独立思考和创新能力的应试高考再不应继续下
去了。改革高考要有眼界和胆量，应借鉴法国高考哲学和盛唐
科举的策问，让高考侧重于考学生的思想。

--○●

　　我很同意学者葛兆光的看法，中国知识分子一直有一个传统或者说习惯，
就是入了《文苑》不行，得入《史林》，入了《史林》也不算完，还得入
《儒林》，最好是入《道学》。因为光靠文章诗赋不行，那是"雕虫"、"末
技"，靠史传小说也不够，连司马迁也说，皇帝对史家如"俳优视之"。所以，
不仅要有经学著作，更要提出大的思想性观念才行（《文汇报》2013.5.22）。
这就是说，思想历来在中国传统中具有崇高的地位。可是中国的高考最紧缺的
是考学生的独立思想，这显然与中国历来的传统和习惯不相符。

　　中国高考作为基础教育的指挥棒，长期以来，是怎样导向应试教育的呢？
它最大的特征就是泯灭考生个性思考的空间，热衷于只有唯一答案的知识性答
案为其必要手段，尽量避免具有个性化的多种答案。其理由是为了"客观"
而设"客观"题，其"主观"（个性）题多了，怎么判卷？中国每年是几百
万人参加高考，这种"主观"（个性）题多了怎么得了？这是一种井底之蛙的
说教，不知好些发达国家的高考题就是"主观"（个性）题多，让考生的"主
观"（个性）能充分发挥，只是给答案涉定一定的界限，在人文学科中不设标

准答案，它是开放的，可以有多种解释和理解，只要你持之有据，言之成理即可。而我国高考人文学科评卷死抱着一种所谓唯一的正确答案，既违背了人文学科的客观规律，而且也扼杀了考生具有个性化的创造思想。这反映出，我们的应试高考既是守旧的，又是主动扶持应试教育的。因此，长期以来应试教育依然故我，中国高考命题组不能免为其责。

在高考中，应让考生既能充分展现个性的空间，又能充分考察学生的思想。仅以法国 2012 年哲学高考试题为例，每位考生可在 3 个题目中任选一题，考试时间为 4 个小时。文科类试题：①人们通过劳动获得什么？②所有信仰都与理性相悖吗？③解释斯宾诺莎《神学政治论》的节选段落；理科类试题：①我们是否有寻求真理的义务？②没有国家我们是否会更自由？③解释卢梭《爱弥尔》的一个节选段落。社会经济科类试题：①是否可能存在天生的欲望？②工作，是否仅仅为了有用？③解释乔治·贝克莱《消极服从论》的一个节选段落。我们再与我国高考作文题《暖》、《明天》、《幸福的一天》等相对照，充分地感受到我们只需要考生的"情感"宣泄，而且这种"情感"总是熟背"范文"所得，让考生的个性思想远离。中国的高考抛弃了中国传统中对思想的崇高地位，作为中国教育管理者和工作者难道不觉得对此极度汗颜吗？一位在法国留学的中国博士生针对法国高考哲学考试感慨万端：我现在才知道，为什么法国有这么多的哲学家，而中国只能盛产应试者了。

当今中国的高考，侧重于考死记的知识，而不考独立之思想，在这方面，甚至还不如盛唐时的科举。本来科举考试制度就严重束缚了年轻人的思想。从隋朝传到盛唐的科学考试制度，在考考生知识的同时，更重视于考考生的思想和能力。盛唐科举与盛唐开放的时代相一致，它的科举较为偏重具有创新性的诗赋，再加之口试、帖经、墨义和策问等方式选拔人才。特别是策问一项，颇具创造性和批判性，它要求考生对现实问题提出建议，范围涉及当时政治、吏治、教化、生产等方面的问题，比帖经、墨义更为适用。我们再看当今的中国高考，不说针砭时弊、论证方略的策问不敢触及，就是学生用诗歌体作文也是不允许的。试想，这样作为"指挥棒"的高考，是在把纯真的青少年引向何方？

中国当代的应试教育不重思想只重知识，是与中国传统文化相悖的。中国古代哲学思想历来是文学思想和文学理论发展的基础。中国早期文学思想大都是从中国古代哲学思想中派生出来的，一些主要文学思想流派和哲学思想流派是一致的，如儒、道、墨、法等，这是中国传统文化发展中的重要特点之一，由于这种文论根植于中国哲学思想这一特点，才会出现庄子的《逍遥游》、司马迁的《太史公自序》、王充的《论衡》、陆机的《文赋》、刘勰的《文心雕龙》、钟嵘的《诗品》、司空图的《二十四诗品》、韩愈的《师说》、柳宗元的《封建论》、欧阳修的《醉翁亭记》、王安石的《伤仲永》、归有光的《项脊轩志》等，无不是既具独特个性又独具独立思想的文论，从而光耀中国文坛、脍炙人口、传承不废。而联想当今中国高考作文的《暖》、《幸福》、《你想生活的时代》等，这些让考生不需要思想和个性的展现，只要情感的流露和对风花雪月的依恋即可，这自然也导致文章千篇一律，搞模式化、套路化，不仅显示出命题人的病态，还要把这种病态传染给纯真的青少年。

常言说，"打铁就要自身硬"。高考命题者自身不硬，自身没有或少有思想，又怎么能命出有思想水准的高标准的考题呢？举例来说，有人曾命制了一道称农业合作化是生产力与生产关系相适应的结果，几位命题教师认为不符合实际而未通过。其实，这样的题让考生论述，不设标准答案，只要考生持之有据、言之成理就可不同程度地给分，因为我们是在考学生独立思考和独立思想的能力，只要这个主要目的达到了，高考"指挥棒"的作用也就达到了。有个命题老师叹道："我题命得再好，考生都会用高中教育背出来的东西回应"，如果是这样，这位自认命题好的老师实际上的命题并不好，因为这种"好题"并不能考出考生独立思考和独立思想的能力，这称得上什么"好题"呢？

我非常同意有学者提出的：高考改革需要眼界和胆量。我们需要向法国高考和盛唐科举学习，能否在高考设一个公共文化考试等创新型科目，把哲学、策问以及科技思维都装在里面，让所有考生都重视人文教育，并以人文学科来展现自身的思想，施展自己的对策和独立解决问题的能力，而且把发掘考生独立思考和独立思想能力贯穿于所有考试科目之中，这就是我们应该追求的最佳的高考考试。

中国是拥有五千年文明史并推崇"思想"的国度，应借鉴法国高考，把考"政治"改为考"哲学"。

败亦高考，成亦高考

把学生训练成应付"高考"的"机器"，这不是"高考"的罪过，而是应试教育的罪过，因此，我们在否定应试教育的时候，不能否定高考本身。芬兰不以分数论英雄而教育水平在世界名列前茅；美国破除"一考定终身"值得学习；法国高校考"哲学"，写论文值得借鉴；德国高校招生尊重学术个性让人耳目一新。"高考"是检验和选择人才深造的一个很好的工具，好用之则灵，误用之则损。故曰：败亦高考，成亦高考。

高考有罪吗？否。高考乃是对考生知识和能力的检验工具，它本身属中性。若它依附于应试教育，把学生完全训练成为应付考试的"机器"，所以它获罪；若它依附于人本的个性化教育，把学生完全训练成富有个性和创新精神的社会有用之才，那它就获功。高考之功罪，全在它为谁服务矣。因此，我们谴责应试教育，但应把高考从应试教育中拯救出来。

历数世界之高考，无一国不采用，就连几乎没有考试的芬兰式教育，也有学生在十八九岁进大学前的高考。所以，通观世界各国之高考，则是败亦高考，成亦高考。

败亦高考。最典型的莫过于中国的应试高考。应试高考的一个最大特征是教育围绕考试转，高考怎么考我就怎么教，不管学生应具备什么素质，也不管学生毕业后立身处世的需要，更不管国家急需的一大批高端创新人才。把学生当"物"、当"机器"、当自己的"政绩"，而不是培养有道德、有智慧的人，抑制并扼杀学生的个性和勃勃欲发的创新能力。试问，此等高考不是获罪是什么呢？

成亦高考。最典型的莫过于芬兰、美国、法国和德国的高考了。在经济合作发展组织（OECD）每三年举办一次的"国际学生评估"中，芬兰的学生在阅读能力、数学、科学素养的能力一直名列前茅，就是美国教育界都要屈尊向芬兰学习。芬兰法律规定，学生在六年级之前，都不能以等级或分数来评断他们。芬兰教育不相信考试，没有考试的学习生涯让教师和学生有更多的时间学习他们爱学、想学的东西，学生读书12年，唯一的考试是在学生十八九岁进大学前的高考，这就让考生从容上阵。总之，芬兰的教育意图是尽量延缓激烈的竞争，让他们走向社会之前学会合作，这是为了他们明天更有利于参与竞争。

美国的高考有两个特点值得我们借鉴：一是破除了统一高考，特别是破除了"一考定终身"的局面；二是背景和才能胜过成绩。美国并不施行统一的全国大学入学考试，不过，对中学生影响最大的考试是"学业能力评估考试"（SAT）和"美国大学测评考试"（ACT）。ACT考试更像学科考试，强调考生对课程知识的掌握，与中国高考有相似的地方。SAT考试每年要举行7次，有数种打破"一考定终生"的SAT考试内容，与高中教材没有直接的关系，主要考查学生的逻辑、分析、推理等方面的能力，试题类似智力题，考试题目也五花八门。美国哈佛大学招生，背景和才能胜过成绩，它采取高考成绩+平时成绩+综合素质"三合一"的招生原则。美国一流大学在录取学生时，并不是只把学生成绩当成唯一的录取标准。有关统计数据显示：61%的SAT获满分的美国中学生有时反而会被哈佛拒收。

法国学生参加高中会考，与中国"高考"考试极为相似，但法国"高考"有一点非常值得中国"高考"借鉴，就是法国"高考"（BAC）第一天就是考"哲学"，总共4个小时，就一特定题目撰写论文。这不仅为中国"高考"所不及，就是美国和芬兰的高考也是不及的。法国的高考哲学题与我国民国时期的许多高考题类似，基本上没有客观题，全是可以主观发挥的，使考生能充分展示自己的个性和独立思考能力。既然我国民国时期能够做得到的东西现在"高考"却做不到？为什么会倒退？我们能允许和平崛起的大国让人慨叹"中国再无蔡元培"了吗？

德国"高考"招生最值得我国"高考"借鉴的是，德国大学招生与培养制度尊重学术个性。为了保障受教育权，原则上德国高中毕业生持毕业文凭可在全国各高校开设的所有学科、专业中任意申请。德国的大学生能够自由转换专业与学校，大学生若是在入学之后发觉专业乃至学校不适合本人兴趣，或认为所学专业就业前景黯淡，或其他种种原因，可以充分使用其转换专业与学校的权利。

综观世上"高考"，它是一个检验和选择人才深造的最佳工具，好用之则灵，误用之则损，故曰：败亦高考，成亦高考。

高考改革应把语文改革作为突破口

语文折射时代的精神，而当今我国高考作文多是用些感悟或套话应付，所以无法考察出考生独立的思辨力。因此，高考语文应借鉴民国国文考试、法国高考、美国高考（SAT）的经验，让作文题拥有哲学含金量，聚焦考生学术能力评估。这样不仅可以使"高考体"、"背作文"、"新八股"荡然无存，而且使当代中国青年喜欢用哲学思维进行创新活动和聚焦社会热点话题，使我们的语文真正与崛起大国匹配。高考既然成了我国基础教育的"指挥棒"，要改革中国当前高考，首先应向语文高考开刀，割下"病灶"势在必行。中国的语文高考大病了，病在什么地方？

文以载道，文反映时代的美学情趣。如今的"高考体"作文，犹如新八股，教条空洞，辞藻华丽，但缺思想，陷于无病呻吟或成假道学者。这反映当今的语文教学出了问题，也反映当今的语文高考的考试和"高考体"作文与走向科技创新强国和生机盎然和平崛起的大国相悖，而历届语文高考官还自鸣得意，不为其"病灶"所忧。我们以 2013 年高考作文题目为例，就可一目了然。"真诚与友善（同学关系）"（大纲卷）、"经验与勇气"（新课标卷）、"手机引发的科技与人文对话"（北京卷）、"____而知之"（天津卷）、"更重要的事情"（上海卷）、"为什么能这样？为什么不能这样？"（安徽卷）、"过一个平衡的生活"（四川卷）、"富翁的捐助"（广东卷）、"真诚与友善"（海南卷）、"方圆"（湖北卷）、"沙子与珍珠"（辽宁卷）、"怕或不怕"（江西卷）、"三句话看青春"（浙江卷）、"忧天"（福建卷）、以"'莫言接受批评'为材料"（山东卷）、"大豆变豆腐"（重庆卷）、"探险者与蝴蝶"（江苏卷）、"捡到手机之后"（广西卷）。这些作文题目都犯了通病，这种"病灶"是什么样的呢？

首先，缺乏深度思想。这些作文可采用散文，记叙或议论体均可，考生只要记叙感人，议论感悟，只要遵循中国散文这种笔法，均会完满完成作文，而挖掘不出考生的思辨力，特别是考不出考生具有哲学风范的独立见解及深度思想。我们试把上述作文题与1929年北京大学的国文考试作一对比。当时北京大学的国文考试只是一道作文题，考生写好作文就行了。作文题分甲部和乙部。甲部试题是："清季曾、李诸人（即曾国藩、李鸿章）提倡西学，设江南制造局、翻译科学书籍甚我，其中不乏精深之作，何以对于当时社会影响甚微？试言其故。"乙部试题是："清儒治学方法，较诸前代，有何异同？试略言之。"我们一对比，可以察觉前者所有高考试题不仅紧缺深度思想，而且初中生、小学生也感到不难；而1929年北大国文考试，不仅要考生动用语文的所有功力，而且必须关心国事，通晓政治、历史以及社会学，特别要有哲学思维素养才能破解其题。在这里，我们明显地看到现今的语文高考明显从质和量上退化了。

我们再看2010年高考受到普遍赞赏的一道作文题：根据以下材料，选取一个角度，自拟题目，写一篇不少于800字的文章（不要写成诗歌）。丹麦人去钓鱼会随身带一把尺子，钓到鱼，常常用尺子量一量，将不够尺寸的小鱼放回河里。他们说："让小鱼长大不更好吗？"两千多年前，我国孟子曾说过："数罟不入洿池，鱼鳖不可胜食也。"意思是，不要用细密的渔网在池塘里捕捞小鱼，这样才会有更多的鱼。

这道作文题妙在考学生的思辨力，考生会得出"咱差鱼，更差尺"的感慨。但这道好作文题仍没有跳出中国传统"述而不作"的框架。让作文题摆明如何诠释好孟子的思想观点即可，而不能让考生跳出孟子早已圈定的理论框架。我们与2011年6月美国高考作文题作一对比，就可以发现上述高考作文题明显不足了。这里限于篇幅，只举一题为例："人们认为，每项成就——也就是我们说的每一个进步——都会将他们引向问题的最终解决，并帮助人们更了解自己和周边的世界。但在现实中，每一个新答案的产生，都会引发新的问题，每一个新的发现，都会露出更深层、更复杂的状况，以及全新的挑战。是否每项成就都带来新的挑战。"这样的作文题，完全是个性化的，它将考出考生的独立思考能力、哲学水平、时政思维和母语水平，"一箭多雕"，其作文要害还是考学生的深度思想。

文如其人，文也反映时代。语文以及文风，是一个时代的折射。两千多年来，中国文学的最高成就都与时相合。春秋战国百花齐放的时代，就能出老子、孔子等为首的百家，而散文像墨子、孟子、庄子、荀子都不是花腔花调，均是以哲学思想于文中；诗歌《楚辞》和《诗经》，都是勃勃而有生机，与民之心是相通的。到了汉代，文人作诗都不再追求诗的思想深度，也与民间地气分离，汉代 400 余年，文人诗传世的不多，大多被接地气的、民间的两汉乐府所占据，那种追求华丽词句的汉赋不被后世看好。诗歌为什么在唐代能成鼎盛？那与盛唐密切相关；明清文人诗歌不少，却被后世评为"明清无诗"，这与明清把诗作为文人游戏、无病呻吟有关。今日之中国，是和平崛起的中国，是立足于科技创新之中国，它应伴随文化的崛起。语文本是时代的镜子，像上述那些高考作文，其思想深度以及要求考生的高度都与当代和平崛起创新奋进之大国不相匹配。盛唐时代对隋朝传下来的科举考试大刀阔斧地进行符合盛唐的改造，在科举考试中，偏重于具有创新性的诗赋，再加之口试、帖经、墨义和策问等方式选拔人才。特别是策问一项，颇具批判精神，要求考生对现实问题提出建议，范围涉及当时政治、吏治、教化、生产等方面的问题。盛唐的科举能如此结合时代特征而又如此有深度的考试，今日崛起的中国，让青少年只写感悟或只写风花雪月，不接地气，不考考生对现实和哲理的深度思考，不考考生的创新思维，这怎么与崛起的大国相匹配呢？因此，语文高考出题，应由哲学、历史学、心理学、社会学和文学界有关人员共同参与，彻底改变与时代不相符的轻飘之文风。为此，笔者对语文高考改革提出如下的建议：

语文课程既然是一门学习语言文字运用的综合性、实践性课程，高考语文应参照我国文科考试传统和民国高考作文，并借鉴法国、美国高考（SAT）作文，建议语文高考考试，只考一道作文题，时间应是 3 小时而不是 2 小时。中学语文课堂应承担一定量的哲学教育功能，作为"指挥棒"的高考作文，就必须有足够分量的含金量，才能体现考生的独立思考后的思辨力。以法国高中会考的作文题目为例。法国会考（文科）的两个作文题目是这样的：1. "我是谁?"2. 能否说"所有的权力都伴随以暴力?"我们再举一个"美国高考"（SAT）作文题（2011.6）为例：无论生活中的哪个层面，忠诚都是人们鼓励和赞赏的一项美德。因此，我们向我们的家庭、团队、学校和我们的国家献出忠诚。但很多时候，忠诚是盲目的：借着不自觉地与一个群体认同，将其价值观当作自己的价值观，我们就不必对自己的思想和行为负责了。

如果我们中国的高考作文能如此考，什么"高考体"、"背作文"、"新八股"必将荡然无存，而与我们五千年文明史、自古以来最为重视"思想"的国度，并与当今和平崛起的走科技创新强国选拔什么样素质的人才相匹配。至于高考作文的评分，不求标准观点，而着力于考察考生学术能力评估测验。至于具体评分可参考美国 SAT 作文评分方法和法国作文评分办法，这里就不需多饶舌了。

"素质高考"是一种形而上学的考试

因高考是"指挥棒"，山东省试行包括音、体、美的"素质高考"，其中的"基本能力测试"要包含 12 门课的内容，它不仅额外加重了考生的负担，而且把主科语、数、外与非主科音、体、美对立，片面地认为考了音、体、美的知识就考了考生的"素质"，排斥了包括主科的各科都存在与素质有关的问题。它的问题出在片面的教育观上，致使山东试行的"素质高考"走向了形而上学。

自教育主管部门提出素质教育以来，许多学校实行了许多改革。山东省自

2008 年起全面实行素质改革，一时引领全国教育改革之先。其中试行的"素质高考"则是对高考改革的一次大胆尝试。

山东省提出，高考改革要按照有利于中学推进素质教育的原则推行，逐步解决偏科和忽视德育、体育、文艺、劳动技能等问题。于是山东考卷的"基本能力测试"要考 12 门课的内容，每门课考几题，把音、体、美等素质渗入"素质高考"之中。

在这里，山东"素质高考"犯了一个形而上学的错误，表面上看似增强了"素质"这一高考"指挥棒"的指挥，而实际上这是一种形而上学的高考，是违背素质教育的"素质高考"。为什么这样说呢？理由如下：

首先，山东的素质高考把智力高考与素质高考对立起来，明显地形成人为分割的"两张皮"，应把独立思考能力、呵护和培育学生具有个性兴趣并加以适当的鼓励、好问善疑这三大素质渗入到智力教育的各个领域，使素质教育与智力教育联姻，这才是对传统的智力教育的有力改造。要明白，素质教育不是排斥智力教育，而是如何通过素质教育去改造智力教育。出于这个基点，"素质高考"的所有包括语文、数学、外语、物理、化学、生物、地理的考题，都应渗入上述三大素质，才能真正称之为"素质高考"。

其次，把语、数、外等智力考试与音、体、美等学科相对立，认为语、数、外等智力考试不能囊括素质内涵，而只有音、体、美等非主科才能囊括素质内涵，这显然是十分片面的。而事实上，语、数、外等主科和音、体、美等非主科因教育观和指导思想的不同，都可以是有"素质"的学科或没有"素质"的学科，这个"素质"就应以前面三大素质是否渗入其中为基准。山东省高考音、体、美等非主科就考那么几道题，着力于这方面的知识考试，这只能是用应试教育的方式改造应试教育，其结果可想而知。

最后，山东省"基本能力测试"科目要考 12 门课的内容，每门课都需要复习，每门课就考那么几道题，但考生就需要对这 12 门课程全面复习。本身高考的语、数、外已压得考生喘不过气来，再加上另外 12 门课袭来，考生的负担可想而知。明明是素质教育是要减轻学生的负担，让他们有玩耍、创造性想象以及课外阅读的空间，如今因"素质高考"把考生挤得难以为继，这还是什么"素质教育"呢？

鉴于此，山东这样的"素质高考"是违背素质教育本意的，也是违背教育规律的形而上学的方法，因此，它不可能对应试教育条件下的高考进行根本性的改造。

中国高考应实行双轨制，废除推荐制

●○--

大学推荐制仍然看学生的成绩，不看学生的能力，仍陷进应试教育的窠臼，所以应该废除，然后用高考双轨制取代。所谓双轨制，是在高考改革未成熟的漫长时期，一边仍沿用原高考制度，一边著名大学可以专收一些各科总分不高的怪才、奇才进行培养，只发进修证书。一个有作为的奇才、怪才得到大学高师指点而成就了事业，就会像当年北京大学梁漱溟那样，既然成了"大儒"，就不在乎区区"大学文凭"了。

--○●

中国和平崛起，需要一大批高素质中国本土人才。由于应试教育制度因种种原因依然故我，高考一年半载还无法改革，使高素质中国本土人才告缺，要解决这一难题，建议中国高考实行双轨制，淘汰推荐制。

为什么要淘汰推荐制呢？高校招生推荐制本来是对只顾分数的高考打开一条缺口，而事实上它与应试高考同出一辙。以北大招生为例，它实行的"中学校长实名推荐制"，这些被推荐的学生几乎都是一些学科竞赛的得奖选手，平时的考试总分排名都名列前茅，而一些各科总分不高，但却极有特长的学生，他们往往被名牌大学拒之门外。其实，这种拒绝就是拒绝了爱因斯坦、拒绝了达尔文、拒绝了郭沫若、拒绝了钱伟长。就拿著名科学家钱伟长来说，他18岁那年的高考中，数学、物理、化学和英文共考了25分，其中物理只考了5分，英文从未学过考0分，而他的文科中文和历史得了两个100分，被当时的清华破格录取。若按现在的高考或推荐制度，他都没有份儿，使我们会痛失未来的钱伟长式的科学家。当今的中国高考和推荐制，不知痛失了多少未来的高端人才。因此，中国高考应废除推荐制，实行双轨制。

什么是高考的双轨制呢？双轨制是指高考还没有进行实质性的改革期间，既继续实行现今的高考招生，又实行招一些各科总分不高又极具特长的学生入学。前者还是按大学学习的一般程序就读，而总分不高又极具特长的学生，也与正常程序的大学生一样参与学习，不得歧视。它们两者所不同的是，前者合格后发毕业文凭，后者毕业后发该校的学习证书。这样，毕业时，给总分不高又极具特长的学生一个特大的挑战，就是自己要具有高端能力，文凭和分数对他们已不重要，他们将成各行业抢手的高端人才，与大学的正常程序培养的高端人才一起，解决中国本土人才告急问题。

极有特长又总分不高的学生能积极参与吗？从理论上讲是行得通的。一是他们以高端特长进入名校深造，深造成功后是社会本土稀有人才，不愁没有与所攻专业的好工作；二是既然他们是极有特长的学生，毕业后靠实力说话，文凭已不是他们追求的最终目标；三是毕业后只发修业证书而不是文凭，对外是对"唯文凭论"的冲击，对自己则是个挑战，进入大学后不断学习，使自己的特长更加光亮，否则，就白读了。这种不断的学习，也给当前进入大学后不再奋斗的大学生敲响了警钟。从实践上来看也是行得通的，这里有中国著名科学家钱伟长和美国著名企业家比尔·盖茨的成功案例。就近来说，高中肄业生成基因科研带头人的赵柏闻，也是一个很生动的例子。赵柏闻是北京人大附中的学生，他上初二时，就对基因产生了浓厚兴趣，在一位农科院基因测序专家的帮助下，做了很多分子植物学实验，并参与了国际黄瓜基因组测序计划，还在国际知名科学期刊《自然遗传学》上发表了论文。这个学生没有领到国家承认的高中毕业证，无缘进入国内重点大学深造，19岁就成了深圳华大基因研究院基因科研带头人。为了有助于他的研究，虽然他去香港中文大学就读，但他只在大学中选修自己喜欢的课程。这一案例说明，在中学因成绩又颇具特长的孩子不知被泯灭了多少，中国的应试教育如此，国外的教育也同样出现过严重问题。1895年，慕尼黑的一位中学校长就把"永远不会有出息"的评语给了爱因斯坦。最近最有代表性的是获得2012年诺贝尔生理学或医学奖的英国生物学家约翰·格登，他在中学时代生物课排名全班倒数第一，并被授课教师评价为"非常愚蠢"。他的人生轨迹差点与科学擦肩而过，他父亲希望他当兵或学金融，而格登却报考了牛津大学古典文学专业，结果阴差阳错进了牛津大学动物学系。通过他敢于质疑并不断独立思考，终于使他攀登上了细胞遗传信息领域的高峰。

在我国也出现过 8 名复旦大学教授联名请求破格录取一个国学"天才"孙见坤而遭拒的案例。当年孙见坤高考总成绩距一本分数线有 6 分之差，他所在的省招办拒绝投档复旦大学，结果被录取到与他专业毫不沾边的山西大学法学院，使该生一片茫然："我去读法学干吗呢？"这里可以看到我们高考制度先天性的缺陷，由于这种缺陷是以分数为唯一的招生条件，不知埋没了多少偏才、怪才。那个省招办不投档，以"高考公平"傲世于人，这种因总分差几分而"不在意"就埋没怪才、奇才，才是最大的不公平。遥想当年北大校长蔡元培看中了既无大学文凭又狂放不羁的梁漱溟，让这个年仅 24 岁的年轻人不是就读北大而是当北大的教师。结果，由于蔡元培的慧眼，梁漱溟终于成了一代宗师，被学界称为最后的儒家。故有人称：世上再无蔡元培。世上再无蔡元培不怕，如果我们高考采用双轨制，让考分不高的怪才、奇才真能在著名大学深造，一旦深造成功，像梁漱溟那样，"大学文凭"对他们还有何用！

农村子弟进高校逐年下降是高考招生战略性失误

● ○ --

虽然高考命题坚持在城乡上"不偏差"，由于命题人不能命出农村娃很熟悉的题，让农村娃高考很吃亏。在高考招生中加之多种原因，农村娃在高校特别是重点高校逐年减少，它不仅体现出高考招生的不公平性，也给农村文化建设带来伤害。事实证明，农村娃与城市娃各趋一半，才能形成互补机制，也才能让农村娃吃苦耐劳、坚忍不拔、自理能力强的优秀品质影响城市娃，也才能使国家和民族的未来有希望。

-- ○ ●

教育部考试中心负责人曾对记者说："现在命题贴近社会、接近考生。如果命题在性别、民族、区域、城乡、宗教等方面出现了偏差，这个命题就是不规范的、不公平的。所以，不管是哪里的考生，只要你认认真真完成学业，就可以应对考试"（《光明日报》2009.5.6）。这位考试中心负责人说的这段话一点也没错。但仔细看来，他只说对了一半，即常规状态必须坚持的高考命题原则，但在非常规状态下，他的这个说法和做法就不对了，为什么呢？

当今中国高考命题是严格按照教育部考试中心负责人上述命题原则办的，但却出现了与教育部考试主管意图相反的情况：据北京大学教育学院（2013）对北京80所高校调查显示，北京高校录取农村学生比例呈逐年下降趋势，越是高层次院校，农村学生比例越低。比如北京高校京籍学生中，农村学生只占学生总数的12%，"985高校"中这一比例降至1.7%；北京大学法学院教授张千帆（2012）的研究结果显示：广东、安徽考生考进北大的概率只有北京考生的1%；而上海考生进复旦的机会是全国平均机会的53倍，山东考生的274倍，内蒙古考生的288倍。于是，许多人把高校城乡差别这种不公平的招生怪罪于农村基础教育相对薄弱，农村学生的教育起点比城市低。这肯定是一个重要原因，但还有一个重要原因就是高考命题原则出了问题。这个问题就是高考命题追求"中性"地贴近社会、接近考生，而这种"中性"是由习惯于城市生活并用城市视角所命题的"中性"，缺少乡土农村生活视角的"中性"，这些命题对城市娃很熟悉，却让农村娃不熟悉。因此，有调查显示，农村学生的考分平均比城市学生低15分，高考成绩比不过城市学生的农村学生只有更多选择二本、三本和高职高专院校也就成了很自然的事了，致使这种似乎公平的高考命题原则反而不公平了。为了解决这个不公平现象，在命题时，有时有意让城乡出现一点不平衡，在高考试题中增加农村娃熟悉的成分，这既有利于城市娃与农村娃在高校招生中的平衡，也有助于城市娃开始关注、重视被长久忽视的农村。

高校特别是重点高校招生的比例失调，这还不是个技术上和地区平衡的问题，从教育视角考察，它还是战略性的失误。就中国科举来说，我们抛开它严重束缚人的思想不论，单从它为什么能存在1300年之久，就在于它不仅为城市娃开绿灯，也为农村娃开绿灯，始终坚持城乡生源各半的原则，让农村娃和城市娃按封建信条都会成举人，中状元，这不仅给人们带来公平的原则，而且也让新上任的官员城市农村各半，从而自然形成互补机制。当今中国高校特别是重点高校招生，农村生逐渐萎缩，它不仅对农村文化建设是一大伤害，而且因农村娃在重点高校减少，将使未来中国高端人才害精神营养缺失症，那些农村娃在农村养成的吃苦耐劳、坚忍不拔、自理能力强的优势就在高端人才中形成不了主流，这对国家和民族的未来是很危险的。所以，我们要把农村娃在重点高校逐年减少视为战略性失误，才能从根本上扭转这一失误。

14 英语在高考普考科目中应禁止作主考科目

● ○ --

江苏省正酝酿英语不计入高考总分，北京等地也在跟进。我国高考把英语神化之日，正是德国、法国等国禁止用外国语言对自己的学生进行教学之时，它们为自己母语争夺教育权，值得我们惊醒。高考科目除特殊专业外，应禁止作为高考主科，对我国高考学生，可以分别对英语实行免考、选考、主考三种方法。对于特殊奇才，也应实行免考制度，把"英语"请下"神坛"，还其仅是一种语言工具的本来面目。

-- ○ ●

在我们应试高考把英语神化以后，德国、法国等一些发达国家却在禁止用外国语言对自己的学生进行教学。法国文化部还宣布，禁止国人使用电子邮件的英文"E-mail"，而必须使用法语版的"Courriel"；在澳大利亚、加拿大等国家，不少移民正在争夺自己母语的教育权。而我国的英语教育，却反其道而行之，小升初、中考、高考、考研、考博、职称评定，英语成了逢考必有，全民重视英语、全民学习英语、全民视英语为人才的重要标志，也是身份的象

征。有人估算，现在中国的学生花在英语上的学习时间，小学为1/4，中学为1/3，大学为1/2。估计中国有4亿人接受过英语教育，超过说英语的英美两国人口的总数，而中国目前能够使用英语进行交流的人口数量估计不会超过200万，那就意味着95%的英语学习者所用的时间、精力及经济投入没有收到成效，但却空耗了宝贵的时间和精力，造成人力资源和时间极大的浪费。上述估计与《参考消息·北京参考》联合新浪网（1912）进行的在线调查结果是一致的。调查显示：70.3%的人坦言学英语的动力是应付升学、考试，仅7.7%的人喜欢学习英语。我们的教育主管难道不知道"全民学英语"是误人害国之事？我们的教育主管难道不知道对英语没有兴趣是学不好英语的？

诚然，改革开放初期，要走向世界也要与世界交流。有着10年没有大学可上的当初，作为世界通用的语言英语人才紧缺，外事、科技、外贸以及西方学术著作的引进和翻译，都需要大量的会英语、懂英语的人才，这种需要刺激了全民学英语的氛围，教育主管这时把英语学习从小升初、中考、高考直到工作中的职称评定，均把英语加以"神化"，甚至神化到"英语不好就不是人才"的地步。就评教授、讲师职称来说，英语成了"硬杠子"，英语过不了关，要拥有职称就免谈。教育主管把本来是一种语言工具的英语提升为尖端的学问，这本身就造成了一种非科学的遑论。

把每个国人都想培养成英语人才，既是对人才资源的极大浪费，又是不切合教育规律的举措；既是一种教育战略上的失误，又是对偏重于创造能力的青少年的扼杀。试想，一个青少年，本来可以用被英语占用的大量时间去学习、阅读、遐想、创造，却让小学的1/4，中学的1/3、大学的1/2被学外语所占领，而母语反而成了可有可无之学问，这是一种极大的教育错位。当然，对喜欢外语的7.7%的青少年给他们加大学习外语的力度，这是他们乐意接受的，那就在基础教育中的加学、加考科目中进行，何需"让90%孩子陪10%孩子读9年99%用不上的东西"呢？因此，基础外语（英语）要学，但不应作主科，而对其有特别兴趣和特长的学生，可以以加学其深度外语来解决。至于高考英语考试可以采用三种类型：一是免考，凡学古汉语、考古学、中医学以及艺术中的美术、舞蹈、民间音乐等专业者可免试英语；二是作为主科之一考试，诸如外交、外经贸、翻译、涉外科技、涉外文学艺术等专业人才，应强化高考英语，必要时还可加试二外；三是选考，采用王新等 40 名全国政协委员联名提交的高考考生在外语和古汉语之间自行选择的议案，而且传统型人才在职称晋升、考研、医师资格考试时，不再对外语做强制性要求。

有个网友对英语学习有生动一说：社会发展到今天，英语就如同驾驶证一样，掌握的人越来越多，可正因为这样，不掌握也就无所谓了，因为不会开车，可以雇人开；不会英语，随时可以找人翻译。允许一些人少在英语学习上花费精力，甚至根本放弃英语，是节约社会成本，有助于精力和时间的合理使用（中国网，2009.3.7）。网友这种生动调侃"英语一刀切"说明了高考英语改革的必要性和迫切性。在此，笔者认为高考还可再开放一点，对外交战略有独到见解的外交领袖人才，可免试英语。毛泽东不懂英语，却是世界最出色的外交领袖；对科学方面有独到才干又极有培养前途的高考学生可以免试英语。著名科学家钱伟长，从没学过英文，高考考 0 分，但他的中文和历史得了两个 100 分，被当时有眼光的清华大学录取，终于在物理学上创造出了卓越的成就；获得 2008 年诺贝尔物理学奖的益川敏英就不会英语，这并没影响他成为杰出的科学家。

现在是把英语高考从"神坛"请下来的时候了，让英语恢复它只作语言工具而不是学术标量，才是回归于正常。

不过，我们欣喜地看到，江苏省正酝酿对 2016 年高考的重大改革，不再将英语考试计入总分，英语将实行一年两考，划分等级，高校在录取时对考生英语等级提出要求。一石激起千层浪，北京等地对此也在跟进。笔者认为，在全国英语不计入高考总分只是一个时间问题，它也是高考改革的一个突破口，值得赞赏。

第 3 章

思考之母——阅读

　　不爱阅读的民族是没有希望的民族，不爱阅读的青少年未来是没有希望的。因为能力不仅是知识积累和独立思考的利器，而且当你阅读的时候，能使其过程个性化，在阅读中外经典的时候，与大师们平等地心灵对话，从而融入自我、发现自我、了解自我、实现自我。没有阅读，就没有"发明大王"爱迪生；没有阅读，就没有"火箭航天之父"齐奥尔科夫斯基；没有阅读，就没有"蜚声中外的数学家"华罗庚。

15 阅读能力是知识积累和独立思考的利器

● ○--

　　阅读能力之所以能让人走进科学和文学的殿堂，是因为阅读能力是知识积累和独立思考的利器，它之所以成为这样的"利器"，是因为阅读能力是在磨合左右脑不同的功能并能自然协调合作。阅读中的默读更为珍贵，它在阅读时采用形到义的视觉通道，能给读者留下更大的独立思考的空间。鲁迅之所以成为中国现代最伟大的文学家、思想家，这与他从 5 岁起就养成独立思考的读书习惯是分不开的。

--○ ●

　　国际"经济合作与发展组织"（OECD）主办的国际学生评估项目（PISA），该项目主要对基本完成基础教育的 15 岁学生进行评估，测试学生们能否掌握参与社会所需的知识和技能。测试从 2000 年开始进行，每 3 年进行一次，它把阅读能力作为测试的首要目标，依次测试的还有数学、科学素养。在这三项中选择一个作为主要考核项目，另外两个为次要项目，阅读能力在 OECD 主办的国际学生评估中如此重要，显然是正确的，这是什么原因呢？

　　阅读者，读书者也。一个人读书要有效，必须有动用脑子的分析能力和逻辑能力，也必须有动用脑子的联想能力和想象能力，也就是脑子必须动用其抽象思维能力和形象思维能力。根据中外许多脑神经学者对人的大脑的结构在宏观上进行了大量的研究，初步揭示了大脑两半球的秘密，首先证明了大脑两半球在功能上具有高度专门化。大脑左半球具有语言、概念、分析，序列思维、逻辑推理等功能；右半球具有音乐、绘画、空间思维、想象、创造力和综合等功能。左半球和右半球既有分工又有合作。而能顺利完成阅读任务，达到阅读目的的阅读能力，必须使左半球和右半球既有分工又有合作才能完成，也就是说，学生的阅读能力的提高，就是磨炼左大脑和右大脑并使它们彼此磨合协同的过程。因此，阅读能力对提高一个人特别是青少年的智能水平是十分重要的。

心理学中"阅读的双边协作模式"（BLC 模式）也证明了上述脑神经研究的成果，也同时证明了阅读对青少年智能成长的重要性。"阅读的双边协作模式"认为，在阅读中，存在着两条相互作用的内部加工通道：左通道和右通道。左通道负责完成语言转录，并能运用语言学的一系列规则加工有顺序、有结构的材料。这一通道有分析性、逻辑性、主动性、缓慢性的特点。右通道主要完成字词形的匹配。它是通过寻找输入形和经验形的共同之处而完成匹配的。右通路还能产生丰富的联想。该通道具有综合性、粗糙性、被动性、快速性等特点。一般人的左通道由大脑左半球控制，右通道可由任一半球控制。该模式认为，在阅读中，右通道能迅速产生几种选择，通过左通道的分析验证，找出一个最佳答案，这样就能完成对阅读材料的理解。阅读不仅能增强左右脑的能力开发和合作，而且通过阅读过程留有宽泛的个性思维空间，使阅读不仅具有增智功能，而且拥有提高独立思考的功能。

阅读能力之所以能成为一个人知识积累和独立思考能力的利器，我们看看雕塑家罗丹的《思想者》的雕塑就一清二楚了。显然，这个《思想者》在沉思默读，这就属于心理学"阅读的双通道模式"的"视觉通道"，即在阅读理解过程中采用形到义的通道，省略了语音中介，于是，这种视觉通道形成了思考的大空间，使之更有利于在积累知识的过程中更多的独立思考。所以，人们常说阅读是一种愉悦的孤独。这种愉悦的孤独，不仅来自时时与书的作者平等对话，或与书的作者平等的争辩，或与书的作者共同参与下一页以及下一章的创作，或在书的文字和内容的启示下，异想天开，神思飞扬；或在书的论述之中得到了久违的共鸣和人生的真谛。故阅读能影响人的一生。鲁迅 5 岁开始读书，那时他就喜欢插图本《山海经》，爱不释手，后来还专门写了一文《阿长与山海经》。《山海经》使幼小的鲁迅培养了个性的独立和主见，也使他度过了富于想象和幻想的童年。鲁迅少年时代十分爱护书，看书前总要先洗手。他从不轻易把自己用过的书借给别人，如果有人借书，他宁愿另买一本新书借人。鲁迅常年整日地看书，利用一切可以利用的时间读书，从不把时间浪费在闲谈上，以至于养病和喝茶时都在读书。由于鲁迅自少年时就酷爱读书，使他成为最有学问和最善独立思考的文学家，可以说，没有阅读就没有伟大的鲁迅。

16 不爱阅读的民族就不会有光明的未来

● ○ --

> 阅读是攀上科学顶峰的天梯，国人缺乏阅读习惯，绝非是件好事。远离阅读，就没有民族光明的未来。当今的功利观念排除了国人阅读的习惯，当今的应试教育更排除了青少年阅读的兴趣。政府拟立法推动阅读，这是件大好事，但应与改变应试教育和"高考"改革结合，从公务员到学生，人人开展述学、督学、评学、辩学、创学活动，形成全国阅读氛围，才能根治其痼疾。

-- ○ ●

　　广西师范大学出版社发起的一项"死活读不下去前10名图书"3000多名网友参与的调查中，《红楼梦》竟高居榜首，成为"最难读"的书，还有《百年孤独》、《追忆似水年华》，可见现在流行的"浅阅读"已影响至深。阅读本来是攀上科学顶峰的天梯，中国人当今把阅读拒之于门外，这绝不是一件好事，而应是民族的悲哀，长此以往，我们的民族在世界之林就只能充当芸芸众生而已。因为阅读能力是与民族素质成正比的，还因为阅读量与教育质量是成正比的。说到底，经济、文化竞争的核心是教育的竞争，而教育和文化的竞争也是阅读竞争。

　　联合国教科文组织的一项调查显示：一向有诗书礼仪之邦传统的中国，除教科书外，每年阅读书籍人均居然不到一本。而俄罗斯是 55 本，美国是 21 本，日本是 17 本。就出版社和书籍畅销而言，也让偌大的中国陷入窘境。就拿仅有 8000 万人口的德国来说，出版社却有 2000 家，而中国 13 亿人口，出版社仅有 500 多家，德国（包括德裔）成为诺贝尔科学奖最多的国度也就不足为奇了。再看书籍的销售，在美国，畅销数百万的书籍每年都有不少，而在中国，销售 1 万册就可以算畅销书了，美国能成为世界软实力最强劲的国家就不足为奇了。

中国人的阅读状况令人担忧，是当今短浅的功利观念使然；国家未来青少年阅读状况更令人担忧，系至今应试教育固若金汤使然。"真正适合儿童阅读的作品并不多"，这是一位小学教师在逛了很多书店后得出的结论。让儿童真正感兴趣的课外读物则凤毛麟角。如今中学生和大学生，对莫言获诺贝尔文学奖而惊愕，因为对此人太陌生，更不消说阅读其作品，只知晓时尚作者郭敬民、韩寒，这不正是我青少年之悲哀吗？当今中国的青少年阅读范围过于狭窄，除了专业书刊，学生更关注的是网络这种浅阅读以及休闲、娱乐和时尚阅读，对经典阅读，包括纳入义务教育阶段应该完成的中外文学、哲学经典名著的阅读则微乎其微。有相当一部分学生甚至没有阅读过经典名著。另外，我国的图书阅读量正在持续走低，阅读问题已成为中国面临的最严重的问题之一，因为不爱阅读的民族就不会有光明的未来。我们欣喜地看到，政府已警觉国人阅读乏力的危险，试图用立法推动全民阅读，这种通过用法律来达到全民阅读是件好事，但不与国人不阅读的根源结合起来治理，必然会收效甚微，故应采取如下措施：

第一，中国有着重视治学的悠久传统，眼下中国人对书面知识兴趣如此低下，令西方匪夷所思。这显然是围绕考试转的应试教育和僵化的"高考"应试竞争造成的。因此，中央应责令教育部门加强改造应试教育的力度和"高考"改革的力度，迅速、稳妥地让人本教育的个性化教育取代应试教育。

第二，在全国各行业开展奖励阅读、赞赏阅读、享受阅读的氛围。中央已有阅读的浓厚氛围，但地方政府还不行，阅读效果应与政绩挂钩，建立完善的述学、督学、评学、辩学、创学的系列考核体系。应给校长和教师放读书假，并适当给予考核和奖励；共青团、妇联、少先队等群团组织应是阅读的积极倡导者和先锋。央视和地方卫视应把阅读栏目办好作为第一要务，上级应扶持阅读电视栏目，使它比"中国好声音"之类栏目还要受大众欢迎。吸取央视过去办《读书时间》因僵化而失败的教训，学校和电视应树立把阅读作为转变国人缺乏阅读的不良习惯。恢复和振兴国人阅读为荣之风气。

第三，考试，特别是"高考"，增加阅读题，通过"高考"阅读题去考思考能力、思辨能力以及思想水平，像法国哲学高考那样，让考生在阅读后写思想论文，以此作为突破口，改变学生对"书"的思维定式，即改变学生一谈书就是教科书和习题集的阅读习惯，让学生走出阅读只为适用的功利考试的框架，使青少年不再远离名著。

丢了读书大国传统就是败家子

中国自古以来就有读书的优良传统，提倡独立思考、读书应海纳百川、思与行并行不悖、专心致志、不分高低贵贱、把做人放在读书的首位，创造好学习的生态环境，不仅要好读书而且要善读书。但是我们的应试教育和社会上的"金钱至上"把它们冲得七零八落。作为有读书传统的后辈，我们不能成为破坏读书传统的败家子。

中国有着重视读书治学优良传统的悠久历史，而且又是世界古文化唯一传承下来的国家，这与精于读书、善于读书、喜于读书是分不开的。试想，若无读书传统，五千年的文明史如何传承。令人不无忧虑的是，现在中国人已缺乏阅读的习惯。中国青年报社会调查中心通过调查网的调查显示，56.0%的受访者坦言"读图时代"导致越来越多青少年远离名著。因此，改变国人和青少年阅读窘境已刻不容缓。这种刻不容缓的手段，就是要知晓并振兴我们自古以来的读书传统，然后在读书传统的基础上，用"扬弃"的方法继承和发扬，用阅读大国去锻造新时代的文化强国。

（1）独立思考是阅读之精髓。独立思考是阅读之精髓是孔子首先提出来的。他说："学而不思则罔，思而不学则殆"（《论语·为政》），严肃地指出只是读书却不思考就会受骗，只是空想却不读书就会缺乏信心。他把读书与思考的辩证关系，用浅显的语言说得一清二楚。孟子在孔子这个读书的基本原则上做了生动的补充："尽信书，不如无书"（《孟子·尽心下》）。的确，1300年的科举考试，特别是衰朽的明清时代，以《四书五经》为蓝本，不准考生越雷池一步，逼科举考生们尽信书，再没有当年庄子批评孔子的那种力量，使个个考生都僵化。在"五四"运动时期，陈独秀、李大创、毛泽东、鲁迅、蔡元培等青年不尽信书并有独立思考之精神，而成为革命的大家。明代的李贽妙语说明思考在读书中的绝对地位，不然就会走向反面："年年岁岁笑书奴，生世无端同处女。世上何人不读书，书奴却以读书死"（《系中八绝》）。

（2）人生短暂，只有用"海纳百川"之精神读书才有望成大器。"人生七十古来稀"是古话，如今"人生百岁古来稀"也说明人生极为短暂。要使短暂的人生实现人生的价值，就应像庄子说的那样笑纳百川："海不辞东流，大之至也"（《庄子·徐无鬼》），也要像大鹏积聚风力："风之积也不厚，则其负大翼也无力"（《庄子·逍遥游》）。故庄子对读书求知之境界惊叹曰："吾生也有涯，而知也无涯。以有涯随无涯，殆已"（《庄子·养生主》）。故荀子尖锐地指出：放弃读书，如同禽兽（"舍之，禽兽也。"《劝学》））。而东汉的王充也说："人不博览者，不闻古今，不见事类，不知然否，犹目盲耳聋鼻痈者也。"（《论衡·别通》）。

（3）思考与实践并行不悖，在此基础上做到"青胜于蓝"的创新。在思考与实践的关系上，荀子有很深刻的看法："吾尝终日而思矣，不如须臾之所学也"（《荀子·劝学》）。荀子强调实践和行动的重要性，用了这样的话来强调："不登高山，不知天之高也，不临深溪，不知地之厚也"，具体来说，"不半步半步积累起来，无法到达千里之遥；不汇聚一股一股的山溪流，无法形成江海；良马一跃，不能超出十步；劣马跑十天，也能成功地到达，原因在它不停地前进"（据《荀子·劝学》）。荀子注意到，注意思考与实践，是走向成功的起点，而且需要在这个起点上大胆创新，超过前人，因此，他提出"青胜于蓝"的成功观，这种"青胜于蓝"的成功观就是倡导创新的成功观。"青，取之于蓝而青于蓝；冰，水为之而寒于水"（《荀子·劝学》）。荀子这种创新主张提出了已有2300多年，而我们至今的教育却违背荀子这一教学原则，作为教者的我，特别汗颜。

（4）读书必须专心致志，否则收效甚微。关于专心致志的读书，古代学者多有论述，其中家喻户晓的则是荀子和孟子之言。荀子简明地指出为什么要专心致志："目不能两视而明，耳不能两听而聪"（《荀子·劝学》），孟子下围棋的具体事例最为形象生动："今夫弈之为数，小数也；不专心致志，则不得也。弈秋，通国之善弈者也。使弈秋诲二人弈，其一人专心致志，惟弈秋之为听。一人虽听之，一心以为有鸿鹄将至，思援弓缴而射之，虽与之俱学，弗若之矣。为是其智弗若欤？曰：非然也"（《孟子·告子上》）。专心致志在读书中如何重要，看了孟子这段生动论述，立即让人明白，一心不能二用，读书尤为如此。故西晋的刘昼云："若心不在学而强讽诵，虽入于耳而不谛于心"（《新论·专学》）。

（5）读书者没有高低贵贱，因此事业成功与否与人的高低贵贱无关。孔子提出"有教无类"，是非常鲜明的教育人的口号，在当时能提出人人我都教育，没有贫富、地域等的区别，是非常难能可贵的，对当今应试教育阶层逐渐固化以及有些用人民的教育资产待价而沽，不觉得耻辱吗？孔子要实行"有教无类"，抓住了一条本质的东西，就是"三人行，必有我师焉，择其善者而从之，其不善者而改之"（《论语·述而》），把对方的优点作为自己学习的东西，是视对方最本质的东西。于是，拥有了这个观点，就不会在学生面前高高在上，所以孔子不因他的学生颜回的贫贱而多次赞扬他的美德；拥有了这个观点，中国传统教育所倡导的"师道尊严"的"师道"应是指严格遵循客观规律的教学原则，而不是那种"教师爷"的崇拜，这才符合孔子关于"泛爱众而亲仁"的一贯主张。在这方面，后来的颜之推对孔子这一教育思想领会深刻："农商工贾，厮役奴隶，钓鱼屠肉，饭牛牧羊，皆有先达，可为师表，博学求之，无不利于事也"（《颜氏家训·勉学》）。

（6）做人是读书的首要目的。关于这一教育原则被一些教者忘记，只顾教知识不管其人正邪，这肯定不是教者所应该做的。关于读书与做人的关系，孔子就鲜明地提出"当仁不让于师"（《论语·卫灵公》），面临着仁德，就是老师，也不同他谦让。有了过错，就不要怕改正，"过，则勿惮改"（《论语·学而》）。关于做人和读书，现代的陶行知先生说得更为清晰：有书读的要做事，有事做的要读书。先生不应该专教书，他的责任是教人做人。学生不应当专读书，他的责任是学习人生之道。我要你们做有知识、有实力、有责任心的国民，不要你们做书呆子（《行知书信集》第109页）。故鲁迅先生非常反对死读书："读死书是害己，一开口就害人；但不读书也并不见得好"（《花边文学·读几本书》）。如今的应试教育，把学生训练成考试的"机器"，难道不是罪过吗？

（7）好学是互相传染的，所以要建起读书的生态氛围。好学是互相传染的，孔子从人性的视角说明了上述的道理："性相近也，习相远也"（《论语·阳货》），人的性情本来相近，因为习染不同，便相距甚远。陶行知先生则从现代教育这个角度，具体而详尽地说明了这个问题："好学是传染的。一人好学，可以传染起许多人好学。就地位论好学的教师最为重要。想有好学的学生，须有好学的先生。换句话说，要想学生好学，必须先生好学。唯有学而不厌的先生才能教出学而不厌的学生。同学也互相感化。好学的同学能吸引别的同学好学。"（《陶行知文集》第98页）。

（8）好读书、善读书才会有所收获，有所成就。好读书、善读书是中国之传统，孔子提出"知之为知之，不知为不知，是知也"（《论语·为政》），不知就要学，就要广为读书。宋代的刘过对好读书做了很好的描述："力学如力耕，勤惰尔自知。但使书种多，会有岁稔时"（《书院》）。的确，努力学习就像努力耕作的道理一样，勤奋和懒惰一看便知；好读书总会有大丰收的一天。读书需要持之以恒，不能三天打鱼，两天晒网；"三日不读，口生荆棘；三日不弹，手生荆棘"（清·朱舜水·《答野节问》），虽然此说有些夸张，但"三天不学手艺生"则是实情。不过，自古以来，中国古人主张好读书而外，还强调善读书："好读书，不求甚解，每有会意，便欣然忘食"（陶潜《五柳先生传》），晋代陶渊明就强调爱好读书，但不要求在字句上下太多的功夫，而只是领会要旨，每逢有心得体会，就高兴得忘记了吃饭。所以，朱熹讲的"读书三到"是很有见地的："读书有三到，谓心到、眼到、口到"（《训学斋规·读书写文字》）。故杜甫一语道破："读书破万卷，下笔如有神"（《奉赠韦左丞丈二十二韵》诗）。

中国先人有这么好的读书传统，落在我们身上，却不继承，摒弃读书，这不是败家子是什么呢？

阅读是在享受孤独

> 阅读是在享受孤独，这是因为它是一种主观自觉与社会隔离而乐意处于孤立状态；在这种主动孤立状态中，阅读需要的独立性使其阅读者的个性得到充分的释放，这是惬意心态的前提；阅读还能使阅读者在对阅读材料个性化理解的基础上，产生个性化的鉴赏能力。而阅读后最能使阅读者亢奋的是创造性的阅读，即在阅读材料之外的再创造。

明代的薛瑄曾说："万金之富，不以易吾一日读书之乐也"（《薛子道论·上篇》）。意思是说："即使用巨大的财富，也不能换取我一天读书的乐趣！"这让至今患有"金钱至上"症的人是无法理解的。读书的乐趣无穷，它是一种孤独的享受，这是万金买不到的。

就心理学的视角来看孤独，它是一种主观自觉与社会隔离而只身孤立的心理状态，它可以分为主动的孤独和被动的孤独。主动孤独是为了满足一定文化要求，特意追求的心理隔离状态；被动的孤独是被迫地、不情愿地与他人隔离，他们此时有强烈接近他人的渴望而满足不了这种需要。主动孤独我们常见的是诗人单独在野外寻找创作灵感，科学家长期单独在实验室搞实验，牧师或僧侣在教堂或寺庙孤独生活，等等，这会产生出愉快的情感；而被动孤独是在遭受冷漠，寂寞和遭受封闭所凸显出来的孤单、无助和不和谐感，因此，会产生出不愉快的情感。前者的孤独是种享受，后者的孤独是种痛苦。就阅读本质而论，因为它需要主动追求心理隔离。在图书馆的阅览室是禁止喧哗的，就是为了保持孤独的氛围。因此，阅读是一种主动孤独，也使阅读者从孤独的读书中获得无比享受。

阅读中的孤独为什么能获得享受呢？

首先，阅读的本质是独立学习、独立思考的个体行为，这种独立学习、独立思考的个体行为，极大地解放了个人的空间，从而使个性化在阅读中得到释放，个人的理解、个人的联想、个人的情感以及个人的鉴赏，都带着个性化在孤独的氛围中得以实现。特别是阅读中的孤独，能平等地与古人对话、与名人对话、与不同意见者对话，这种默默的阅读对话，岂不乐哉！就年龄阶段而论，0~6岁是阅读的"黄金阶段"，7~12岁是白银阶段，12岁以上就是青铜阶段了。因此，作为第一责任人的家长和学校，别错过孩子的"黄金阅读期"。著名思想家卢梭很小的时候，父子俩在吃过晚饭之后，就开始阅读小说，父亲有意培养儿子的阅读习惯，两人轮流阅读，通宵达旦。这使他获得了极为娴熟的阅读能力和理解能力，为他日后成为大师奠定了基础。

其次，阅读过程是一种理解过程，它随阅读的增多而使理解能力不断上升。理解，它不仅包括正确理解词语含义、理解各种语言结构、理解文章中各种表达方法的能力和理解文章中各种修辞格的能力，而且是对书中内容所形成的思想、规律的理解，这必然使孤独者获得享受。因为这种阅读中的理解是个体运用已有的知识、经验，以认识事物的联系、关系直至其本质、规律，使阅读者获得很大的满足感和成就感，这是一般阅读者都能在阅读孤独中享受的快感。

最后，阅读在理解的基础上会产生鉴赏行为，这是在阅读的孤独中的自我陶醉，这自然是莫大的享受。阅读本身就是一种个性化审美活动，这是在掌握书中所表达的内容基础之上进一步对书中内容各方面进行评价和欣赏。因为鉴赏是一种审美行为，它是让阅读者带着感性形象的感情色彩，通过自我的关于美、丑、喜、悲的看法，对其阅读对象进行个性化的审美评判，然后由直观的感受和自由的联想所引起的满足感、快乐感，从而获得审美享受，并使阅读者内心处于情感的高涨状态，这种发现美、理解美是不言而喻的。

阅读之所以能享受孤独，还有一个非常重要的原因，就是一个人在阅读中获得创造性水平。一个人获得创造性水平的主要标志是：阅读者获得了超出阅读材料本身的新思想，找出解决问题的答案或真正解决问题。诸葛亮及毛泽东在读了《孙子兵法》后，得出的是《孙子兵法》以外的兵法，一是《隆中对》，二是《论持久战》，这是根据现实读书后的伟大创造，这何止是一个"享受孤独"享受了得？英国科学家法拉第在做装订工时，对《大英百科全书》长达127页的电学条目进行了创造性阅读，并通过长期辛勤而创造性的实验，终于出版了三卷本《电学实验研究》，为电磁感应的发现做出了伟大的贡献。这何止是一个阅读"享受孤独"享受了得？！

19 阅读不是当书奴而是超越

> 　　1300多年的科举制度，不知泯灭了多少智慧青年，让他们大多成为书奴；当今还固若金汤的应试教育，让学生抛弃课外阅读，一切围着考试转，也在泯灭青少年可贵的个性。当今我们应尽快摒弃应试教育，在人本教育条件下，让学生拥有个性，敢于"青胜于蓝"，向孔子那样喜《易》而超《易》，大胆地超越前人。

封建科举之所以害人，是把一个个活灵灵的青年通过长年累月读书而变成书呆子。鲁迅小说《孔乙己》中的主人公孔乙己就是这种科举死读书的酸秀才，本是该成为社会的栋梁，而结果却成了社会的废物。邹韬奋的自述就有这个经历："我自己是吃过私塾苦头的，知道私塾偏重记忆（例如背诵）而忽略理解的流弊，所以我自己做'老学究'的时候，便反其道而行之，特重理解力的训练，对于背诵并不注重"（《韬奋文集》第 3 卷第 31 页）。

封建科举制随着清代封建王朝的覆灭而倒塌，但现在的应试教育还带着封建科举制的幽灵残害着学生。当今的应试教育以考试为核心，教学一切围着考试转，把活灵灵的青少年变成了会考试的"机器"，让他们失去理解力、失去想象力、失去创造力。我国首批"神童"少年班的佼佼者宁铂，却在应试教育中经受不了要失败或失败的压力，最后竟走上出家为僧躲避竞争的道路，成了不堪一击的典型。明代的李贽，对读死书的书奴有绝妙的写照："年年岁岁笑书奴，生世无端同处女。世上何人不读书，书奴却以读书死"（《系中八绝》）。现代的郭沫若在谈读书时，也为书奴画像："人是活的，书是死的。活人读死书，可以把书读活。死书读活人，可以把人读死"（《郭沫若谈读书》）。

因此，让学生成书奴的应试教育，不是好的教育，应该由人本教育的个性教育取而代之，这种取代才能从根本上把"书奴"变为超越，而学生超越老师，学生超越权威，就必须解放学生，让学生有想象、有大量阅读课外书籍的时间，有自由地交流和自由地走向实践和走向实验室的空间和时间。

阅读不是当书奴而是超越，2300 多年前的荀子就给我们指出来了。他说："青，取之于蓝，而青于蓝；冰，水为之，而寒于水"（《荀子·劝学》）。荀子强调青胜于蓝，青色是从蓝草中提炼出来的，却比蓝草更青；冰是由水凝结而成的，却比水更冷。要青胜于蓝，要不当书奴而志在超越，就应回归到孔子的自身感受那样去读书："我非生而知之者，好古，敏以求之者也"（《论语·述而》），孔子坦然表白自己不是生来就有知识的人，而是爱好古代文化，勤奋敏捷去追求得来的人。这种勤奋敏捷，充分体现了孔子的执着、勤奋，更体现他敢于超越的精神。孔子经历了 14 年访问列国诸侯的流浪生活，68 岁时回到鲁国，乃以晚年余热，不遗余力地潜心于治学和教人。司马迁说，孔子喜爱读《易》，把串联《易》的竹简的皮条弄断了多次（孔子晚而喜《易》……读《易》，韦编三绝）。孔子如此喜《易》，却不是死读《易》，不追求死记硬背，而通过自己的知识经验和思考，在《易》的基础上创新，终于有了《论语》，成了儒家两千多年的经典，这经典不仅融入于中国人的血液中，而且影响着整个世界。

我们应力求把"浅阅读"转化为"深阅读"

随着信息化时代的加快，学生运用手机、电脑进行"浅"阅读已成时尚，"浅阅读"将继续强化下去，而由此付出的代价就是舍弃"深阅读"和深度思维，这对民族和学生的未来都是灾难性的。怎样扭转青少年"浅阅读"为"深阅读"呢？在当今有效的办法是人文考试或"高考"不能离开"深阅读"去答题，至于大学生采取读名著拿学分也是个有效方法。

当今信息时代，人们的生活节奏加快，人们特别是青少年把大量的时间投入到阅读越来越难，加之伴随着手机短信、微博网文的出现，让"微阅读"成为时尚，不超过140字的简短微博不仅走俏社会，甚至走俏于大、中、小学生之间。欣赏微博、登录微博，妙趣横生，占学生的时间不多，于是在课间休息，坐车吃饭、起床睡前，都成了学生"微阅读"的时间。因为好玩、方便、好奇、参与、真实、丰富，使这种"微阅读"成为必然的发展趋势，有学者和作家对此不可遏止的现象十分忧虑，的确，这种"微阅读"趋势的确是一个危险的信号。"微阅读"趋势之所以是危险信号，因为当今"微阅读"的内涵总以随意性、调侃性、娱乐性以及消遣性出现的，而它又以碎片的时间浸入的方式，使受众最多，也使青少年最喜，何况还可以自由参与。它不仅以娱乐式占领青少年的碎片时间，让他们自得其乐而很少思考，还以碎片式的传播方式正潜移默化地改变人们停留在浅思考而自得其乐，对其"深阅读"的思维习惯和思考方式解除了武装，这对青少年和民族素质来说都是个危险的信号。"浅阅读"形成潮流对民族和青少年都会构成危险，而这种"浅阅读"又随着现代信息时代，阅读 140 个字的微博将是人们生活中的家常便饭。在这种态势下，我们应因势利导，把"浅阅读"转化为"深阅读"。把"浅阅读"转化为"深阅读"有两种方法，而这两种方法必须同时实行。

第一种方法，化短为深。有些学者著文担心：浅层的浏览会不会从此代替专心致志、费点劲儿的思考，久而久之成为人们的习惯。这种担忧是不无道理的，它基于其中很重要的一个理由是"短"，不超过 140 字。这恐怕是由于长期社会文风之故：深奥必长，短小必浅。而事实也不尽然，如一些长文乃至大部头著作看完后还不知所云，空耗了读者宝贵时间，这怎么能深入下去？就是当今青年受众所熟知的某些所谓"名人"的作品，粉丝数以千万计，但此等作品若要作为"深阅读"的材料，那才会对民族产生内伤，因为这样的作品本身就是以"浅"面世的，何以"深"而言？故，长篇大作虽然阅读了，也会产生"浅"的效果。同样，老子之语，孔子之语，孙子之语，就其一个内容，一个层次多则数十字，少则几字，大多不超过 140 字之限，却句句珠玑，而掷地均有金石声。老子、孔子、孙子这些短文最适宜深阅读，他们的文虽短而不浅，我们的受众，我们"微阅读"的参与者，为何不以我们的祖先为其效仿，用掷地有金石声的短语让"微阅读"形成主流，而不被糟粕所裹挟！

第二种方法，就是在大、中、小学重视课外阅读和阅读教学，在教育活动中激发学生"深阅读"的积极性。对于像老子、孔子、孙子那样如珠玑的短文在世上不多，至少能给人以文风简洁精练的提醒，但它仍不能代替长篇精彩的雄文。因此，激励大、中、小学生的"深阅读"，像前面说的老子、孔子、孙子外，还应深读《礼记》、庄子、孟子、屈原、司马迁、王充、李白、杜甫、刘勰、钟嵘、韩愈、欧阳修、吴承恩、施耐庵、罗贯中、曹雪芹、鲁迅等的雄文，它是咱们中国人的精神渊薮；也应"深读"国外大家的作品，诸如柏拉图、亚里士多德、弗兰西斯·培根、但丁、莎士比亚、亚当·斯密、卢梭、康德、歌德、黑格尔、马克思、贝多芬、雨果、达尔文、爱因斯坦、居里夫人、泰戈尔、萧伯纳等的雄文，它是世界人民共同的精神财富。

让广大青少年学生重视"深阅读"，首先教育界必须采取有力的举措。让学生改变"浅阅读"而重视"深阅读"，光有口号是行不通的，既然考试是

"指挥棒"，就应在考试，特别是"高考"增加阅读后的考题，像法国的哲学高考题："解释卢梭《爱弥尔》的一个节选段落"，"解释斯宾诺莎《神学政治论》的一个节选段落"，"解释乔治·贝克莱《消极服从论》的一个节选段落"，等等，诸如这样靠独立阅读才能成立的考试，中学生在平时不得不对诸多哲学大家的著作"深阅读"不可，否则他们就无法在"高考"考场用四小时写下上佳的论文，法国这种促进中学生"深阅读"的方法可以借鉴。如今中国大学生也缺乏"深阅读"，仅靠"号召"和"鼓励"收效甚微，在大学生"深阅读"没有主动性的今日，只让他们知道有一个郭敬明，这应是我们当前大学教育的悲哀。目前，采用西南大学推行的一项新规，扭转大学生迷恋"浅阅读"转化为"深阅读"具有现实意义，读名著拿学分，即读 10 本学校推荐的名著并通过考试，可以得到两个学分。这种培养中国大学生"深阅读"习惯的读书刺激法是值得赞赏的，一俟"深阅读"成了风气和习惯，这种办法即可取消。

从少年儿童抓起，改变中国人缺少阅读的不良习惯

当前中国人已缺乏读书的习惯，而读书的力量不仅决定青少年的未来，也决定国家和民族的未来。当前应立即从少年儿童抓起，培养国人的阅读习惯，因为一个人 14 岁之前是阅读的关键期，失去了这个关键期，一个人的阅读习惯就难养成。因此，根据少年儿童阅读关键期不同的生理特点和心理特点，因势利导，培养少年儿童养成良好的阅读习惯，必将受用终生。

中外古今阅读史证明了这样一条定理，就是：阅读的力量不仅能够影响孩

子的终生，而且能够影响国家的未来和民族的未来。据中国新闻出版研究院 2013 年公布的调查，2012 年中国人均阅读 4.39 本纸质图书，而且中国人每天用于读书的平均时间仅为 15 分钟，这一数字远低于主要发达国家。中国当前的畅销书主要由育儿手册、食谱、健康和养生指导、备考书籍这些实用性图书及惊险和爱情小说组成，而哲学、社会科学逐渐远离中国人的阅读视野。据香港大学对 6000 名中国四五年级小学生的调查表明，1/3 的孩子、有些班级甚至是 1/2 的学生存在阅读障碍。某校对刚入学的一年级学生的家庭藏书进行统计发现，家里孩子读的书 100 册以上的只占 4.6%，50 册以上占 47.2%，且书中练习册、教辅书较多，而儿童真正感兴趣的课外读物则凤毛麟角。有些家长买书，但却不引导孩子阅读；老师让学生阅读，但缺少指导；学生期盼课外阅读，但合适的不多。这种情况在农村更为严重，许多农村孩子的儿童读物几乎为零。大学生阅读范围过于狭窄，除了专业书刊，大学生更关注的是网络碎片式、娱乐性、时尚性的阅读，对经典阅读拒之门外，大学生坦然只知一个时尚作家郭敬明，真令人震惊。连美国《大西洋》月刊也以"中国人为何不再读书"为题文报道："中国人太浮躁太功利了，需要静下来才能读书"，"一心沉溺于追求经济繁荣导致民众考虑不了别的东西"。我们看了国外这段诤言难道还无动于衷吗？该文还谈到一个中国人对书籍的消费观，令人深思："尽管家长们不厌其烦地对子女说：'书中自有黄金屋'，但中国消费者对图书的支出并不能印证这种信念，调查发现，对于一本 200 页的书，中国人愿意付的平均价格为 13.67 元，仅为星巴克一杯冰拿铁价格的一半，或一张电影票平均价格的 1/3"（美·《大西洋》月刊 2013.8.15 文）。显然，书在许多中国人心目中并不是"黄金屋"，而是比电影片还低贱的草芥！这已不是悲哀不悲哀的问题，而是中国人处于危险之中而不觉察。国人如此不再读书，读书的学生不再青睐中国和世界名著，这实际上是自己让自己处在最危险的时候。

怎样改变中国人阅读处于最危险的时候，首先阅读的习惯应从少年儿童抓起，因为他们是国家和民族的未来。谁来抓青少年的阅读，只有教师，因此，教师首先就必须从人的解放这一教育的战略高度来看待阅读，而且，教师以阅读为先，感同身受。教师的非小说阅读至少应该占据阅读时间的 70%，特别是哲学、自然科学和社会科学应成为教师阅读的首选。在这方面，我国教师不应学清末民初的学者王国维，"啃"康德等人的作品总啃不动，造成他终生的遗憾。有人建议学校应为教师放个"阅读假"，这个建议在应试教育条件下有现实意义，"没有时间"是教师特别是语文教师的实情，阅读对他们是件奢侈的事。久而久之，教师对阅读没有冲动，又怎么去有效地指导学生阅读呢？

如何抓住少年儿童阅读关键期，学者朱永新提出"阅读的关键期在14岁之前"，这个提法根据生理学来看，是科学的，也是很重要的。不过，这个提法有很大的局限性，"14岁之前"，0~14岁，都属于"14岁之前"，而因脑神经还未成熟的0~3岁是不适合阅读的，10~14岁才抓阅读又偏迟。

根据学者程朝翔的介绍，在英国教育体系中，非常重视莎剧的教育。在英国国家课程标准中，早期教育阶段（3~4岁）、关键阶段Ⅰ（4~7岁）、关键阶段Ⅱ（7~11岁）等几个时期，莎士比亚成为必修课，在14岁时有专门考试。通过我多年教学和实地考察，参照英国经验，一个人的阅读关键期在下面几个阶段：

（1）阅读萌发阶段。这个阶段是0~3岁。由于新生儿脑重只有390克，到2~3岁增到900~1100克，但与成人脑量还差400克左右，大脑还处于不成熟期，此时，若强化"早教"，强要婴儿记忆、思辨，不仅适得其反，而且损伤其大脑。此时的婴儿仅是阅读的萌发阶段，用本能的听力接受外界信息就是阅读，用大大的画、漂亮的颜色吸引婴儿；再稍大些，让婴幼儿更关注画面的情节发展，并让生动形象的图画和鲜亮的色彩结合家长生动的语言讲述，会起到阅读启蒙和不损伤婴幼儿大脑、因势利导之功效。

（2）阅读初级关键期。这个阶段是3~7岁，也是幼儿学前时幼儿园的阶段。大脑重量在继续增加，3岁儿童达到1011克，而7岁儿童则达到1280克，基本上接近成人的脑量。由于这个时期儿童的第二信号系统概括性还是很差的，第一信号系统还比较占优势，思维还有很大的具体性，因此，这种阅读的关键期是以形象展现的，也可以称这个时期是儿童的"读图时代"。但要注意，3~4岁的"读图时代"与5~7岁的"读图时代"有质的变化，3~4岁，需要靠家长陪小孩儿读图，甚至可向小孩儿提出要独立思考的问题。5~7岁的"读图时代"就不同了，要反过来，孩子已逐渐形成了个性，让其自己选取一些有益的图书读，并让孩子读后独立地考考家长。像5岁的鲁迅那样，阿长在街上给他买了绘图本《山海经》，他爱之极致，里面的英雄神话影响了他的一生。这是什么原因呢？从大脑皮层抑制生理发展使5岁的鲁迅能独立主动接受情节故事的基础。约从4岁起，又由于神经结构的发展，由于生活条件的要求，更重要是由于言语的掌握，内抑制开始蓬勃发展起来，使儿童有可能分析综合外界的事物，同时也使儿童有可能更好地控制、调节自己的行为。但此时幼儿大脑还未完全健全，若在这个阶段强行让幼儿去学小学初年级的"语、数、外"，就是对幼儿的摧残，其基本道理也在这里。这个阶段应是以玩为主，让幼儿在这个时期"玩"出成功。这个时期可以吟唱儿歌，观赏童话，拿莎士比亚的戏剧来说，可以学习传奇剧，像《冬天的故事》、《暴风雨》等。

（3）阅读的中级关键期。这个阶段是幼儿成为儿童，即7~10岁，也是儿童进入学龄的时期，也可以称之为人的浅阅读时期。学龄初期的儿童，由于神经系统结构的发展（神经细胞的增长），由于第二信号系统的发展，特别是由于学校要求，就能更快地形成各种抑制性的条件反射，而且形成得很巩固。按美国生理学者玛丽安·伍尔夫通过研究儿童阅读的大脑变化发现，儿童阅读是左、右大脑两个区域一起运行的，而过了这个时期，学习语言的能力开始退化，我们成年人在阅读是形象思维与抽象思维结合起来才能产生最佳效果。这个阅读最佳效果则是采用浅阅读的方式。这里所说的浅阅读与网络中读140个字花几秒钟的微博浅阅读不同，它是指对形象的、短小的、生动的、具体材料的阅读，是人初步迈进阅读领域的关键时期。在这个时期，神话故事、童话和科幻小说是孩子们的最爱，并让孩子逐渐养成浅阅读的习惯，若家长陪伴，孩子已初露个性，让孩子自选对其有益的课外读物，家长或教师可以通过情境阅读方式让孩子快乐地阅读。若是学习莎士比亚戏剧可学习喜剧，像《无事生非》、《威尼斯商人》、《驯悍记》、《皆大欢喜》、《第十二夜》等。

（4）阅读高级关键期。这个阶段是儿童成为少年，即11~14岁，也是少年最终形成阅读的关键时期。孩子这个年龄段大致相当于初中教育阶段，也是从儿童期向青年期过渡的一个时期，更是一个人形成终身阅读习惯的关键时期。这个时期虽然脑的重量无显著增加，但在机能上却明显地发生了变化。神经纤维迅速增加，脑机能在迅速增长，第二信号系统有较显著的发展，不满足于课堂教学中对知识的获得，开始大量地阅读文艺作品和科技读物。在这个时候，学校教师和家长能对孩子因势利导，鼓励和激励孩子们进行深阅读，此时的深阅读不仅能影响孩子的终生，而且少年们自此养成了勤奋好学的阅读习惯，会让孩子受用一生。在这个时期，可以给孩子们推荐中外名著，诸如《论语》、《老子》、《庄子》、《孟子》、《孙子兵法》、《楚辞》、《诗经》、《近思录》、《乐记》、《西游记》、《三国演义》、《唐诗宋词》、《鲁迅短篇小说集》等，若是莎士比亚的戏剧，则是学习悲剧和历史剧，如《哈姆雷特》、《奥赛罗》、《罗密欧与朱丽叶》、《麦克白》等。

第4章

个性解放

　　个性解放是中国文化之精髓，也是中国教育之精髓。中国远古神话和诸子百家，就是建立在人本基础上的个性解放的产物。个性解放就要顺其自然，按幼儿、儿童、青少年不同的天性因材施教，才能使其茁壮成长，按孩子发展的规律办事才能拥有个性化教育。所以，现代教育应提倡把自由还给学生，让孩子做"中等生"，挺好！

中国教育离不开中国文化主旋律——个性解放

　　中国是一个早熟的人本思潮的文明古国，远古《山海经》及春秋战国确立的、以儒道为主线的中国文化传统，其精髓贯穿了中国文化的主旋律——个性解放。个性解放不仅建立在中国远古的"人神同位"的观念上，而且建立在老、庄"道法自然"和孔子"有教无类"的基础之上。个性解放不仅是中国文化之精髓，而且是中国教育之精髓。历史反复证明，只有具有个性解放的教育生态环境，才能孕育出堪称世界级的大家。

　　个性解放是中国文化之精髓，也是中国教育之精髓。中国明清科举八股时代，以八股为手段，以"五经"为准绳，最大限度地用封建文化桎梏束缚了明清时代许多有为的青年，也使明清的经济、科技衰竭而一蹶不振；中国当前的应试教育，与中国和平崛起却极不相称。本来和平崛起的中国急需一批又一批高端创新型人才，应试教育却反其道而行之，束缚青少年的个性，让他们舍弃创新而只知道围绕着考试转。应试教育极大地束缚青少年的个性，不仅与伟大的时代背道而驰，也跟中国文化的精髓——个性解放相违背。当今，教育已处于必须改革的临界点，而中国教育改革的基点就要从中国文化之精髓——个性解放发端。

　　《山海经》出于唐虞之际，系中国文化之渊薮。《山海经》里面记载的神话，像夸父逐日、精卫填海、战神刑天、后羿射日等，都被老子、孔子、庄子、孟子、韩非子以及《易经》、《诗经》、《楚辞》、《尚书》、《国语》、《礼记》等传承，并产生重大影响，这个重大影响就是确立人本思想的根本——人神同位。《山海经》里所表现的神话中，从未出现过神或神力为第一动力。

人神同位，在原始氏族的中国能确立，这是非常了不起的。它使人摆脱了神对人的羁绊，是人的个性解放的前提。试想，神高于人则束缚住人，人还有什么个性自由可言呢？自此，中国成为有人本主义早熟传统的国家。由于人本主义早熟传统，才在春秋战国孕育了百家，春秋战国百花齐放、百家争鸣就是中国思想界个性解放的最生动体现。就是在这个百家争鸣的个性解放的氛围中孕育出中国南北和而不同的异质思想，这就是一直贯穿中国传统文化两千多年的儒道文化。虽然儒家文化产生于黄河流域，道家文化产生于长江流域，儒道虽然异质但又互补，儒道两种异质文化因为都是在同一个人本主义思潮条件下产生的，因此，人的个性解放成了这两个学说的主旋律。

老子和庄子力主个性解放，其主旨是"道法自然"，顺应自然规律，对人来说就是顺应人性，《庄子·徐无鬼》中提到，万物都有其自然本性与规律，顺应了就是逐渐明朗，冥冥之中都有关键之处，事物产生的同时也就有了相应的对立面。如何看待人的个性和有个性的学生呢？《庄子·秋水》提及，从道来看，无所谓贵，无所谓贱，贵与贱是循环往复、相互转化的；不要束缚你的心志，而与道相违背。对待人和学生，无高低贵贱而对其尊重，这就自然会形成个性解放的生态环境。这样的尊重人，尊重个性的观点树立了，就是至理正道。《庄子·骈拇》有言，所谓至理正道，就是不违背自然本性。长的不是有余，短的不是不足。因此野鸭的腿虽然短，给它接长一段就会痛苦；仙鹤的腿虽然长，给它截去一段就会悲哀。所以事物原先是长的不可截短，原先短的也不可加长，用不着担心忧虑。所以，尊重个性是十分重要的，才能让对方任其施展才能。个性化教育就要发挥所长、用其所长，这才是真正的个性解放。关于这方面，庄子仍有其生动一说："栋梁之材可以用来冲击城墙，却不可以用来堵塞洞穴，这是说器物各有各的用处。骐骥、骅骝这样的骏马一天可奔驰千里，捕捉老鼠却比不上野猫和黄鼠狼，这是说它们各有自己的技能。猫头鹰在黑夜里能够抓取跳蚤，可以明察毫毛的末端，但是白天出来，即使睁大眼睛也看不见山丘，这是说禀性不一样"（据《庄子·秋水》）。故庄子强调，人的个性解放，就会像大鹏那样：鹏之徙于南冥也，水击三千里，搏扶摇而上者在九万里！庄子这一系统个性解放理论为一个人能成为大家打开了绿色通道。战国的屈原、三国的诸葛亮、唐宋的李白、杜甫、苏东坡以及现代的鲁迅、毛泽东、邓小平、钱学森等大家，莫不是因个性解放孕育出来的杰出人物。

关于个性解放，不仅道家力倡，就是以孔子为代表的儒家也力倡。孔子从人的本性相近（性相近）出发，着力于教育领域倡导个性解放。孔子鲜明地提出"有教无类"个性教育思想，他主张并实行人人我都教育，没有贫富、地域等的区别，唯一的区别就是个性化教育的因人施教，他在共同的目标下，对不同的受教育者提出不同的要求，采用不同的教育方法，这是根据学生个性心理差异实施教育的一个重要原则，也是个性化教育的一个重要原则。这方面的个性化教育，孔子最先采用，他在实施个性化教育的过程中，对每个学生的性格、才能、志趣和专长等，都了如指掌，然后采取不同的教育方法，对不同的学生有不同的要求，对同一个问题常常有不同的回答。在个性化教育方面，孔子甚至强调"当仁不让于师"（《论语·卫灵公》），面临着仁德，就是老师，也不同他谦让，这充分体现了孔子激励个性的行为。诗歌的写作最能反映人的个性，孔子为此呼吁："小子！何莫学夫《诗》？"（《论语·阳货》）

个性解放就是顺其自然

> ●○--
>
> 　　幼儿搞"语、数、外"，让幼儿"玩"的天性丧失；小学搞"小高考"的"小升初"；中学一切为考试打转，学生成了考试的"机器"，这是与教育的个性解放背道而驰的，因为它违背了教育必须顺其自然这一规律。被公认最优质的芬兰教育，从来不将高分学生看成优秀学生，他们所谓的好学生就是谁能将个人特长发挥到极致。由于芬兰教育秉持这样的教育观，最大限度地顺其自然从而达到真正的个性解放。
>
> --○●

个性解放是什么？一言以蔽之，顺其自然。庄子在这个问题上说得最为透彻："有人，天也；有天，亦天也"（《庄子·山木》）。是的，人类的出现，是出于自然；自然万物的出现，也是出于自然。而且"万物皆出于机、皆入于机"（《庄子·至乐》），万物都产生于自然，又都回归到自然。庄子一贯倡导个性解放，而他也正确地指出了个性解放之精髓，就是顺其自然。我们提倡针对不同的教育应大倡个性解放，针对不同的教育对象依据年龄的特点以及个性的不同去顺其自然，也只有对不同对象采取顺其自然的方法和态度，才能使教育对象个性解放。我们的教育因此应该遵循这样一个铁定的规则：让孩子在恰当的年龄做他顺心合宜的事情。这个"顺心合宜"之性就是天性。

玩是幼儿的天性。幼儿通过玩能学会社交、沟通、分享及解决摩擦，这些能力在书本里无法学到。但是，一些家长和幼儿园却无视幼儿"玩耍的权利，"搞语、数、外学习，搞幼儿不感兴趣的"兴趣班"学习，堵塞顺应儿童天性的通道，这显然用泯灭幼儿天性来取代顺应天性，使不少中国幼儿的玩成了奢侈。我们应该明白，让幼儿在幼儿园玩得开心，才能更好地培养幼儿的独立人格。

幼儿进入小学就成了儿童，学校的集体生活给儿童一种崭新的生活方式，这里有求知的快乐，也还有游戏的快乐，还有与小伙伴交往和交流的快乐，这就是进入小学的儿童的天性所在。我们让他们不为考试所累，也让他们走向大自然，走向田野、走上社会。可是，我们的教育却把小学升初中当成"小高考"，让孩子一开始就围绕考试转，课外布置的作业越来越多，儿童自我的兴趣也顾不上了。美国的"小升初"没有考试，孩子们经过一番毕业庆典，大都高高兴兴地从小学毕业去过暑假。显然，我们小学的教育改革，应用法制来禁绝把"小升初"当成"小高考"，废除"小升初"考试，让小学教育能顺应儿童成长，让他们摆脱"竞技教育"过早对他们童心的纠缠，使儿童在小学学习期间的个性能得到解放。

孩子们需要怎样的中学生活？中国的应试教育使中学成了应付高考的阶段，教学一切围绕考试转，学生则成了死记硬背取得好成绩的考试"机器"。在学校，在家里，优秀生均以成绩好而论。本来中学时期的青少年观察力、记忆力和想象力的发展都进入最佳时期，应试教育却漠视青少年这一天性，用考试和考卷让处于青少年期的学生将观察力用在解题和猜题上，记忆用在对公式和教材的死记硬背上，剩下的想象力被考试弄得荡然无存。因为想象力是创造力的基础之一，那么，青少年的创造力如何，就不言而喻了。我们反观世界公认的全球最具有竞争力的芬兰教育，从来不将高分学生看成优秀学生。赫尔辛基瑞苏中学校长说："我们从来不会因为孩子的成绩是顶尖的，而发给他奖学金，而是从不同的角度来选取。"中国与芬兰的教育谁最符合学生的天性，一看便知。

显然，芬兰在顺应孩子的天性上是做得最出色的，也因此是让学生个性解放最彻底的国度，这个只有520万人口的北欧小国甚至使美国甘拜下风。芬兰中学生被"国际经济合作发展组织"评为整体表现全球第一；芬兰高等教育，几乎被每届世界经济论坛评为"最佳"。芬兰教育从来不将高分学生看成好学生，他们所谓的好学生就是：谁能将个人特长发挥到极致。显然，这种教育观是顺应自然，让学生真正获得个性解放。

 **24 因材施教是学生个性解放的必要手段**

● ○ --

人的个性解放，其潜能才会充分地发挥。学生的个性解放，教学就应强调因材施教，因为因材施教是教者在共同培养的目标下，对不同的受教育者，根据他的个性和特长，提出不同的要求，采用不同的教育方法。古代的孔子基于人本教育，最先采用并提倡这种教育方法，近代的居里夫人则对两个女儿成功施行了因材施教。因为因材施教是从学生个性角度采取的必要手段，个性化教育是不可缺少的。

-- ○ ●

千里马放逐于大草原，骆驼放逐于沙漠绿洲，金丝猴放逐于森林，熊猫放

逐于箭竹山林，海豚放逐于大海，各归其位，各美其美，其个性得到极大张扬，这就是个性解放。这个道理也适用于个性各异的人的教育，人的教育能使各不相同个性的人各美其美，最重要的就是"因材施教"，这样才能充分发掘不同个性的潜能，这才是人的个性解放。

为什么因材施教是个性化教育之精髓呢？是因为因材施教是教者在共同培养目标下，对不同的受教育者，根据他的个性和特长，提出不同的要求，采用不同的教育方法，这是根据个性化教育中，针对个别心理和能力差异施教的一个重要原则。孔子是基于人本教育这一前提下，最先采用并提倡这种教育方法的，其在全世界至今都具有普遍意义。孔子在实施这一教育过程中，对每个学生的性格、才能、志趣和专长等，都非常清晰，然后对不同的学生有不同的要求，对同一个问题常常因学生对象不同而有不同的回答。这样，就使学生按自己的个性发展，或在发展中纠正或抑制自己个性中的弱点，从而最大限度地挖掘自己的潜力，让学生获得个性解放。

教者对学生实施因材施教能让不同个性的学生各得其所，各美其美。庄子在他的《骈拇》一文中曾做过一个生动的比喻：野鸭把腿接长就会痛苦，仙鹤把长腿截去一段就会悲哀。顺其个性而教之，必定会使受教育者因势而发，其乐融融。居里夫人就是用因材施教的方法，让她的两个女儿个性得到解放而获取成功的。居里夫人发觉大女儿从小喜欢科学，并显出较强的推理能力，于是给大女儿创造很多机会，让她接触实验操作，而没有送她到公立中学就读。大女儿从 17 岁开始，成了居里夫人的得力助手。继后，大女儿考进巴黎一所学院的高级班，而且还不到年龄就毫无困难地通过了学士考试，之后又考入巴黎大学继续学习。1935 年，大女儿伊伦娜及其丈夫获得诺贝尔化学奖。居里夫人对小女儿艾芙的教育坚决摒弃模式化，毅然根据小女儿的个性和特长因材施教。居里夫人的小女儿艾芙活泼聪明，具有非凡的音乐天分，所以在对小女儿实行教育时，并不按大女儿的培养模式。当时小女儿年龄小，最重要的是健康，起初让她勉强跟上学院的课程就可以了，鼓励女儿散步、游泳、练习体操、爬山、长途步行或骑自行车等户外活动，或常常陪她们散步，为她们讲解自然知识。每个假期，都带孩子们远足度假，让孩子亲近大自然，接触陌生人，同时培养她们良好的性格。由于对小女儿艾芙采取依据个性顺其自然地展现其潜能，小女儿艾芙最终成为一名优秀的钢琴家和记者，1937 年，艾芙出版了《居里夫人传》，畅销全世界。居里夫人教子的成功，可以说是通过个性化教育，使子女的个性得到解放，从而实现自我潜能的发挥。

个性化教育就是在集体教育的条件下尊重学生的差异，根据其个性和特长因材施教，才能达到个性解放，从而让学生最大限度地发掘其潜能，走向成功。故庄子强调栋梁之材可以用来冲击城墙，却不可以用来堵塞洞穴；骏马一天可以奔驰千里，捕捉老鼠却比不上野猫和黄鼠狼。各就其位，各美其美，因材施教，才成大器。

个性解放就是按规律办事

● ○ --

天有常规，教育也有常规，揠苗助长，事与愿违。我们应当摒弃违背教育规律的应试教育，向世界上最先进的德国教育和芬兰教育学习。德国教育既减轻学生负担，又收效好的经验值得我们学习，他们反对超前教育，孩子生长在什么年龄段就做相应的教育；芬兰教育是"无考试"的教育，但它能紧紧抓住：好学生不是成绩，而是谁能将个人特长发挥到极致。

-- ○ ●

个性解放绝不是放任自流，而是按照自己的运动规律行事，这个运动规律就是按规则行事，没有规则，运动规律也就破坏了，以自由为核心的个性解放就荡然无存。故庄子强调："则天地固有常矣，日月固有明矣，星辰固有列矣，禽兽固有群矣，树木固有立矣"（《庄子·天道》）。

中国自古以来都熟知孟子的一则寓言："宋人有悯其苗之不长而揠之者，芒芒然归，谓其人曰：'今日疾矣，予助苗长矣'。其子趋而往视之，苗则槁矣"(《孟子·公孙丑上》)。我们明知"揠苗助长",强求速成,结果反而不好,却对婴儿、幼儿、儿童的教育偏偏要违背他们生长的规律,追求速成。婴儿的早教,幼儿的"小学化",儿童的"奥数热",青少年的"高考热",这种系列违背未成年人生长规律的"揠苗"教育,不是在爱护他们,而是在戕害他们。

我们当前的应试教育,是泯灭学生个性的教育,也是违背教育客观规律的教育。因此,我们应借鉴当今世界最优秀的教育,毫不犹豫地对现行应试教育进行改革。

首先,我们的教育方式应向德国学习。德国仅有 8200 万人口,却是诺贝尔科学奖得主最多的国家(包括德裔)。如果照我们教育的观点,德国人一定是疯狂地对孩子施加各种教育。然而,恰恰相反,德国孩子的学习负担是世界上最轻的。在德国,幼儿以"玩"为主,从宪法上规定不准幼儿"进修";小学生 1~3 年级基本没有家庭作业,家庭仅是孩子娱乐和成长的摇篮。小学是半日制,下午没有课,老师经常会组织学生踢球、看电影、参观博物馆或野外郊游。4 年级后要面临"小升初",学生课程增加,并注重手工课,开发学生想象力和创造力以及动手能力。根据孩子在小学阶段的表现和成绩,分别进入不同类型的中学,成绩好的学生进入文理中学(高中一贯制重点中学)。进入中学后,学习课程大幅增加。老师会对主课内容留部分家庭作业,一般学生会在 30~40 分钟内做完一门功课的作业,中学生每天大约用两小时做完作业。德国中学没有期中和期末考试,也没有中考和大考。老师根据每学期 4 次闭卷课堂书面作业成绩、平时课堂提问和测验的综合水平评定得出学生的学期成绩。学生参加数学考试可以带计算器,参加物理考试可以带物理公式手册。家长鼓励孩子多读书,课堂教学方式主要是进行讨论,老师出题,学生要为此准备专题报告。高中结业毕业考试是真正意义上的考试,升大学的条件除这次考试外,还要将两年的四学期所有学科成绩计入毕业成绩的总评中。而高中毕业考试的四门科目是由学生在规定课程内自己选定的,学生可以选择自己的强项,使自己的毕业考试成绩达到最佳水平。

德国教育收效好而孩子负担轻的经验,值得我们高度重视。它教育成功经验的核心就是:德国人在育人的观念中,按其教育规律即孩子生长在什么年龄段，就应该做与这个年龄段相应的事。超前学习并不是什么好事。如有时间，应该参加锻炼，学生在长身体阶段，必须要有强壮的体魄。而且腾出大量时间让孩子享受阅读，特别是对经典的阅读。在这方面，出生在德国的爱因斯坦说了一段很贴切的话："由一个没有个人独创性和个人目标的标准化的个人所组成的社会，将是毫无发展可能的、不幸的社会。相反，学校的目标必须是培养能独立行动和思考的个人，而这些个人又把社会服务视为最高的生活目的。"（《爱因斯坦晚年文集》，《论教育》，北京大学出版社 2008 年版第 26 页）

其次，我们的教育还应向芬兰学习。芬兰仅有 550 万人口，却拥有世界一流的教育。国际经济合作发展组织（OECD）对 41 个国家的教育进行了抽查，芬兰连续第六次（2012 年）登上世界最佳教育冠军的宝座。该组织负责国际学生评估项目的安德列亚斯·施莱克尔说："无论在阅读、逻辑、数学与自然科学的能力上，芬兰学生都绝对一流。这个国家是以教育赢得世界。"在芬兰，成绩不是用来表扬或羞辱孩子的工具。分数不能代表一个学生的全部，对心理还不成熟的孩子来说，排名、强调分数会打击成绩不好的孩子的自信心，而成绩优秀的孩子则可能会恃宠而骄，失去对弱者的同情。芬兰教育从来不将高分学生看成优秀生，他们所谓的好学生就是谁能将个人特长发挥到极致。他们给学生更多自主权，学生每天上课时间很短，即使是高中生，也是下午两点就下课，剩余时间由学生支配。寒暑假既没有"作业"，也不开设辅导课，学生们则利用这一机会，去阅读、去学习各种生活技能及参加户外活动。从小养成阅读习惯，父母在孩子很小时，就在家里为孩子读书念报，而去图书馆则是这种休闲活动的首选。教师社会地位高，也受人尊崇。若要成为教师则要求很严格，是精挑细选出来的。小学和中学教师工资是公务员的一倍，大学教师则为公务员的两倍。芬兰从小学到大学全部免费。上中学前不考试，学生上大学前才进行水平鉴定考试。唯一的考试，也只是在进大学前。学生、教师有更多的时间学他们爱学和想学的东西。

芬兰的教育经验对当今应试教育盛行的中国式教育似乎是理想化或"不可想象"。芬兰"无考试"的教育与中国当今"考试为上"的教育是格格不入的，要中国这个有近两千年考试传统的国度向芬兰学习"无考试"教育是不可想象的。我们只有首先以人为本地改革高考，再向世界一切优秀教育学习。

对学习芬兰，"无考试"是形式，我们因它不适宜中国教育实情而不论，但它有一个非常重要、非学不可的智慧型的教育观念，我们中国教育应该学到手，这就是：芬兰教育从来不将高分学生看成优秀学生，他们所谓的好学生就是谁能将个人特长发挥到极致。这是极为高明的教育观，因为它符合教育的现实、成才的现实和教育的规律。我们从古到今，中外文明史上的大家，都不是样样满分，而是将自己的特长发挥到极致的人。孔子是伟大的思想家和教育家，在此领域其特长发挥到了极致，但作战理论就赶不上孙武，动手能力就赶不上鲁班；爱因斯坦是现代天才的物理学家，他创立的相对论，突破了牛顿的光速不变原理和相对性原理，从而打破了万有引力理论的"万能"，把现代物理发展到极致。但他虽然喜欢音乐，却在音乐才能上赶不上舒伯特、贝多芬，在诗歌写作上赶不上歌德。因此，可以说，芬兰教育之所以实行"无考试"教育，绝非放任自流，而是抓住了教育方法所追求的根本，因为他们知道"十全十美"的大师世上没有，非大师就更不消说，这就是教育的规律。另外，中小学教师的工资我们只要求与公务员相等，大学教师的工资不需高公务员三倍，但至少不能在世界大学教师工资中垫底。

没有分离就没有孩子的自由可言

孩子的个性自由，是由家长不同程度的渐进分离形成的。孩子只有个性自由，才能充分展现自我的潜能，成为一个掷地有声的"自我"。因此，家长和老师善于利用不同阶段的分离进行相应的健康诱导就显得十分重要。要重视幼儿开始割断恋母情结，再到少年的分而不离，最后青年与家长完成成熟分离，这既是孩子获得个性自由的三个阶段，也是家长和教师教育的关键期。

母藏羚羊一旦生下羔羊，就毫不犹豫地嘘着让初生小羊羔站立起来，否则小羊羔就难以生存，有可能死亡。在死亡和严厉之间，母羚羊选择了严厉。山鹰在幼雏羽毛丰满之后，就用啄和爪的方式拆掉安乐窝，逼雏鹰展翅学飞翔。在安乐窝和严厉之间，母鹰选择了严厉，因为安乐窝就预示着死亡。小羚羊要自由，就要学会与母羊分离；雏鹰要自由，也要学会与母鹰分离。这应该是万物发展之规：没有分离就没有自由可言。但是中国的家长，却反其道而行之：从幼儿的中国式陪孩子，到成人了还要伴读，孩子长大却没有自由可言。

从孩子的个性发展轨迹来看，孩子与父母分离应有三个阶段。

第一阶段是幼儿 3~7 岁时期。3 岁幼儿开始上幼儿园，当幼儿由母亲第一次送到幼儿园后的前两周，幼儿往往用哭来告别与母亲的分离，一般幼儿要哭一周左右，这是对母亲情结上的"情感断奶"。从儿童个性发展来看，3 岁已开始表现出个性差异，不过，这种个性差异往往以心理上个性差异为主。随着在幼儿园与小伙伴一起生活，也随着智力水平的不断提高，在成人的要求和教育下，学前儿童心理活动的独立性和目的性逐渐增长起来，行为中的冲动性相对减少。在一定的情境中，他们已开始自觉地控制和调节自己的行为，表现出自我意识正在形成。在这个阶段，父母特别是母亲与子女的情感是离而不离，一般情况下，孩子的恋母情结没有根本割断，这时作为年轻的妈妈应因势利导，利用幼儿未割断的恋母情结，用身教和言教幼儿卫生养成习惯、幼儿的礼貌养成习惯、幼儿的阅读养成习惯。年轻父母利用双休日和假期尽量与幼儿一起玩，在作幼儿玩伴时，尽量平等而不居高临下地与孩子玩，甚至让幼儿作主导地玩。并且，在有条件的情况下，年轻父母与幼儿接触时间应大大超过祖辈与幼儿接触的时间，因为祖辈对幼儿易产生溺爱，或不经意之间把幼儿当成"玩物"，不利于幼儿身心成长。儿童进入小学到小学毕业，是处于幼儿与青少年之间的过渡时期。这时儿童仍具有恋母情结，特别是初小时期，但因开始读书学习，与幼儿以"玩"为主的幼儿园生活方式大不同，学校的集体生活给儿童创造了获得评价和评价别人的环境，同时使儿童也逐渐领会了一些道德准则，用以评价自己的行动。言语，特别是书面言语成为儿童学习的专门对象，掌握概念和进行判断、推理的抽象逻辑思维能力逐渐发展起来，也发展了各种心理过程是有意性和自觉性。作为年轻的父母，就应利用还未割离的恋母情结，让孩子在幼儿时期的卫生、礼貌和阅读习惯，从不稳定的意识层深入到潜意识层，从而使孩子的好习惯得到巩固。与此同时，可以适当地鼓励儿童独立思考的能力。

第二阶段是父母与孩子的分离期。这个阶段是孩子告别儿童期进入少年和青年时期，也正好是孩子中学时期。这时孩子的恋母情结有质的变化，不再是依赖性为主导，而是以尊重长辈性为主导。少年和青年的中学时代，是孩子个性发展的关键期，个性特征的各种因素，正在迅速发展，但尚未成熟。在中枢神经系统的发展上，虽然脑的重量无显著增加，但在机能上却明显地发生了变化，神经纤维迅速增加，脑机能在迅速增长，第二信号系统有较显著的发展。性成熟的机能开始表露出来。这导致中学生的自我意识开始强化，自尊心态逐渐强烈，也逐渐意识到锻炼意志和性格的重要意义，并产生原则性的道德认识，道德理想从具体形象性向抽象性、概括性转化，价值取向开始形成，兴趣倾向逐步形成并趋于稳定。这是一个人生观、世界观逐渐形成的关键期，也是个人爱好、兴趣和追求的关键期，还是个性基本上形成的关键期。由于孩子处于欲走向独立和家庭情感依赖的双重矛盾之中，家长和老师要充分用好这一关键期，让孩子基本上树立健康良好的人生观和世界观。应在这几方面对青少年孩子下功夫：①用意志锻炼强调延迟满足，踏实勤奋，喜于钻研，好问善疑，富于创造。在性成熟开始表露时，应以学习为重，不过多在情爱上下功夫。②富于理想，富于幻想，富于梦想，家长和老师应善于把孩子的梦想作为激励孩子的动力。③由于自我意识萌动，家长和教师应让学生的独立思考能力成为习惯。④养成良好的道德风尚，让孩子懂得利人就是利己，尊重别人就是尊重自己。⑤家长和老师尽量避免在孩子学习和处事上越俎代庖。这样才为孩子将来与家长走上成熟的分离奠定基础。

第三阶段为父母与子女成熟分离期。这一成熟分离期是孩子处于青春期中期和青春期晚期，即十七八岁至二十七八岁的时期。此时期身体素质的各项指标达到高峰，并趋于稳定，脑发育和第二性征的发育也达到成熟水平。理论型的抽象逻辑思维能力已形成，并由此而导致辩证逻辑思维能力的发展。感知、记忆和想象能力均达到成熟水平，观察力、记忆力和想象力都进入最佳时期。并且由于抽象逻辑思维的组织和调节，形成了强烈的创新欲望。纵观中外科技史，许多重大科学发现和科技发明都在这个时期。这个时期青年或在大学学习、深造，或走进社会成为社会成员，他们均期望走向自尊、自强、自信的道路，而这种自尊、自强、自信又是与家长成熟分离为前提形成的。好些家长那种儿女情深的依恋，不让他们到外面去闯世界，庇护在自己的"羽翼"之下，孩子自然成不了大器。因此，家长此时对孩子最真挚的爱，就是家长与孩子成熟分离。这种成熟分离的主要标志是：孩子有独立的思想、独立的家庭、独立的情感、独立的经济和独立生活的能力。

27 把自由还给学生

> 幼升小"小学化"、小升初"小高考化"、中学生高考白热化，这种从小就让学子卷入"竞技教育"，等于雏鸟逼飞一样，让幼儿失去童真的自由，让儿童失去童趣的自由，让青少年失去思想的自由，这是泯灭个性的教育，对民族的未来，对学子的未来都是灾难性的。要想他们成为未来出类拔萃创新型的高端人才，就要从幼儿做起，还给学生自由。

　　纯真的幼儿，玩是他们的天性，真正的科学幼儿教育，是让他们玩出成功。可是，当今的中国幼儿教育在许多地方却反其道而行之，让幼教"小学化"透支着他们的童年，泯灭他们的童真，为了"不输在起跑线"，许多三四岁的孩子已失去童稚、童真的自由，在学习写字、算术、英文等小学化课程。年轻的家长呈现出一种恐慌，最担心的就是老师会因为"别的孩子已经学过了"而不再教了。我们的许多年轻的家长和幼教老师，还不知道幼儿教育的一个基本道理，就是自由玩要是幼儿成长的基石，也不懂得幼儿"放养"的大脑才聪明，更不明白幼儿玩才玩得成功。德国在育儿方面最高明，联邦德国《基本法》（即宪法）第七条第六款明确规定，禁止设立先修学校。使孩子在小学前"唯一的任务"就是快乐成长。因为孩子的天性是玩耍，所以要符合孩子的成长规律。即使对幼儿要"教育"的话，仅是基本社会常识、动手能力和培养孩子的情商特别是领导力。由于德国教育出色，自诺贝尔科学奖设立以来，德国人（含德裔）获得的诺贝尔奖人数将近占总数的一半。8200万的德国人分享了世界一半的诺贝尔奖，而全球另外60多亿人口只获得剩下的另一半。作为和平崛起的中国的幼儿教育，应该向德国学习，为什么我们的宪法不能明文禁止设立先修学校呢？为什么我们的幼教不把自由还给幼儿呢？为什么德国等国家做得到我们做不到呢？

小升初本应免试就近入学，严禁组织统一考试，消除"竞技教育"过早落在儿童身上，让儿童在小学有一个快乐的童年和自由的氛围。但是，由于应试教育早已浸染了小学和初中，使小升初沦为"小高考"，让儿童的"竞技"、"苦读"取代了童年的快乐。近年来，小升初择校越来越热，各地名校纷纷使招，变相举行各类考试选拔"优质"生源。家长和孩子为此奔走各类培训班之间，家长们焦虑苦闷，孩子在失去童趣、野趣，让各类训练把孩子捆绑，成了孩子无自由的链条。

学生进入中学时代，家长、教师和校长告诉他们，一切的一切都是为了"高考"，"竞技教育"已成了白热化，学生的学习是以成绩竞争为目的，使教育已远离人品和智能，更远离独立思考的培育，一个个训练成为会考试的"机器"，青少年们的思想自由远去，想象自由远去，质疑自由远去，剩下的仅是死记硬背的考试答案。这些本来聪慧而有生机的青少年，却因被考试禁锢而缺乏创造的欢乐和自由。作为以教为生的笔者，为此大声呼吁，请把自由还给学生，否则，就是教育犯罪行为。

我们不禁要问，我国的应试教育为什么至今仍固若金汤呢？为什么对幼儿、少年、青年学子的自由天性要去泯灭呢？为什么对这种教育怪现象闻臭不臭、置若罔闻呢？我认为有三个原因导致我们如此：第一个原因是科举考试传统的遗毒。在中国封建教育史中，历经1300多年的科举考试，以考试为中心并形成传统，它给人一种似是而非的公平感，因此，国人和教育部门对"考试"情有独钟。第二个原因是新中国成立后教育推行苏联凯洛夫教育思想，他的教育思想强调三个中心：以教材为中心、以教师为中心、以课堂为中心，唯独不以学生为中心，视学生为教育的"物"。这显然是反人本教育、带有浓厚专制主义色彩的东西，对我国尚存封建教育思想余毒的教育思想来说，一拍即合。其实，萧百佑的棍棒教育和蔡美儿的"虎妈"教育均属于这一类型。第三个原因是教育的既得利益者要固守既得利益，他们利用优势的教育资源而名利双收，什么教育育人理念早已抛向脑后。

为了民族光明的未来，为了孩子健康成长，我们呼吁：尽快把自由还给学生。

孩子做"中等生"，挺好！

> 孩子做"中等生"挺好，好在他掌握了考试科目的要领，又能腾出时间寻找他学习中的最爱，这样既掌握了基础，又扩大了知识面和兴趣面，为他今后的创造奠定基础。"中等生"之好，还在于孩子摆脱了"成绩"的重压，从根本上解放了孩子、解放了个性。个性解放是一个人未来走向成功的奠基石，因此，"中等生"走向社会，事业最易成功。

几年前，我曾劝诫一位年轻的妈妈，不要把孩子往高成绩上逼，这反而害了孩子。这位母亲听后怒目斥骂："谁不知成绩好才有出息！"后来，孩子成绩虽然上去了，却成了个"小大人"，过早失去最宝贵的童真。至于"成绩好才有出息"，教育历史反复证明，也不尽然。而恰恰是孩子做"中等生"，挺好！家长和老师，请给孩子做"中等生"的自由。

一份调查报告显示，1977~2008 年 32 年间的 1000 余位高考"状元"中，没发现一位是做学问、经商、从政等方面的顶尖人才，他们的职业成就远低于社会预期（《解放日报》，2010 年 6 月 18 日）；在美国，有人曾对 200 多位学生做过 30 多年的跟踪调查，发现在成功人士中，有多达 80% 的是在校学习中的中等学生，而不是那些尖子生。美国学者海尔森和克鲁奇菲尔德将有卓越创造性的学者同其他年龄相当（他们年龄都在 35~40 岁）、从同等地位的大学获得博士学位的人进行比较发现，那些到成年有卓越创造性成就的人往往是不能靠学校的分数来识别的。很多其他报告也提出同样的结果，一个科学工作者后来在他的领域中的地位，同他在大学本科的分数等级，甚至同他所学的主科的分数等级没有联系（P. M. 利伯特：《发展心理学》，人民教育出版社，1983 年版，第 469 页）。我曾自主办学十余年，也对"中等生"进行了追踪调查，得出与上述相同的结论。钱学森回忆当年他在师大附中时，考试形成了一种风气，学生临考试时是不做准备的，从不因为明天要考什么而"加班"背诵课文，大家都重在理解不在记忆。考试结果，一般学生都是 70 多分，优秀学生 80 多分。如果通过死记硬背、急功近利获得高分，同学们反倒瞧不起。

为什么中学时代的"中等生"走向社会以后事业反而容易成功呢？

适度教育，它的实质是个哲学问题。老子在这方面就做了精辟而辩证的诠释："持而盈之，不如其已。揣而锐之，不可常保"（《老子·第 9 章》）。老子说得十分简明生动，容器里面装得满满的，不如适可而止。捶尖了再磨得锋利，就不能长久保持。他还说："企者不立，跨者不行"（《老子·第 24 章》），踮着脚尖不能久立，跳跃而前不能远行。从哲学视角去考察，我们逼迫孩子样样第一，让孩子喘不过气来，这正是在戕害孩子。

孩子做"中等生"挺好，好在哪里？好在孩子的"中等成绩"表明他已经掌握了所考科目的要领，对于基础教育的孩子已经足够了。于是，他就可以腾出空间去追寻自己最喜欢的课外的东西：或读经典，或走向大自然，或演戏唱歌，或画画、学琴，或走向实验室，总之，让孩子心情舒畅地寻找自己最感兴趣的东西，既扩大了生活面，更扩大了知识面。这在不经意之间，为孩子的创造能力和人格素质的提高铺设了绿色通道。

我们提倡适度教育，不是不教育，而是经典性教育、启发性教育，让学生能有想象的空间和时间的教育。考试，应追求创造性的考试；学习，应追求创新型的学习。不能一切为考试，也不能不考试。一旦考试，就是让学生踏上新的台阶；一旦学习，就要鼓励"青胜于蓝"，鼓励学生超过老师、超过权威。我们提倡适度学习，不是不学习，也不是"三天打鱼，两天晒网"式的学习，而是个性化的学习，努力挖掘自我潜能的学习，让自我优良的个性实现最大发展的学习。

孩子做"中等生"挺好，它的最根本、最大的好处就是让孩子从"成绩"的重压下解放出来，从而使个性得到解放，这是孩子未来走向成功的必要前提。对此，英国哲学家罗素对此深有体会："我们要提出两条教育的戒律。一条，'不要教过多的学科'；另一条，'凡是你教的东西，要教得透彻'"（引自《现代西方资产阶级教育思想流派论著选》，第111页）。

第 5 章

文 化 个 性

　　教育的重要任务就是要塑造学生的"文化个性"，光有知识没有文化个性就没有灵魂。学校也如此 ，文化立校，使之有"文化个性"。那种校训雷同，没有文化个性的学校也是没有希望的学校。我们再不能只传授知识不传承文化。世界上最著名的教育家孔子就是最具文化个性的智者，他的学生也是最具文化个性的学生。孔子是我们中国乃至世界教师的榜样。

让中国孩子拥有"文化个性"地成长

文化立校，就要塑造学生的"文化个性"。怎样塑造中国孩子的"文化个性"呢？教育部试行的首套传统文化教材，意图培养学生的"完美人格"。但只要仔细考察，它是达不到的。这是因为它对过去的典籍仍然因循旧传统选文、文选、释义、集义并采用讲解、阅读、记诵，缺乏应有的讨论、质疑、批判，这种对封建典籍无批判地继承不但没抓住中国传统文化的精髓，而且会贻害学子。让中国孩子拥有"文化个性"地成长，就要在教育中使他们具有儒家的仁爱文化、道家的个性文化和墨家的力的文化，成为有中国三维立体的"文化个性"。

我们中国当前的教育只传授知识而不传授文化，使杰出人才老是"冒"不出来。应试教育让中国孩子日夜围着考试转，使他们已失去文化的光彩，甚至有些家长以其孩子有"洋味儿"而津津乐道。一个人缺乏民族性格的塑造，他的内在形象肯定是空虚的；一个人缺乏传统文化的唤醒，他的外在形象肯定是悲哀的。因此，作为拥有五千年文化传承的中国孩子，继续让他们失掉中国的"文化个性"，作为家长和学校，都是一种罪过。现在，家长、学校和社会正是让中国孩子拥有"文化个性"地成长的时候了。

这里有一个怎样让中国孩子拥有"文化个性"地成长的问题。首套《中国传统文化教育全国中小学实验教材》，以传统文化的教学为目的，定位于学生的"完美人格教育"。教材以《三字经》、《弟子规》、《千字文》、《声律启蒙》、《论语》、《孟子》、《孙子兵法》、《大学·中庸》、《道德经》、《古文观止》等经典为课程核心，低年龄以蒙学为立，中年龄段以诗词韵律为主，高年级以中国传统哲学思想教育为主。概之以"儒学养正，兵学相佑，道法自然，文化浸润"，从而培养学生的"完美人格"。这个"传统文化"教材有显著的弊端，若用这个教材培养的学生不是"完美人格"，而是扭曲的人格。其理由一：对教材中严重存在的封建伦理，特别是已被抛到历史垃圾堆的"三纲五常"，如今捡起来启蒙幼儿，难道还不是在培养过去的封建卫道士？长期以来国学教材大多因循旧传统选文，文选、释义、集义，采用讲解、阅读、记诵，缺乏应有的讨论、质疑、批判，这种过分强调无批判的知识性教学，或者让学生囫囵吞枣，或者让学生像孔乙己那样成为毫无批判能力的迂夫子。理由二：现行国学教学学校宣传口号多，老师宣讲多，学生诵读多，学生学习活动以听、读、背为主，表演展示多，学生学其皮毛，收效甚微。理由三：国学教材排斥最远古并影响春秋战国百家的《山海经》，《山海经》的人神同位观的英雄神话，正是我国原始先民精神的集中表现。鲁迅五岁时阿长给他买的绘图本《山海经》，对他的成长起到至关重要的作用。为什么我们的国学家忽略了？另外，提出"儒学养正"是片面的，有西汉"独尊儒术，罢黜百家"之嫌，应该更正为以"儒道墨养正"，才能真正培养出学生的"完美人格"。鉴于此，我根据中国传统文化的"儒道墨"传统，提出用"儒道墨"中国传统文化塑造中国青少年的民族性格，使他们形成一个完美的中国的"文化个性"。

中国传统文化是一种立体文化，即有以孔子、孟子为代表的以仁爱和孝为中心的儒家文化，有以老子、庄子为代表的以个性解放为中心的道家文化，有以墨子为代表的以崇尚力和反对不义之战为核心的墨家文化。

仁爱文化。这是儒家一种修身的学问，其重点主要是教人的精神生活，特别是道德的完善上。仁爱的内涵有三层，一层是爱人，爱人类，爱族群，爱亲人；二层是修身，是对道德准则的遵从；三层是以人为本的"仁"，"仁者人也"（《礼记·中庸》），突出人为贵、人为主体的生活观、教育观。作为中国学子，从小就要具有中国儒家仁爱文化的"文化个性"。

个性解放文化。个性文化之所以强调个性解放，是因为老子和庄子的哲学主张是"道法自然"，一切都要遵循自然规律办事，"水往低处流"，"鲲鹏腾飞九万里"，都是自然规律使然，人是自然之子，也应像"水"和"鲲鹏"那样获得个性解放。作为中国的学子，从小就要具有中国道家个性文化的"文化解放个性"。

力的文化。力的文化即崇尚力的作用，在人的发展和社会的发展过程中，始终不要忽视实力推进社会进步，推进自身发展，包括运用科学和技术手段，16~18世纪欧洲的工业革命和科学革命证明了这一点。这种力的文化是由墨家、法家和兵家共同传导的。对于中国学子，不仅体现知识力，更体现想象力、思辨力、动手能力，从而达到创造力。这是封建时代"独尊儒术"的两千年间所打压的文化，也是中国长期发展缓慢的重要原因。作为中国学子，从小就要具有中国墨家力的文化的"文化个性"。

所以，中国的教育，要让中国的孩子拥有"文化个性"的成长，就应该是三维立体的成长，使中国的学子从小到大在家庭教育、学校教育和社会教育中养成具有仁爱文化、个性解放文化和力的文化的三维为一体的、中国式的"文化个性"，这才是用民族性格去塑造中国的孩子。

我们应该追求怎样的"文化个性"

我们应该追求怎样的"文化个性"？封建伦理和西方贵族的个性，是与当代中国人本教育不合拍的，是伪个性。我们的中国教育所应该追求的"文化个性"，应是对传统文化和西方文化采取"扬弃"，即既保留又克服的方法，使中国学子既适应中国的，又适应世界的"文化个性"。在这方面，现代中国教育家陶行知给我们做出了很好的示范，提出的教育主张和原则，也值得中国教育工作者借鉴。

没有文化的个性是伪个性。浸泡在中国封建文化或西洋西化文化的是封建个性和贵族文化，这都与中国现代化所追求的"文化个性"是背道而驰的，是与中国现代化不合拍的。但是，我们中国的教改就在这样两条线上徘徊、犹豫、矜持，因此，我们教改的当务之急，就是要解决我们应该追求怎样的"文化个性"。

　　"文革"是在破坏文化，"全盘西化"早已证明是条死胡同，中国的教育改革的出路不是"西化"，而是回归传统。回归传统之所以重要，是我们要培育中国学生有中国人的"文化个性"。从 2012 年 6 月起，中国社会科学院当代中国研究所三名博士历时七个月，深入北京大学等 12 所驻京高校采集样本，发放问卷共计 1500 份，并对回收的 1146 份有效问卷做了深入分析。调研显示，传统教育仍然是影响学生政治思想和人生信念形成的基本途径。家庭教育和父母言行对大学生政治信仰和人生信念影响最大，占 57.8%。其次是"学校教育和书本知识"，约占 29.1%；选"主流媒体的舆论宣传、英模事迹"和"影视媒体如励志片、偶像剧"等各占 10% 和 3.1%。从访谈和座谈中得出如下认识：学校教育和书本知识，在大学生政治信仰、人生信念的形成和发展过程中起到关键作用，对于提升学生理想信念的层次和品位不可或缺，这也正是教育的价值和魅力所在。

　　学校传统文化教育，对树立学生"文化个性"，必然起到关键性的作用。那么，当代中国需要的是怎样的传统文化教材呢？由人民教育出版社出版的《中国传统文化教育全国中小学实验教材（2012）》，是由教育部"十二五"教育科研规划课题"中国传统文化与当代教育"课题组研发编制。令人震惊的是，既然"传统文化"与"当代教育"必须紧密结合，为什么原汁原味地把宋代王应麟的《三字经》和清代李毓秀的《弟子规》作为当代中小学生的阅读范本？而编制这本书的专家们难道不知其内容饱含封建伦理，在当代仍要把学生训练成封建的"文化个性"？对于中国传统文化，因为是长达两千多年封建时代的产物，多少要打上封建的烙印，《三字经》、《弟子规》尤为如此。因此，我们对继承古文化传统应采取扬弃的方法，即既保留又克服，保留其精华，弃其封建糟粕，以免无免疫力的幼童受害，这一点，难道编撰这本传统文化课本的教育部的专家不明白？

另外，我们中国的好些学校，正如陶行知先生所说害了"外国病"，"中国的幼稚园几乎成了外国货的贩卖场，先生做了外国货的贩子，可怜的儿童居然做了外国货的主顾"。从而他结合中国国情提出"建设省钱的幼稚园，建设平民的幼稚园"。由此，我们联想到当前好些幼儿园、贵族学校，言必称西化，并以此不甚荣耀之至。殊不知，把中国的学生培养成中不中，西不西的假洋学生，形成了一个很蹩脚的"文化个性"，这显然是在教育上做傻事。这方面，笔者建议这些忙于"西化"的幼稚园和贵族学校，学学当年费孝通留学，俨然拒绝"英国化"。1936年，费孝通来到英国进入伦敦政治经济学院，跟从人类学家马林诺夫斯基学习，他介绍费孝通到他朋友家住。他的朋友请客时要他陪着，有朋友来家喝茶，也要费孝通侍坐在旁。费孝通算是客人，不但享受高等膳食、宿舍，就连参加社交活动都不需要交钱，可精神上太受拘束了。"七七事变"后，费孝通托词经济发生问题，就回到普通公寓去了。费孝通过后对此感慨不已，明白了英国是怎样做殖民工作的。殖民看得到的是它的军队和炮舰，而看不到的是无数细致、复杂的社会活动。

当代教育改革，迫切的课题是我们应该追求怎样的"文化个性"。从中国远古《易经》的"乾"、"坤"卦中易象就充分体现出了中国传统文化的精髓，即"自强不息和厚德载物"。中国教改和教学要让学生树立起"自强不息、厚德载物"的"文化个性"，就是优秀的教育和优秀的教学。具体来说，就要对中国传统教育和西方教育采取"扬弃"的既保留又克服的方法，博采众长，结合中国教育实情，为我所用。在这方面，已故的教育家陶行知给中国教育做了榜样。这位从国外留学回国办学的陶行知，最反对"外国病"，也最反对用封建礼教去塑造中国学生。他根据中国当时国情，不仅创设了乡村幼稚园、小学等学校，在他消化中国教育古训和汲取西方教育精华后，提出切合时代的教育原则，诸如"爱满天下"、"教育要以学生为中心"，教育者"以学生之乐而乐，以学生之忧而忧"，"义则居先，利则居后，敬其所长，恕其所短"，"唤起兴味"，"自至、自立、自动"，多种教育之职业皆须视为平等教育原则，都是塑造中国学子"文化个性"的宝贝。如何使中国学生形成中国传统文化又与当代教育相结合的"文化个性"呢？现代中国教育家陶行知这段话满足了我们的要求，特摘录推荐给同行："教育能改良个人之天性。人之性情有善恶，教育能使恶者变善，善者益善。即个人性情中，亦有善分子与恶分子，且善分子中亦含有恶。如怒，乃性情中之恶分子也，然文王一怒而安天下，用恶为善矣。教育乃取恶性中之善分子，去善性中之恶分子。如开矿然，泥内含金，金内亦杂有泥。然后成为贵品。教育亦若是矣"（《陶行知教育名著教师读本》、《师范生应有之观念》上海教育出版社，2005年版，第12页）。

我们没有任何理由在孔子的"启发式"面前后退

● ○ --

孔子是世界上最早、最完整地提出"启发式"教学及思想的教育家。"启发式"教学的课堂运用，更有利于学生形成其"文化个性"。孔子的"启发式"教学抓住了心理学的"动机"这一要害，从学生的需要和诱因上下功夫，使学生形成"心求通而未得"、"口欲言而未能"之时启发开导，就会产生事半功倍之效。当今各国教学改革中许多创造性见解，都与启发式教学的要求相关联。作为孔子晚辈的中国教师，我们没有任何理由在孔子的"启发式"教学面前后退。

-- ○ ●

正值孔子（公元前551年至公元前479年）诞辰日，又是教师节。作为以教师为业的我，今天来写这篇文章，真是喜忧参半。喜的是孔子为人师表，给中国教育界的后代留下了以"启发式"为核心的完整教育体系，忧的是我们当今的应试教育把孔子留下的"启发式"教学传统丢得一干二净，在纪念孔子诞辰的今日，令我们教育工作者汗颜。现在正是继承和发扬孔子"启发式"教学传统的时候了，让教育回归到人本教育的道路上来。

实行"启发式"教学的前提是教者要把学生作为主体而不是会听话的动

物，这就是说，它的前提是一种先进的教学思想，当这种先进的教学思想确立以后，教者才会自觉、从容地实行"启发式"教学法。孔子既是中国古代伟大的思想家，又是伟大的教育家，他提出的"不愤不启，不悱不发"（《论语·述而》）的"启发式"教学，抓住了"启发式"的本质，即人的动机才能导致人的行为。孔子这里的"愤"是指积极思考而又没有想通的心理状态，这时教者适时加以引导和帮助，叫作"启"；"悱"是整理思维，理通思路，准备表达时，遇到困难的心理状态，这时加以引导和帮助叫作"发"。孔子之后，《学记》篇中也曾强调应用"启发式"教学方法。但是，非常遗憾的是，自隋代到清代1300年的科举制，让人只干注释、诠释的活，把立足于创新思维的孔子的"启发式"丢得一干二净。当今的中国教育早已瓦解了封建科举制，却让学生一切为考试转的应试教育所代替，教师一讲到底，学生只当听众，"启发式"也不吃香。我们环顾西方教育界，在欧洲，古希腊思想家苏格拉底用"回答法"启发学生自己思索，但在欧洲黑暗的中世纪受阻，到欧洲文艺复兴确立人的实体地位以后，苏格拉底的"问答法"启发式得到了继承和发展。捷克教育家 A. 夸美纽斯（1592~1670），瑞士教育家 H. 斐斯泰洛齐（1746~1827），德国教育家 F. 赫尔巴特（1776~1841）等，都继承和发展了"启发式"教学思想。所以，当今以人为本已作为国家意志的中国教育，没有任何理由在孔子的"启发式"面前后退。

"启发式"教学是教师在教学过程中运用心理学规律激发学生主动积极地独立思考，从而自觉地掌握、消化和质疑学习知识的过程。在这方面，孔子比古希腊苏格拉底更明确了"启发式"的本质在于学生的动机。这里有一个很关键的问题，就是教者的"启"是在学生的"发"确定之后，如果教师在学生没有学习的动机和刺激时就去"启"，就必然会"启"而不"发"。"启发式"必须首先弄清楚学生是学习的"主体"，教者必须依"主体"的"动机"而动；教者在"启发式"中只起主导的作用。孔子在这里非常高明地抓住学生的"动机"，它是"启发式"的枢纽。动机是能引起、维持一个人活动，并将该活动导向某一目标，以满足个体某种需要的念头、愿望、理想等。动机是个体的内在过程，行为是这种内在过程的结果。引起动机必须具备两个条件：一个是需要。需要使人产生欲望和驱力，引起活动。另一个是环境诱因。孔子讲的"愤"和"悱",完全符合上述心理学的动机原理,这在两千多年前就被孔子发现和应用,真是太高明了。从孔子的"不愤不启,不悱不发"的启发观告诉我们:启发学生,要抓住学生最佳的心理状态,因势利导,就会事半功倍。学生最佳心理状态,一种情况是学生想求明白而不得的时候或想说出来却说不出来的时候,去开导和启发,就会如"久旱逢甘霖"之时;还有一种情况,当学生没有上述需要和欲望,是不是就不进行"启发式"了呢?显然不能守株待"兔",教者应设法让"兔"出来,这就是环境诱因。这时教师在教学中根据教材内容和学生的心理水平,不断给学生创设"愤"和"悱"的情境,一旦学生动机诱发,教者适时点拨,就会起到"画龙点睛"或"山重水复疑无路,柳暗花明又一村"之效。笔者在教学过程中,多次运用孔子这一启发原理,使之教学相长,尝到教学的甜头。

前面笔者曾说的孔子的"启发式"不仅是一个教学方法,而且是以"启发"为中心的教学体系。根据笔者的理解是这样的:启发式的核心是学生动机的形成。动机的形成要靠学生的需要,学生要产生学习的需要,就要学生既读书又要思考("学而不思则罔"《论语·为政》),学生积极独立思考了,才有想明白而不得之时;学生并有博学多才的欲望,不愿像器皿只有一种用途("君子不器"《论语·为政》);学生在思考和发言时,老师这个"权威"不是一个障碍(当仁不让于师,据《论语·卫灵公》);"学了然后按一定的时间去实习它,不也高兴么?"(据《论语·学而》)。可以看到,学生具备了上述观点,就很容易激发出内在的需要,从而产生学习的强烈动机;至于教学中的"环境诱因",孔子主张让学生有"学如不及,犹恐失之"(《论语·泰伯》)的心态,即让学生有做学问好像追逐什么似的,生怕赶不上,赶上了,还生怕丢掉了的心态,就会启发学生好问多疑,争强好胜。学生被点燃了这样的竞争心态,在启发式教学中,学生就自然成了主角。

当今各国教学法改革中的许多创造性见解,都与启发式教学的要求相关联。中国教师的先祖孔子早已为启发式教学的教学体系提出了系统理论,作为中国教师,就没有任何理由在孔子的"启发式"面前后退。

中国文化底蕴的匮乏导致中国孩子缺少阳刚之气

刚直沉着、铁血丹心、扬善惩恶、胆识兼备的中国人的阳刚之气，在中国男孩中成了稀有之物，"男生危机"和"伪娘现象"正逐渐成为一种社会病，这趋势发展下去将会酿成民族的灾难。当今要解决"男孩危机"，除家教和学校教育要矫正错误方向外，必须增强家长、学校乃至教材都应具有中国传统文化的底蕴，给中国男孩形成阳刚之气营造出一个良性的生态环境。

本来"双性化教育"是幼儿发展培养的趋势，在教育孩子上，过于严格、过于绝对的性别定型会限制孩子智力、人性的发展。但当今中国男孩子过于女性化而无阳刚气，则比"单性化"的危害更严重。一个有阳刚之气的男孩在常态下，应拥有刚直沉着、气量大、不缠绵、不寡断、不拖拉、自制力强、临危不惧、身先士卒、有胆有识、扬善惩恶、博大精深、一往无前、创造快乐、承担痛苦，使之胆量与理性集于一身。在关键时候坚持原则毅然像团冰，对待生活又像团火；刚毅又能体贴人，性格开朗却不狂妄，敢于惩恶又能尊重人，铁血丹心，刚中带柔却没有丝毫奴颜媚骨。这就是在中国传统文化所熏陶出的阳刚之气，它自远古以来就体现在中国《山海经》中的神话形象羿、夸父、刑天以及女性中的女娲，这些阳刚形象正是中华民族的民族性格，它被春秋战国的百家所接受，从而成为中国人的宝贵精神财富之一。

但是，当今由于家教失当，对独生子女的宠爱以及中国的应试教育只看成绩，不注重孩子的人格塑造和民族性格的形成，造成目前中国的男孩普遍缺乏"阳刚之气"的"男生危机"、"伪娘现象"。值得警惕的是，它已逐渐成为一种社会现象，这显然对民族素质的提升极为不利。我们应该极为关注这种文化现象。我曾做过十万例个性调查，从生理角度来考察青少年，十万例的男性也仅遇着12例生理性的"伪娘现象"，而今中国男孩不阳刚却成了普遍现象，那就是心理病态的社会问题了。当今的中国男孩为何不阳刚，除前面说的道理外，有学者认为是幼儿园缺少男性教师和父爱缺失造成的。这种看法没有看到问题存在的实质，现代中国公认最具有阳刚之气的鲁迅和毛泽东，均是受母亲的影响，而科学家杨振宁的成长也不例外。所以，上述理由不是中国男孩如今不阳刚的主要原因，主要原因是中国传统文化底蕴的匮乏。

中国男孩对中国传统文化底蕴的缺乏，来源于这样几个方面：家长、学校以及教材编撰者还没认识到，中国人的阳刚之气是中国传统文化之精髓的外化，中国传统文化之精髓体现在《易传》的首卦乾、坤上，即"天行健，君子以自强不息"和"地势坤，君子以厚德载物"。《易传》的阳刚思想直接影响了老子和孔子。老子的《道德经》以水为主旋律，提出"柔弱胜刚强"（《老子·三十六章》），"雌性常常以沉静战胜雄性，因为它沉静而能甘居卑下"（据《老子·六十一章》）；孔子则是直接呼吁自强不息和承载万物的民族性格："三军可夺帅也，匹夫不可夺志也"（《论语·子罕》），与此同时反复强调"仁爱"，这充分体现出了中国人阳刚之气的两个方面。

家长和学校，缺乏从幼儿开始的自立训练。"父母在，不远游"，家长从孩子幼年陪伴到青年；学校怕出危险，不组织孩子去野外旅游，更不允许去探险；家长在生活中总是围着孩子转，学校的应试教育让考试围着孩子转，孩子没有自我成长的空间，家长生怕孩子受苦、受挫折。学校忙于考试，更难有挫折心理和胆气的训练，使孩子很难适应发生意外的环境；家长和学校对孩子缺少自己动手及自我保护的训练，致使孩子特别是男孩骄、娇二气严重，甚至连男孩生理上残存的点点阳刚气也被冲刷掉了。

中国教材特别是语文教材，以语法为中心的教学，让孩子学起来感觉乏味。中国的很大一部分散文、诗歌，缺少以精神、思想为骨架，追求软绵绵的风花雪月，这在一定程度上影响了教材编撰者的编撰思路，他们以"中学生接触的内容过于深刻"为由，删去鲁迅的代表作《阿Q正传》、《药》，继后又再删去鲁迅自我解剖的散文《风筝》。此举竟然得到某些作家的赞同，说

"不应让孩子过早涉入思考、判断等阅读领域。"而此公是否知道，美国、法国、德国的幼儿园和小学的教育就涉及了哲学，"哲学"还成为美国小学的一门课，法国的高考还专门用4小时考哲学。鲁迅的骨头是最硬的，他的阳刚之气及体现在他的作品中的伟大思想，是中国人的"民族魂"。教材编撰者和那位作家因鲁迅作品"内容深刻"而赞同从中学教材中删去，正说明教材编撰者和那位作家阳刚气的匮乏。

为此，唤醒中国男孩的阳刚之气，先要唤醒中国人的阳刚之气，要唤醒中国人的阳刚之气，就应从现在起强化中国人的传统文化底蕴。

33 抛弃了传统文化的"乌龙指"教改是十分危险的

● ○ --

学校不仅担负着积淀与传承传统文化的任务，而且需要运用传统文化塑造孩子的民族性格和人格。当前"揠苗助长"的早教，不仅违背了中国先人的教导，更有甚者，不少学校的"国际班"全套引进境外课程，放弃了学生的母语教育和中国传统文化教育，造成学生"去中国化"，这会使中国学子很难形成中国的"文化个性"，丧失了国家教育主权。因此，国家有关主管部门对此应实行"零容忍"。

-- ○ ●

"乌龙指"是指股票交易员、操盘手、股民等在交易时击键错误引起的事件，它的错误可以引起重大灾祸。当今，我们中国的教育改革，一些教育部门主管或学校，把中国的教改引向"西化"，抛弃传统文化，在中国教改道路上敲"乌龙指"、"去中国化"，那是十分危险的事。

"早教"的概念是近年从西方引进的，而西方先进的"早教"来源于德国、意大利和美国，它们普遍反对过早对婴幼儿实行"早教"，对大脑发育尚未成熟的婴幼儿过度的"早教"，事实证明是戕害婴幼儿。德、意、美等国成功的"早教"就是让婴幼儿"玩"出成功。玩是幼儿的天性，也能增进大脑发育，顺则成，逆则败。而我们当今的"早教"，却让本该痛快地玩的幼儿去苦读小学低年级的语、数、外，又把初中的语、数、外下放到本该快乐学习生活的小学生身上，这不仅让他们过早失去童真，而且让他们不堪重负，失去了童年欢乐。许多案例证明，失去童年快乐的人长大后心理是病态的。关于如何早教，我国传统教育已阐发得十分清楚，宋代学者程颐就明确指出："孔子教人，各因其材，有以政事入者，有以言语入者，有以德行入者"（《二程集》卷十九第 252 页）。孔子善于针对不同的对象施教，决不搞拔苗助长之事。若有人还不清楚，或说孔子并非针对幼儿，我们看看明代学者王守仁的一段精彩说辞，就十分清楚了。他认为："大抵童子之情，乐嬉游而惮拘检，如草木之始萌芽，舒畅之则条达，摧挠之则衰萎。今教童子，必使其趋向鼓舞，中心喜悦，则其进自不能已；譬之时雨春风，沾被卉木，莫不萌动发越，自然日长月化。若冰霜剥落，则生意萧索，日就枯槁矣"（《王阳明全集》）。我们的"早教"，如果植根于孔子、王守仁早已告诫的教育观，那种近似疯狂的"幼学小"、"小学初"的乌龙指现象就难以发生。故已故现代教育家陶行知语重心长地告诉人们："教人要从小教起。幼儿比如幼苗，必须培养得宜，方能发荣滋长。否则幼年受了损伤，即不夭折，也难成材。所以小学教育是建国之根本，幼稚教育尤为根本的根本。"（《陶行知文集》第 234 页。）

"乌龙指"教改更严重的是，当今中国不少学校的"国际班"，全套引入境外课程，放弃了学生的母语教育和文化历史教育，干出了丧失国家的教育主权的事。从上海师范大学的一项调查中获悉，目前在基础教育阶段，全国各地（2013 年）引入的国际课程已超过 20 种，近 300 所学校正在开设各类"国际课程班"。当今"国际班"的发展速度惊人。以上海为例，据上海教委负责人透露，2010 年，上海共引进 7 种国际课程，到 2012 年，国际课程数已达 18 种，包括美国的 AP 课程、1B 课程、加拿大的 BC 课程、澳大利亚的西亚澳课程和美国 A-Level 课程等；国际课程班的学生规模也快速增长，从 2010 年到 2012 年，两年间就翻了一番。它的严重性在于：全套引进国际课程替代本土课程，放弃了母语教育和中国文化与历史教育，这种无视教育主权会带来对母语的非文化认同，造成年轻学子"去中国化"，这是教育上的战略性失误。"校长是一个学校的灵魂，要想评论一个学校，先要评论他的校长"（陶行知《陶行知文集》第106页）。因此，国家有关主管部门对"去中国化"学校校长的"去中国化"行为应实行零容忍，以保证国家的教育主权不会丧失。

我赞赏但不支持"桃花源"式教育

● ○ --

> 远离城市喧嚣繁华，在武汉偏僻乡下办"桃花源"式学校，家长根据孩子特点施教并每天诵古背经，这是对当前应试教育批判后的产物，值得赞赏。但它让孩子脱离社会、脱离大群体，使"纯净"的孩子长大走向社会后难以适应社会，何况对打上封建烙印的"四书五经"不加批判地继承，会使孩子容易成为封建"卫道士"，所以我不支持。不过，"桃花源"式的教育成了教改先行者，它必将倒逼现行应试教育必须加速改革。

-- ○ ●

　　远离城市的喧嚣繁华，逃离升学和考试压力，武汉7对父母放弃城市的优质教育，在乡下找了一所废弃的小学，自己教孩子诵经读典，练习书法。

　　我之所以赞赏这7对家长在乡下自办"桃花源"式教育之壮举，是因为他们这一办学行动是在倒逼中国现行的应试教育制度必须改革，是当今教改的先行者。他们的壮举是对现行应试教育的警醒，也是对盲目追随应试教育的家长的一种唤醒。7对家长曾对记者坦言：此举实属无奈，只因对现行的教育体制失去信心，不得已只好去摸索一个能够保护孩子们天性的教育之路。既然是在"摸索一个能够保护孩子们天性的教育之路"的先行者，难道不该赞赏吗？

作为终生为教的我，对这 7 对父母的壮举不仅是赞赏，而且是感动。据了解，这 7 对家长多数受过高等教育，在乡下陪伴孩子的多为母亲，父亲则在城市赚钱养家。这些家庭有的是私营业主，有的是教师出身，也有个别家长是"海归"。我之所以赞赏他们的壮举，是因为他们的出发点是不希望子女受重复灌输式教育模式，并认为"石头和草木，是比变形金刚更有价值的'玩具'"。他们认为孩子不能像"笼中之鸟"那样"圈养"，而应放归大自然，让他们与大自然亲密接触。因为人本身就是自然之子，让孩子沾点儿"野性"，对他们的成长肯定是幸事。出于这种与大自然融合的"放养"教育，让小孩从过去无形的"笼子"钻出来，乐山乐水，这正是现代幼儿教育所需要的。7 对家长做到了，我怎能不为他们鼓掌呢？7 对家长还认为：与在城里上学的孩子相比，这种教育方式关注孩子内在需求，培养孩子独立思考和主动学习能力，避免在物质欲望中迷失自我。7 对家长关注孩子"独立思考和主动学习"，这正是现代教育的本质所在，至于能否做到，那另当别论。从办学动机来看，也值得赞赏。另一值得赞赏的是每天对孩子进行有序、有层次，有品位的教学。孩子们早晨 7 点半起床，吃过早饭后，齐坐在蒲团上，由家长引领着诵读"四书五经"等经典，这是孩子们每天最重要的一堂课。读完经书，年龄大的孩子会有数学、书法、英语等课程，全由家长授课。3 岁以下孩子的主要任务则是玩，这显然与幼儿教育的规律合拍。

既然赞赏这 7 对家长"桃花源"式教育之壮举，为什么又不支持呢？理由如下：其一，违背了人的个性心理发展规律。因为人的个性，包括能力、气质、性格以及动机、兴趣、理想、信念等形成，除生理的自然性原因外，主要还是后天的社会原因。这种"桃花源"式的教育选择的是对社会、对人群的远离，其实质则是逃离。从辩证发展观点来看，善与恶是在比较中存在的，没有恶就无所谓善，没有善就无所谓恶。办学远离社会和人群，就失去了生动的对立面的拷问，让孩子处于纯净又无挑战的世界，一旦孩子走上社会，就很难适应多元而繁杂的社会。家长"避免在物质欲望中迷失自我"的本意是好的，怎样"避免迷失自我"，在教育孩子的方法上是不对的。家长选择的是回避，而不是让他们具有免疫力后去迎接挑战。诚然，重商时代，物欲横流，孩子一旦受其影响就很难改变。要知道，马克思、爱因斯坦、鲁迅都是重商主义时代的人物，他们不受污染反而成大器，就是他们的童心具有了免疫力。拿鲁迅童年来说吧，他5岁时阿长保姆送了他绘图本《山海经》四卷书，他爱不释手，特别是《山海经》中的神话刑天、羿、夸父等英雄对他影响很深，那丰富自由的想象也使他产生前所未有的兴趣，后来家里让他读私塾背《四书五经》，他均能抵制，为他后来接近民众，观察出当时国民的习性奠定了基础。因此，保护孩子天性，家长们应先让孩子有其免疫力。其二，让孩子每天诵读《四书五经》是食古不化，弄巧成拙。对《四书五经》等国学经典让孩子诵读是目前少儿学国学的主要方法，然后让他们背诵，并以背诵的多少为优劣，教师再给以释义、讲解。这些国学经典精华与糟粕共存，让学生"国学崇拜"，不质疑，不讨论，不批判，又怎么去粗取精、去伪存真？国学经典中饱含的封建"三纲五常"就会潜移默化在孩子的血液中，让孩子以后成为封建卫道士，可能不是家长们的初衷吧？这样培养的学生不是"优雅"才子，而成了"孔乙己"，这也不会是家长们的初衷吧？

目前各种私塾在我国大量出现，它与封建时代的私塾有很大不同。传统私塾是培养封建的卫道士，重点又放在识字，现在时兴的私塾却是现行的应试教育所逼出来的，反映家长对应试教育的焦虑和否定，它将倒逼应试教育必须加速改革。

第 6 章

乐 学 个 性

　　中国宋代《三字经》宣扬"头悬梁，锥刺股"的苦学，是中国泯灭儿童的童真而逼其死读书造成的，至今遗毒甚深。而当今我们大倡的创新教育，就要使学生快乐而乐学，让学生在课堂诞生"精彩观念"，用最自由的方式享受学习，不搞过度教育，追求独立性，这哪里会造成"苦学"呢？因此，现代教育就应倡导乐学，摒弃苦学。调查显示：当今人们对"快乐教育"误读十分普遍，不少小学下午 3 点多就放学了。他们不知学校是教授孩子知识的主要阵地，课堂教学是"快乐教育"的核心。

35 倡导乐学，摒弃苦学

● ○ --

凡将读书视为"苦学"者，多为死读书者，一是封建科举，二是私塾早教。凡善于读书者，它既能展现认读能力，增进知识；又能深化理解能力，增进认知；还能扩展鉴赏能力，抒发美和美感；也能激发思维能力，使其创新和顿悟。此等读书，怎会"机械、枯燥、压抑和痛苦"呢？读书乃是乐事，我们应形成"悦读"之风气。开卷有益，死读书除外。

-- ○ ●

中国传统启蒙课本《三字经》公开宣扬"苦学"，流毒甚广。"头悬梁，锥刺股，彼不教，自勤苦。"中国的启蒙教育要少儿学习战国时代的苏秦昼夜苦读，每到夜深倦极欲睡，就用铁锥子刺戳自己的大腿，锥子入肉，血流如注。用铁锥子刺股激发读书，可见读书之苦；这种苦学经流传甚久，至今也颇有影响。学者刘士林在《光明日报》上著文，也倡苦读，其理由云："读书在本质上是一种特别机械、枯燥、压抑和痛苦的训练，这个过程很符合'病蚌成珠'的原理，是把被感觉、心理、情感和本能上排斥的很多东西强加在个体感性生命中，目的是使原本依靠感觉、情绪、本能生活的感性人，成为按照必然规律去思考、分析、判断和行动的理性主体。像这样的一个过程不可能是愉快和轻松的。所以关于读书，江南一带有一个生动的比喻叫'穿牛鼻儿'，把小动物般的孩童用缰绳管制起来。""所以在汉语中，关于读书，人们最常用的是'苦读'"。（刘士林《在今天，该怎样做一个读书人》，《光明日报》，2012.7.3）

把读书不当成愉快的事儿，而只当成"苦读"，显然不符合一般的心理逻辑。读书的心理过程是认读能力、理解能力、鉴赏能力和思维能力的过程。认读能力，是指从文字到内容，再由内容到文字这样循环往复，不断理解深化的过程，这种从不知到知，或知之甚少到知之甚多的过程，对人的心情来说，不管怎么看都不会是"痛苦的训练"，若说压抑，就是认字数量的压抑。但事实也并非如此。有人用现代化手段统计研究：认识 2400 个汉字，阅读一般的文章时，认字率可达 99%；认识 3700 个汉字，读一般的文章时，认字率可达 99.9%。因此，小学生认识 3000 字，中学生认识 5000 多字，又会查字典，认读能力可合格。因此，就认读能力来讲学生"苦读"是说不过去的。再说读书时的理解能力，像正确理解一个科学概念，理解各种语言含义及结构，理解文章中各种表达方法的能力，理解作者独具匠心的思想，这种个体在认识过程中，把新事物同化于已有的认知结构，或是改组扩大原有的认知结构，把新事物包括进去的心理活动，是一种上进之举，因此，对情绪和情感的影响是增力性而非减力性的，何来"痛苦的训练"之说？再说，读书还是一种鉴赏行为，是在阅读中掌握了文章所表达的内容基础上进一步对文章的美和美感的评价，既然是一种美和美感的评价，一般来说，是愉快的而不是痛苦的，是惬意的而不是枯燥的，是向上的而不是压抑的。读书最能给人一种精神上的满足就是思维能力的升华，它是构成上述三种能力的重要因素，是贯穿和包含于这些能力中的基本能力，是在一定情况下上述三种能力的升华。如果在读书中的理解是通过自己的经验而深化也好，或者是顿悟也好，都会得到在读书中豁然开朗以及创新感的满足，这种感觉是自己通过读书再创造的感觉，会留下旁批、感悟、联想、读后感和新的观点，甚至不同意书中看法的新观点等，这种精神的满足绝不是机械的，也不是枯燥和压抑的，更不是痛苦的。所以，刘士林上述读书"是一种特别机械、枯燥、压抑和痛苦的训练"的感受是站不住脚的，也不符合读书的心理规律。

该学者还说"不相信有什么'悦读'，或者说从'轻轻松松'中就可以培养出思想和科研能力"。该学者显然没有看到孔子善于读书，鼓励读书正在于读书带来的"悦读"，他曾感叹道"就是十户人家的地方，一定有像我一样忠心而诚信的人，只是不如我那样爱好学习罢了"（《论语·公冶长》）；张载就直接提出"乐学"的读书观："'乐则生矣'。学至于乐，则自不已，故进也。

生犹进"（《张载集》第 282 页）。当然，读书也会带来"苦读"，会带来"特别机械、枯燥、压抑和痛苦的训练"，但不会"病蚌成珠"。

明清科举考试的儒生，其读书苦矣，为何？明清科举试题及答案一律以朱熹的《四书集注》为标准，连朱熹本人也主张的"善疑"也不允许，只能绝对地对"四书"死记硬背。更有甚者，实行文章必须由破题、承题、起讲、入手、起股、中股、后股、束股八个部分严格组合的八股文。凡稍有创造和想象力的儒生，死读经书怎能不苦？这种苦读出来的儒生多是孔乙己或范进。故明清之际的顾炎武云："八股之害，等于焚书"（《经义策论》）。

民国以前的封建私塾，老师左手执鞭，右手捧《经》，要幼儿成天背诵《四书五经》或带封建色彩的《三字经》、《弟子规》、《二十四孝图》，背不下来就得挨板子。幼儿连"之乎者也"也没弄清楚，就须背上全文，能不"苦读"吗？鲁迅小时被送进这样的私塾，就深感"苦读"之悲凉："我那时有什么可看呢，只要略有图画的本子，就要被塾师，就是当时的'引导青年的前辈'禁止、呵斥，甚至打手心。我的小同学因为专读'人之初性本善'读得要枯燥而死了，只好偷偷翻开第一叶（页），看那题着'文星高照'四个字的恶鬼一般的魁星像，来满足他幼稚的爱美的天性"（《朝花夕拾·二十四孝图》）。此等幼儿读书还不苦吗？

当今在应试教育的环境下，让 3 岁的幼儿学小学的"语、数、外"，逼着幼儿学这学那没有兴趣的"兴趣班"，小小年纪就被剥夺了童年的欢乐。甚至一名高三学生为了应付高考不堪身心压力，在广州一家媒体上发表了一篇《我快被逼疯了》的文章。诸如此等"读书"，也应算在"苦读"之列。但这些"苦读"，都不属于正常阅读范畴。

东汉刘向说得好："少而好学，如日出之阳；壮而好学，如日中之光；老而好学，如秉烛之明"，"书犹药也，善读之可以医愚"（《说苑》）。善学，岂不乐哉！

在我们倡导乐学的同时，要反对那种伪乐学。最近几年，源自西方的快乐教育理念席卷全国。为了乐学，不少小学下午 3 点多就放学了，个别学校甚至取消了低年级数学课程。而与此同时，家长又在课外给孩子报各类辅导班。这其实不是乐学而是伪乐学。要知道，乐学的功夫在校内，课堂才是乐学的主战场。真正的乐学，应让孩子自己形成乐学个性，在快乐中学习、保护孩子的学习兴趣、保证孩子拥有快乐的童年、不要给孩子过多束缚，鼓励自由成长。

让创新教育使学生快乐

让创新教育使学生快乐，是现代教育必须遵循的一个基本教育准则。这种创新教育把理论形象化、观点游戏化、教法演绎化，把一个很高深的理论简化。这种简化是平淡中的深刻，兴趣中的理解，再通过学生对过程的反复独立思考，而让学生自己快乐地得出结论。这个基本原则既适合幼儿、儿童，也适合少年和青年，甚至适合有丰富经验的成年人。

作者曾独立办过十多年学，当时对聘请的教师坦言：让创新教育使学生快乐。有的教师的确做到了让学生快乐，学生都向我表明愿意上那位使人快乐的老师的课。我去听了这位老师的几节课，才发现教者丢开教材，大谈社会热点问题，对所讲的课的内容离题万里。这样取乐于学生很容易，但不是教材所应该讲的主旨，这不叫创新教育，而是在课堂上"乱弹琴"。

怎样才是课堂上的创新教育并让学生快乐呢？笔者曾对此做过多年教学实践。举个例来说。有一堂课，笔者要讲"诚信和质量为竞争之本"，照传统讲法，就是罗列A、B、C、D几个条条，让学生死记硬背，学生收效肯定甚微。于是笔者采取情境教学法与课堂游戏相结合。中国古代有训练左右脑的游戏，即闭着双眼，左手画方，右手画圆，在一秒钟同时进行。我让两个学生在黑板上同时游戏，结果画出的圆和方都奇丑无比。继后，让这个学生用诡辩的方法说明自己的圆是世界上最圆的，自己的方是世界最好的方，并让听众对对方最圆、最方的诡辩进行驳斥，用辩论形式并以赢得听众掌声的多寡定胜负。这种辩论式的情境表演的背后是自己令听众啼笑皆非的圆和方，让学生乐翻了天以后冷静思考，当前企业竞争中存在严重的问题，大家纷纷认识到，诚信和质量是企业竞争之本，虚假和劣质必将毁掉自己和企业。

让创新教育使学生快乐要针对不同年龄段的学生采取不同的方法，也就是创新教育要对症下药。比如已故的著名小学教师霍懋征，在教小学生学习"聪明"一词时，她问："你们愿意当一名聪明的孩子吗？愿意的，请举手！"霎时间，每个学生都争先恐后地举手。接着她告诉学生：每个人都有四件宝，如果学会了运用这四件宝，人就会聪明起来。先让你们猜几则谜语。"东一片，西一片，隔座山头不见面。"谜底是"耳朵"；"上面毛，下面毛，中间有颗黑葡萄"，这是什么？孩子说是眼睛；"红门楼，白门槛，里面有个嘻嘻孩。"谜底是"嘴"；"白娃娃，住高楼，看不见，摸不着，缺了它不得了！"谜底是"脑"。每当学生猜中一则谜语，她就要学生讲讲这个人体器官的作用。在猜谜之后，霍老师就剖析字形说："'聪'字，左边是耳朵的'耳'；右上方是两点，代表两只眼睛；右边中间是'口'字，就是嘴；右下方是个'心'，代表脑。这四件宝，合起来就念'聪'，但是你们要想聪明呢？不能只用一次，你得天天用，月月用，这就是'明'。这样你就聪明了。"翌日，霍懋征在上课时首先发问："四件宝，都带来了吗？"学生们大声道："带来了。"可以看出，霍懋征老师这个"聪明"教学法的确是高明的创新教育，生动、形象、具体，它最适合小学教育的教学法。

作为创新教育，教师还应善于创设学习活动情境。比如著名小学教师高萍在教学百分数的意义一课时，她创设这样的活动情境：一上课，她拿出两个同样大的烧杯，然后分别往里倒水，第一杯水多，第二杯水少。然后两杯都放糖，并让孩子感觉到第一杯里糖多，然后搅拌问哪杯水甜。孩子们热议各说各理，有个孩子终于发问："老师，您能告诉我糖占水的几分之几吗？"高萍老师在黑板上写下了 12/25 和 9/20 两个分数。由于两个都不是最简分数，这时全班学生开始通分计算。这时高老师适时点拨，再换两个分数写在黑板：48/100 和 45/100，学生脱口而出第一杯水甜。这个情境教学让学生关于百分数的意义也很清晰了。学生在独立思考的情境中学到了新的知识。

上述霍懋征和高萍老师虽然针对的是小学的孩子，但她们的成功教学法也适合所有阶段的教育的，这就是坚持"创新教育让学生变得快乐"作为教学的基本原则。作为教者坚持了这个教育的基本原则，就会在备课时针对不同的对象，思考你讲这个课是拿什么来吸引学生。比如，西南林大的思想政治教育课，听课对象是大学生，教师将热点时政事件引入课堂，引发学生在讨论中学习相关理论知识，让形象的事实说话，使该校大学生居然在凌晨5点排队，只为选这样的政治课。

37 让学生在课堂诞生"精彩观念"

● ○--

让学生在课堂诞生"精彩观念"，教者首先要相信学生有这个能力，然后采用从具体问题和现象出发，让学生独立思考，从中让学生诞生"精彩观念"。通过笔者的教学实践，这完全是可行的，这种可行性是建立在颠覆传统教学法，即颠覆从提出观点再让学生从观点中解决具体问题。要学生学习形成"乐学"的氛围，让学生在课堂诞生"精彩观点"是一种有效性的方法。

--○ ●

要学生学习形成"乐学"的氛围，就必须让学生在课堂参与教学，而且要让学生在课堂上诞生"精彩观念"，这就会让学生有成就感和自豪感，而且会激励他们"乐学"。

观念之诞生，一般是权威人物的成果。如今要在课堂上，让学生诞生"精彩观念"，这不是天方夜谭吗？通过笔者的教学实践，的确能够做得到。2007年，我曾为重庆团校示范讲了《现代管理基础》，被中国共青团中央评为全国团校精品培训课程。照理说，讲"管理基础"，就应该给学生罗列管理的若干观点，让学生记住、领会。如果照一般讲课的方式是从归纳法（提出观点）到演绎法（用观点解决具体问题），学生只要死记观点就可以了。我采取的方法正相反，用演绎法（具体问题或现象）通过学生思考、讨论、斟酌，让学生自己产生新的观点。我举个例来说：我画了一张长江流域水系图，给学生的条件是长江发源于唐古拉山，海拔高 6300 米，长江曲曲弯弯向东流，支流纵横，越向东河床越宽，直达东海。东海海拔是-40 米到 1000 米。然后，让学生一个一个地按图说出一个管理的基本原理，而且不允许雷同。结果每个学生都做了精彩发言，每一个同学的发言教师都进行鼓励性的短评和肯定，许多学生即兴创造出了许多精彩观点，其中有的学生观点与老子的观点相近，我最后写出老子《道德经》中的一句名言："江海所以能为百谷王者，以其善下之，故能为百谷王"（《道德经》·六十六章）。江海所以能成为一切小河流的领袖，由于它善于处在一切小河流的下游，所以能做一切小河流的领袖。学生由此联想到古代官吏能以"百姓心为心"，能"先天下之忧而忧，后天下之乐而乐"，才是百姓依赖的好官。八路军、新四军在抗敌后愈战愈强，就是因为他们首先保护的是民众；当官不能高高在上，不然就成了孤家寡人，只有甘居于下才能得到大众的信任。所以党的群众路线是党的生命线。从我的教学实践说明，让学生在课堂诞生精彩观念是可行的。其具体做法和要领是：

首先，要相信学生的思想创造，从幼儿、儿童、少年以及青年，只要你相信他们，并能积极、有效地调动学生的潜能。相信他们会超过老师、超过权威，并为他们创造出条件，就能诞生精彩观点。

在课堂上，要给每个学生以紧迫感，这种紧迫感是在对所有学生信任的基础上的紧迫感。让每个学生都动脑筋，都能积极主动发力，都要有自我诞生新观点的内在冲动。这种冲动是课余大量阅读和课堂积极思维的产物。

学生一旦产生了精彩观点，教者就应以学习者的姿态加以肯定，不仅说明肯定的理由，还应说明这个"精彩观念"的现实意义，并给学生表达出"精彩观念"的诞生不是权威者的专利，对每个善于独立思考的学生来说都可能诞生。

让学生在课堂诞生"精彩观念"，必须打破注入式教学法，特别在课堂上要颠覆从观点（归纳法）到具体问题和现象（演绎法），而是从具体问题和现象（演绎法）到观点（归纳法），而且这个观点不是教师暗示或表达的，是学生通过现象独立思考后的产物。

用最自由的方式享受学习

用最自由的方式享受学习，才能培养出创新优质高端人才。要达到最自由的方式享受学习，必须具备两个条件，第一个条件是教师的教必须具备个性化，它是教师对教材烂熟于心以后才能出现的创造性教学；第二个条件是学生与之呼应，在重视夯实基础的同时，又重视学科的联合，使主课与自主选择课程相得益彰，教学相长，"乐教"与"乐学"结合。

鲁迅最反感家庭育儿任其跋扈或听话奴才，倡导孩子用最自由的方式享受学习。他诱发孩子的想象自由，常给他的孩子海婴讲故事，讲狗熊如何生活，萝卜如何长大。他认为，孩子是可敬佩的，他常常想到星月以上的境界，想到地面以下的情形，想到花卉的用处，想到昆虫的语言；他想飞上天空，他想潜入蚁穴……鲁迅倡导孩子用最自由的方式享受学习，最重视游戏，认为游戏使儿童在玩耍中解放双手，获得教益。他有了海婴之后，常到玩具滩上给小海婴挑选玩具。鲁迅让孩子用最自由的方式享受学习给我们不少启示。作为现代的教育，怎样才能让孩子用最自由的方式享受学习呢？笔者认为应该具备两种条件：第一个条件是教师深入浅出地创新型教学，也就是教师的教学要具有个性化；第二个条件是学生能独立思考，富有个性地与教师遥相呼应，课后作业做多做少自己"做主"。这是现代人本教育中的"教学相长"，彼此互进互长。

我们先来说第一个条件：教师教学要具有个性化。当今好些教师上基础课，就离不开"填鸭式"教学，照本宣科，教师自己讲起来都觉得乏味，听课的学生怎么会"乐学"呢？在这里我转述学者钱里群所述的两堂"绝"课，作为教者均可借鉴参考。第一堂课是西南联大的刘文典教授开设的《文选》课。刘老先生讲课不拘常规，常常乘兴随意，别开生面。有一天，他讲了半小时课，就突然宣布要提前下课。原来那天是农历十五，他要在月亮光下讲《月赋》。让学生在草地上围成一团，边赏月边讲月，那是个何种意境？第二堂绝妙的课是四川大学教授蒙文通的考试课。不是先生出题考学生，而是学生出题问先生。你提个问题，他就能知道你的学识程度怎么样，当场断定你本期的成绩。他在川大旁边望江楼园竹丛中的茶铺里考试。你问得好，他猛吸一口叶子烟，请你坐下陪他喝茶，然后对你提的问题详加评论；问得不好，当场请你走人。学生又紧张又感兴趣，都力争能陪蒙先生喝茶。（参看《风流一代》2011 年第 12 期）刘先生和蒙先生的"绝"课，绝在教者的个性化上，教者教学个性化了，难道学生还会厌学？

光让教者教学个性化还不行，学生还必须以个性化与教者遥相呼应。此为第二个条件。与其他中学同样是一周 30 多节课，每节课 40 分钟，复旦附中的课程设置和执行却是个性化的。上基础课，老师不搞"填鸭式"教学，而是引导学生自主求知，课堂启发与讲解并举，培养学生主动思考能力。既重视夯实基础，又重视学科融合。学校将数学学科的内涵扩展到人文领域、美学领域，使数学不感到枯燥。主课课堂提高学习效能，腾出更多的时间让学生自主选择喜欢的研究型课程，促进学生多元化发展，上课、课题研究、组织或参加共青团和学联活动、乐团排练、篮球联赛、社会实践等，注重将学生培养成他自己想成为的人，尊重学生个性，鼓励自主发展。这种注重个性化教育而让学生"乐学"的中学，学习质量并没有降低，每年复旦附中有 10% 的毕业生进入英、美、法、日等国的顶尖高校，70% 的学生进入北大、清华、复旦、交大等国内名校。

让课堂教学成为学生一种难得的享受

一堂成功的教学，不仅在于课堂本身，更在于课堂之外。首先，教者要让课堂教学成为学生的一种享受，然后是下课铃响了很久，学生讨论仍在继续。教者要使学生特别喜欢上你的课。你作为教者要当好"导演"，主导策划好这堂课，学生成为教学的中心，要争先恐后上讲台推介自己的观点或计算方法，教师不仅要做好点评，更重要的要在学生积极主动面前做好引导，完成本课教学目标。这表明，"快乐教育"的主战场在课堂。

一堂成功的教学，不仅在于课堂本身，更在于课堂之外，笔者教书几十年，得出的一个结论就是：要让课堂教学成为学生一种难得的享受，就必须让学生下课时还在争辩上课中的观点。笔者下课后多次遇到这种情况，这是我当教师最大的满足。

笔者自己也办过十多年的学，对教师讲的好坏，除坚持教材为纲外，就看学生是否乐意倾听，学生越喜欢听的教师越成功，学生越不喜欢听的教师越失败。有一位讲文学的有资历的老师讲课后对我抱怨："学生素质差，只知道打盹，不然就讲话。"我请这位老师与我一道听另外一位文学老师上课，学生却是兴趣盎然，发言积极，有时为了某种争论还乐翻了天。那位资深老师听后不语、羞愧难言。这位资深文学老师照本宣科、一讲到底、毫无创意，学生不打盹那才怪呢。

当前在应试教育条件下，学生不快乐是一种普遍现象，而上课占去学生绝大部分时间，教师"填鸭式"教学，过重的作业负担、沉重的考试压力成中小学教育中的痼疾，这种痼疾不剔除，学生的"升学"怎么会出现呢？因此，让学生从厌学转变为乐学，首先就要在课堂教学上下功夫，让孩子特别喜欢上课。在这方面，沈阳浑南一小做了有益的探索。该校着力于探索课堂教学改革。比如一堂四年级的数学运算课，老师让学生们踊跃轮流上讲台，向同学们推介自己的计算方法，找出其他算法的不足，直至找到全班公认的最优方案。课堂气氛活跃，同学个个开动脑筋，独立思考，为解数学题乐翻了天。在英语课上，老师让先会的同学教不会的同学，调动所有同学的听读积极性，一堂课发言人次超过了全班的学生数，师生们还一起情绪饱满的用英文唱歌，仿佛在上演一幕快乐的音乐剧。在语文课上，同学们关于水的讨论越来越激烈，从水分类，水分子组成到水污染、水资源紧缺等社会问题，十来岁的孩子们调动各自的生活知识积累，大胆发表见解，思维、思想、阅读讲话能力全面提高。

什么是成功的教学？沈阳浑南一小的个性化教育就是成功的教学。它的成功在于传统的教师一言堂变成了全体学生自主学习和独立思考的活跃大课堂，变成学生学会如何与人交流、分享知识与情感的人生历练；它的课堂教学的成功处还在于：有时候下课铃响了很久，讨论却仍在继续。孩子们说："现在我们特别喜欢上学！"

笔者在改革开放前曾是一所农村中学教师，在中学教学中，也一直尝试上述方法。改革开放后，我在高校上课，也一直采取这个教学方法，学生们也很欢迎。由于有这样的长期实践，证明沈阳浑南一小推行的个性化教育不仅适合小学，也适合中学和大学的教育，它是使学生获得"乐学"成功的方法。通过笔者的教学实践，对沈阳浑南一小成功的课堂改革除肯定外，也提出一些不足之处，若觉得提得不对还请切磋切磋。

在课堂上，特别是讲台上，"老师似乎只是配角，主角是不断登台的学生"，这个课堂教学观提法不妥。我们讲人本教育或讲"生本教育"并非教师只当配角。在课堂上，教与学始终是一个主导矛盾的两方面，一方不存在，另一方也不存在；一方是"配角"，另一方是"主角"再活跃也很难立得住足。教与学的关系，是辩证统一关系，学生是中心，教师是主导，教与学在课堂上交替往来，应是互为"主角"，也就是学生的主动性是在教师的主导下的主动；教师的主导是在调动学生主动性的主动。因此，老师在课堂上不仅"只起到点评引导作用"，更重要的是课前像导演那样对即将上课要达到什么目标，怎样完成这个目标。老师在课堂把学生的主动性、积极性调动起来以后，就要像拳击裁判那样，防止学生情绪和谈吐失控，一旦失控，老师作为"裁判"就要巧妙地引导学生回到本课的目标上来，从而做到课堂生动活泼又能完成教学任务。

过度教育必然会导致厌学

● ○ --

> 过度教育给人以诱惑，似乎是"赢在起跑线上"，实际上是对学生，特别是对幼儿在生理上和心理上的损害，这种损害对孩子来说是终身的。因此，过度教育是让孩子"输在起跑线上"。我们应向芬兰、德国的优质教育学习，在当今激烈的竞争社会，为了孩子在未来的竞争中拥有优势，不应让孩子过早参与成绩竞争，给他们创造出一个成才的"乐学"空间。

-- ○ ●

　　厌学像一个瘟疫，一旦学生染上了，家长和老师不管花多少工夫，都无回天之力。笔者自己就有这个教训。儿子3岁时，正好教小学的母亲有时间为孙儿辅导，我就请母亲给儿子教小学一、二年级的课程，儿子果然不负众望，4岁已学完小学一、二年级的课程。到儿子上学时，因这些课程早就学过了，懒得再用功，于是逐渐形成了厌学的习惯，很难改正。现在一些家长让孩子去学各种"兴趣班"，双语班、奥数学习也不放过，但到小学二、三年级，孩子已开始厌学。过度教育必然会导致厌学，这是什么道理呢？

　　幼儿生理上不成熟，过度教育会损害大脑的发育。幼儿大脑发育还不完善，3 岁的幼儿脑量只有 1011 克，7 岁的幼儿也只有 1280 克，而成人的脑量是 1400 克；由于幼儿大脑皮质的兴奋性低，与成人不在一个档次上。就睡眠来讲，3 岁小孩睡眠每日需 14 小时左右，再加上幼儿由于知识经验的贫乏，第二信号系统还不够发达，所以主要以直观表象的形式来认识外界事物。由于幼儿大脑发育的不成熟，他们一般不能给事物下抽象的定义，而只能下功用性的定义。诸如花是好看的，果子是好吃的，椅子是可以坐的，春天是开花的时候等。而小学初小的课文不仅涉及功用性定义，而且涉及抽象的定义。我曾做过这样的试验，教一群幼儿唱电影《天涯歌女》插曲的一段歌词："郎呀，咱们俩是一条心"，唱罢问所有的幼儿，他们都把"郎"想象成阿姨给他们讲的"大灰狼"。因此，家长和过度早教要幼儿学"语、数、外"，等于让十二三岁的孩子去承担成人才能承担的 200 斤重的担子，由于幼儿的脊柱还正在发育，必然让他们遭受终身残疾。所以，逼着幼儿过度接受教育，是爱还是害，一看便知。

幼儿心理的不成熟，过度教育也会导致厌学。由于幼儿知识经验贫乏和第二信号系统的不够发达，他们还不能经常有意地控制和调节自己的行动。一般心理过程都带有很大的不随意性，他们的心理活动也带有很大的稳定性。因此，幼儿在很大程度上，还是受外界影响的调节支配的。他们很容易受外界新颖的事物的吸引而改变自己的心理活动，有目的、有系统的独立思考能力是很差的。而小学的"语、数、外"的学习不仅需要幼儿心理过程的相对随意性和稳定性，而且需要相对较强的有目的、有系统的独立思考能力，显然幼儿学小学的"语、数、外"是很难获得心理支撑的。就上面说的随意运动来说，它是有一定目的、受意识调节和支配的运动，即人能有意识地发动或制止、改变方向或速度的那些动作和运动。它是后天习惯得来的，是通过条件反射活动实现的。人的这种随意运动是两种信号系统协同活动的结果，第二信号系统在其中起主导作用和调节作用。而幼儿的第二信号系统还不够发达，他们一般心理过程都会有很大的不随意性，也就是我们常说的自控能力差，学习小学"语、数、外"，表面听话的幼儿看来记忆蛮不错，但很少有抽象思维卷入就难以提高；有些幼儿迫于家长和幼教的学习，但总是环顾左右而言他，表现为多动，而家长和幼教反而以为幼儿害了"多动症"，这的确是对幼儿的误解，也是对幼儿心理的伤害。

过度教育必然导致厌学，对幼儿如此，对小学生、中学生以及大学生也是如此。其道理与幼儿不能过度教育的道理一样。为什么世界上97%的"神童"都会以"神童"泯灭于众人？其个中道理也是一样的。我们的家长和老师应该明确这样一个道理：让一个刚出生不久可以站立行走的羚羊与野狼奔跑竞争，这实际上是给野狼送去美餐。我们让幼儿以及学生过度教育，实际上是把孩子送到"战场"与野狼竞争，这显然是做傻事呀！

当今竞争已成为社会的主旋律，我们为了孩子在未来竞争中拥有优势，就要像芬兰教育、德国教育那样，让孩子不过早参与竞争，给他们创造"乐学"的空间，使他们在生理上、心理上、智能上、创新上都具有实力，然后让他们从容地奔向竞争社会。

青春最不能错过的是独立性

● ○ --

　　中国家长对孩子从小到大都包揽了一切，用包揽换取孩子的独立性。从婴幼儿的依赖到小学的接送，对少年的全程辅导到高中的全程陪读，甚至上大学的陪读大军，中国家长对子爱护"成瘾"。他们不懂得，孩子的独立性不仅是"乐学"的条件，也是成才的条件，因为孩子具有独立的主见性和坚定性，才能在未来有成功的重要条件，也才是对孩子的大爱。

-- ○ ●

青春最不能错过的是什么？独立性。

中国的父母以对子女的"包办"为荣，小到穿衣吃饭，大到升学就业、婚姻大事，几乎都大包大揽，一手操办。特别是大学新生，本来是子女独立的里程碑，却被父母的包揽和子女依赖的心态所摧毁。如今，一个大学新生报到至少有1名家长陪同，多则由六七个人送到学校，行李满满当当。甚至有家长因为孩子宿舍没有独立卫生间和热水而想退学。中国家长护送子女入校，不是为了了解学校师资力量和学习环境，而是急着帮已成人的孩子打扫宿舍和铺被褥，唯恐已成人的子女累坏了。其实，中国的家长对青春期的子女不是唯恐累坏，而是唯恐独立。

唯恐孩子独立，在孩子婴幼儿期间就开始强化了。年轻的母亲对孩子爱护"上瘾"，也促使孩子对母亲的强烈依恋。孩子想要什么，除天上的月亮，都尽量满足，一旦满足不了，就号啕大哭，于是"心软"的母亲很难说"不"。由于母子的相互"成瘾"的依恋，难给孩子时间自己去安排；难给空间让孩子自己往前走；难给条件让孩子自己去锻炼；难给困难让孩子自己去解决；难给机遇让他自己去抓住；难给冲突让孩子自己去解决；难给对手让他自己去竞争；难给权利让他自己去选择；难给题目让他自己去创造。

孩子进了小学，中国各地一致呈现接孩风景线。不管你到中国哪个城市，每到下午放学时间，全国各地小学门口都齐刷刷地站着接孩子的家长，眼巴巴地搜寻出校门的孩子，让他们坐上二轮、三轮、四轮等各式交通工具回家。

孩子上了中学，家长要担当"第二任老师"全程辅导孩子做作业。学校也是"请家长督促完成、检查签字"。更为严重的是，中国家长用"陪读"的方式让青少年孩子失去独立性。中国青年报社会调查中心通过题客调查网和民意中国网，对7925人进行的一项调查显示，62.5%的人感觉当前"中国式陪读"较为普遍，84.9%的人说自己身边就有陪读的家长。调查显示，57.4%的人感觉家长在孩子高中阶段陪读最普遍，43.2%的人选择初中，33.9%的人选择小学。在古代许多皇家贵族子女读书都有陪侍者，故名"陪太子读书"，这种"陪太子读书"的方法因为让读书者失去独立性，几乎没有成大器者。业内人士指出，孩子7岁以后尽量减少陪读，尽量让其独立学习。我国的高中陪读普遍，显然家长的教育观出了问题。

中国的家长教育观出问题，出在什么地方呢？一是受儒家习染久矣，故已故教育家陶行知感叹道：国民的命运，与其说操在掌权者手中，倒不如说握在父母手中。一语中的，深刻！二是中国的家长普遍地把溺爱视为大爱，把子女分离视为无人性。由于这样的爱的误区，反而害了孩子而不察。中国的家长不理解母鹰在自己的雏鹰恋窝时，怒折其窝逼雏鹰离窝学飞；中国的家长也不理解母藏羚在生下幼崽后，要嘘气逼幼崽站立。其实，山鹰和藏羚羊这种举动是真正的大爱，逼飞的雏鹰和逼起的小羚羊才能拥有独立性，它们才会拥有快乐、幸福的未来。中国的家长应该懂得：孩子拥有了独立性能受用一生。有独立性的人，才有主见性，才有独立自主精神，善于运用创造想象，不受别人暗示、指示或帮助，就能发现问题，并依此提出行动的目的。还能坚持自己的观点，坚信自己对任务、目的及看法是正确的，不受干扰地完成终结目标，其心态不仅是积极的，也是快乐的。所以，青春最不能错过的是独立性。

第 7 章

思 辨 个 性

　　借助概念进行理论思维的思辨个性，能使我们形成去伪存真、由表及里、去粗取精的思辨习惯，从而形成一个人不可多得的思辨个性。要形成学生的思辨个性，就要使学生爱提问、会思考、敢质疑、勇批判。所以教者应采用"探究式"教学，让学生在课堂学习中就能形成这种思辨个性。

平等交流是思辨个性形成的前提

思辨个性是善于去伪存真、由表及里、去粗取精的个性理性思维，它只有在平等交流的生态环境中才能形成。中国教育要形成学生的思辨个性，首先要把传统中的"师道尊严"从封建家长制的阴影中解放出来，重建现代的"师道尊严"；然后，教师和学生要消除"知识传授崇拜"，教师课堂上不要一讲到底，给学生留下思考、提问、质疑、辩论的空间。另外，教师和学生应消除对教科书的崇拜，走向课外阅读的世界。

思辨个性是以哲学的视角审视各种信息，然后通过去伪存真、由表及里和去粗取精的思辨性筛选，剔除假恶丑，吸其真善美的过程。因此，思辨个性必须具备这样的生态条件：思辨双方或多方都应互相尊重，双方在人格地位来说是相对平等的，这样才有真正思辨个性的产生。比如老子在儿子面前动手、呵斥，甚至一不顺眼就会让儿子"享受"皮肉之苦，在这种不平等态势下，儿子的思辨个性是形成不了的。所以说，平等交流是思辨个性形成的前提。

对中国学生来说，中国教育怎样才能不分贵贱地平等交流呢？对中国教育必须解决下面两个具体现实问题。

第一个要解决的是中国传统文化的负面影响的问题。这就是在中国封建家长制条件下的"师道尊严"。中国封建的家长制，是以"君为臣纲、父为子纲、夫为妻纲"为核心不平等的人格等级制，要臣对君、子对父、妻对夫的绝对顺从，这种森严的人格不平等，臣在君面前、子在父面前、妻在夫面前连自由思考的权利都没有，又怎么会让臣、子、妻具有思辨力呢？加之有"天地君亲师"的牌位要学生顶礼膜拜，于是师与学的"师道尊严"就自然被扭曲了。中国教育崇尚"师道尊严"，"道"者规律也，"师道"乃学习之规律、从教之规律，应严肃地尊重，而家长制条件下的"师道尊严"，变成了"师之言皆是真理"，学子是不能怀疑的，应全面接受。自西汉的董仲舒借秦始皇焚书坑儒以后，世上残存的孔子经典被他肆意篡改，在"师道尊严"的禁锢下，封建大儒们虽发现却不敢出声，让其贻害两千余年。宋代朱熹和二程提出"存天理，灭人欲"，后儒一千年来明知不对，但在"师道尊严"的框架下，毫无思辨力而只能随声应和，害国害民不浅。因此，我们的教育要使学生形成思辨力，就应重建中国的"师道尊严"，让师生之间既是人格平等又是朋友关系。学生尊敬老师，但更尊重真理。

　　第二个要解决的是"知识传授崇拜"问题。教师讲课一讲到底，不给学生留下思考的时间和空间，这是"知识传授崇拜"在教师头脑中的反应。作为教师，本应懂学习的规律，学习，就是要学要习。习者，学过后再温习，反复地学使其熟练者也。我们的教者在课堂上只顾滔滔不绝，却不让学生思考，把"学"紧紧抓住，把"习"丢在一边，这是典型的教学"霸权主义"。有教师辩解道："课外作业是'习'。"这显然把课外作业与课堂积极独立思考，在群体面前好问善疑的能力等同起来。事实上，这是两种不同的概念。北京市学习科学学会历经3年，对北京市15000名中小学生和职业学校学生抽样调查显示：老师课堂一讲到底，不让学生发问、质疑、辩论、思考，就自然让学生失去课堂平等交流的权利和机会，这样的权利和机会的丧失，学生思辨个性也失去了在课堂形成的空间和机会。一般听觉型学生不足10%，教者一讲到底怎能提高学生的兴趣呢？调查还显示：学生因教者一讲到底，他们的学习快乐度随年级升高呈下降趋势，到了高中已有20%的学生不喜欢学习。"知识传授崇拜"还体现教师和学生对教科书的崇拜。由于教师对教科书的崇拜，导致教师忽略教科书的局限性，束缚了教者对教材所触及的课题之外的内容，成为保守的、有局限性的思路；又因教师对教科书的崇拜，对本该略讲的内容也去精讲多练，因为把教科书全都归属于精讲多练范畴，这反而使教科书无"精"可言。由于教者对教科书的知识传授崇拜，教的是这几篇文章，考的也是这几篇文章，即使学生有厌学之虞，也被逼得要从之。久而久之，让学生也养成对教科书的知识传授崇拜，对非考试的、非教科书的书籍自然地加以排斥。这不仅造成学生对课外经典阅读的漠视，也让学生更不会去对社会热点的关注和思考，让学生成为习惯笼中思维的笼中鸟。在中国，这种"知识传授崇拜"还反映在以"知识下压"来抬高自己的品位。"知识传授崇拜"的危害性与慢性毒药等同，因为它从观念和根基上破坏了思辨个性形成的基础，一个教师，特别是一个学生既然对"填鸭式"教学和教科书以及知识下压的崇拜，使学生再无思辨力的空间和动力。

"爱提问"最易彰显学生的思辨个性

学生拥有思辨个性，是学生在课堂"爱提问"所逐渐形成的。但是，中国传统教学让学生习惯背课文、套公式，按照标准答案往上搬，使学生逐渐失去了独立思考能力。加之教师习惯一讲到底，不给学生留下余地，于是中国的学生不爱提问在世界出了名，自然学生思辨个性也难实现。要解决这个问题，首先教师提问应力求有效提问。要废除"填鸭式"教学，给学生有思考的空间，为学生高质量提问创造生态条件，使他们认识到课堂发言不仅是权利，更是一种义务。

提出问题，爱因斯坦对此深有体会。他对此总结道："提出一个问题往往比解决一个问题更重要，因为解决一个问题也许仅是一个数学上或实验上的技能而已。而提出新的问题，新的可能性，从新的角度去看旧的问题，却需要有创造性的想象力，而且标志着科学的真正进步"（《物理学的进化》第59页）。

爱因斯坦把"提出问题"用哲学和科学发现这一视角去阐释它，说得入木三分，令人信服。因此，教学必须特别关注培育学生的思辨个性，而思辨个性的形成离不开"爱提问"。所以现代教学兴起一种转变知识学习的问题导学。过去那种知识传递式课堂教学一般都是教师单纯讲授知识，学生根据教师要求进行记录、记忆或做题，然后接受考试。"问题导学"课堂是对"问题"的发现和探索的过程，它不注重"问题"的马上解决，也不追求"问题"的唯一答案，而是追求提出"问题"的质量，这种"问题"的高质量表现了一种新的发现、新的思路、新的解决途径，是创新的萌发点，也是创造的前奏。而在思考、质疑、分析和判断的过程中才能提出高质量的问题，这种过程就是教育本身要追求的核心过程：形成学生思辨力，长期训练，就会使学生形成以自己个性为特征的思辨个性，为学生未来走向高端的创新之路打下基础。

但是，中国的孩子已经出名：不爱提问。一项调查显示：80%的学生在课堂上不提问或偶尔提问，只有20%的学生经常提问，近半数学生表示不喜欢提问。至于不喜欢提问的原因，55%是怕难为情不敢提问，45%觉得没有问题可提，有85%的学生觉得自己提出的问题质量不高，不愿意为问而问。另外，新版《十万个为什么》的编辑在整理从全国征集来的3万多个问题时发现一个教育中的反常现象：年龄跟孩子们提问的质量成反比。一些有价值的问题都是小学低年级的孩子提出来的，而中学生提出的问题往往缺乏新意，体现不出对科学探索和钻研精神。在中国大学的课堂中，当老师在提出一个问题后，得到的往往是集体沉默或者是零星的回答。美国康奈尔大学的一位教授在美国授课时接触过很多中国留学生，他认为这些中国留学生有非常出色的解决问题的能力，然而，让这些中国留学生自主设计一个完整的项目，或让他们针对研究过程寻找问题的时候，他们中有相当一部分人会被难倒。学生不愿提问其实是不敢提问，主要是不敢提出与教师和教材不同观点的问题。我们的幼儿教育就要求听话、服从才是"乖孩子"，却不知道从小压抑爱提问是在渐渐泯灭他们的创造性。为什么美国当今的科技优势能在世界持续名列前茅，最重要的就是让孩子从小就能逐渐形成思辨个性。美国的小学、中学和大学都经常有学生辩论和演讲，不光是自己讲自己，还要预先估计对方会怎么问"为什么"，这叫作考虑"反方立场"。学生写作文、辩论时也是一样。美国小学二年级都在开哲学课，美国《The Nation》杂志刊登了一篇由11位小学生向校方提出的一个高质量的问题："为什么本·拉登死了，我们却还在战争中？"这就不足为奇了。

当今，中国的教育要让中国的学生以好问为荣、以高质量的问题提出为傲，课堂教学把"没问题"的学生教得"有问题"，应采取下列几点措施：

（1）教师的提问应力求有效的提问。学生怕提不出高质量的问题，这个责任主要在教者。通过笔者长期的研究，教者分析问题浅尝辄止，学生何来深度问题？教者照本宣科、平铺直叙，不给学生留下质疑和思考的空间，学生何来高质量的问题？教者不善于从哲学视角解疑发难并结合社会热点，何来鼓励学生独立思考提出问题？因此，要学生普遍并经常提出高质量的问题，教者首先要有高质量的授课并能激励学生提出高质量的问题。教会学生在问题中学会学习，已成为全世界教育的发展趋势，也是基础教育和高等教育教学改革的发展趋势。以问题为中心的 PBL 教学模式将引发教育革命，据统计，全球有1700 余所院校采用 PBL 教学法，我们应乘势促进我国的幼教及基础教育和高校教育改革。

（2）学生发言是一种义务。我们可以借鉴德国课堂教育的经验，让学生在问题中成长。在德国课堂，发言是一种义务。德国教育把学生表达自己的想法作为学生所要练习的重要能力。普遍认识到，课堂发言不仅是人的权利，而且是一种义务，而说话和论述的能力可以通过各种课堂讨论来提高。我们的老师应把学习的发问和发问的质量作为学生的考核内容。教师的提问，切忌偏离主题的提问，让所提出的问题能普遍唤起独立思考和积极回应的欲望；学生的提问，尽量避免不着边际和烦琐多余的提问，教者应把学生思考和提问聚焦到本课的主旨，若游离于本课主旨的学生发问多了，是教者主导角色没担当好的缘故。让学生懂得，要有高质量的发问，既要在课堂多动脑筋独立思考，又要有大量阅读课外书籍的课外工夫。

让孩子从小学会思考

> 思考是思辨力的基础，它是教育的核心和灵魂。所以，孔子强调"学而不思则罔"，西方的赫钦斯也强调"教育就是帮助学生学会思考"。我们的教育要让学生学会思考，就要让孩子从小学会思考，从幼儿起学哲学，小学、中学直到大学，学哲学是学会思考的启发器，但不能走过场，应学习爱因斯坦的第一堂课，让学生真正学会思考，将来才能成大器。

　　有个孩子与年轻的父亲有这样的对话："爸，狗的尾巴为什么总是翘起来呢？""甭瞎想瞎问"。就在这不经意之间，年轻的父亲把儿子思考出来的优质问题给浇灭了，而自己还惶惶然。也许这位父亲解释不了，用"瞎想瞎问"加以掩盖。如果出于保护和扶持儿子的思辨力，即使回答不了，难道不可以这样回答："这问题问得好，把爸考住了，让我好好想想。"

　　我们的老祖宗孔子曾反复教诲深度思考的重要性："学而不思则罔，思而不学则殆"（《论语·为政》）。孔子用辩证的眼光很好地解释了好学与深思的关系，只读书而不思考，就得不到真知；只知道凭空思考而不学习，那就很危险了。孟子对"思考"进一步诠释道："心之官则思，思则得之，不思则不得也"（《孟子·告子上》）。孟子强调心（脑）的功能就是思考，思考就能有所得，不思考就不能有所收获。到了宋代的张载，用八字总结，指出思考之要害："学贵心悟，守旧无功"（《经学理窟·义理篇》），指出学习贵在自己内心能有所领悟，抱守旧有的东西是不会有功效的，点破学习、教育之本质。西方现代的赫钦斯给教育下定义时，把"学生学会思考"放在核心地位："什么是教育？教育就是帮助学生学会自己思考，做出独立的判断，并作为一个负责的公民参加工作"（引自《现代西方资产阶级教育思想流派论著选》第214页）。

"学生学会思考"既然是思辨力形成的基础，也是实施教育的核心，那么，怎样让学生学会思考呢？首先，就要从幼儿抓起，让孩子从小学会思考，儿童思维是一种始源性思维，他们常问"地球在转，我们咋不掉到天上去呢？""你见过外星人吗？我很想见。""我从哪里来的？"家长和幼儿老师遇到诸如此类的幼儿发问，应因势利导，用形象的图画或影视资料跟他说明。对于小学生，应该讲哲学。上海杨浦区23所小学推广《儿童哲学》课，从生活中的哲学入手，让孩子从想、说、做中领悟道理。孩子头脑一开窍，就会问一些有思想深度的问题，诸如"为什么晚上天空布满星星？""为什么考试考不好就没有希望了？"显然，这是十分有益的尝试。美国小学根据儿童的特点开设哲学课，因为哲学是一种思辨和寻找的过程，让他们想说什么就说什么，然后逐渐把他们引入世界和宇宙。在中学，更应根据青少年的特点强化哲学课，让他们中学毕业就成为一个具有独立思考的人。目前中国的教育最紧缺的是让学生有思想，这是很危险的。即使是"哲学"课，也只是让学生背几条"筋"，学生写起作文，普遍无骨力，更少有思想，以抒个人情感的风花雪月或空洞教条，读了让人汗都不敢出。中学的"哲学"课不能成为应试教育的工具，它也阻碍了学生思辨个性的形成。中国的高考什么课程都不缺，就缺"哲学"科目考试，这直接导致基础教育的"哲学"课走形式。法国中学会考相当于中国的普通高考，他们把哲学考试放在重要位置。2011年法国哲学试卷有一论题："平等是不是自由的威胁？"这种不考技能而考思想的论题，我们中国考生有几个能完满地论述？

"学生学会思考"既然是教育的核心，那我们的教者在备课和讲课时，随时应该把这个核心融入教学之中，不应使其偏离。在这方面，爱因斯坦的第一堂课就是我们教者很好的示范。爱因斯坦的学生惠勒曾撰文回忆爱因斯坦在莱顿大学上的第一堂课。这虽然是给大学生上课，但他教育的原则具有普遍性原则。爱因斯坦手里拿着一个盒子走上讲台，什么话也没说，就把盒子里的骨牌堆起来。爱因斯坦把骨牌堆到20多块时，骨牌全倒了，他又把骨牌捡起来重新堆，堆了四五次，总是在盒子里的骨牌还没堆完时骨牌就倒了。慢慢教室学生开始喧哗，有人吹着口哨，有人不解地议论，教室里乱成一锅粥。爱因斯坦依旧一言不发，还是一如既往地堆着骨牌，尽管骨牌还是一倒再倒。半个小时过去了，很多学生觉得无聊而离场，有的学生觉得他堆得太辛苦，到讲台帮他堆。走上讲台的学生发现，骨牌没堆成功是因为盒子里的骨牌太多，共有50枚，要把50枚一次性堆在一起，真是太难了。学生们都尝试了一下，无望成功，陆续离开教室。最后，讲台上只剩下惠勒一人，又经过一小时，他尝试了多种方法，终于一次性把50枚骨牌堆好了，爱因斯坦为他鼓掌祝贺，问他有什么想法。惠勒感叹道：每堆一次，就会有新的发现。发现骨牌的轻重不一，磁性的轻重也不一，在不断失败过程中，他逐渐找到重的和磁性强的骨牌，把它们堆在下面，把轻的和磁性弱的堆在上面，终于成功了。爱因斯坦高兴地告诉惠勒："沉下心来，不断地发现问题和解决问题，你就能成功。"爱因斯坦教学的高明处就是教会学生思考。作为"学会思考"的爱因斯坦的学生惠勒，后来终于成为著名的物理学家、思想家和教育家。

不要让"述而不作，信而好古"再戕害我们青少年

●○--

孔子倡导的"述而不作，信而好古"，贻害了中国教育两千多年。这个主张阐述而不创作，以相信的态度喜爱古代文化，这就解除了后生的质疑、超越、创新的动力，它不仅使两千多年的儒学停步不前，而且渗透到教育，使教者满足于风花雪月的玩弄，陶醉于注疏和诠释，让历代学子们很受伤。作为中国教者，看了一个日本小学生关于中日战争的预言，中国师生应该惊醒，让我们在自责中奋起。

--○●

孔子的"述而不作，信而好古"（《论语·述而》），害了中国教育两千五

百余年，西汉董仲舒的"独尊儒术"也害了中国教育两千一百余年。孔子倡导的"述而不作"之所以害人，是他主张阐述而不创作，以相信的态度喜爱古代文化，这就使学习古代文化的人失去了质疑精神，一旦质疑精神一丢，批判精神就不复存在。中外文化史和科技史都不断证明，对古代文化应该用扬弃的方法，即既保留又克服的方法，也就是人们常说的取其精华、去其糟粕的方法。古代文化必然打上古代的烙印，到了新时代，只有筛选出符合新时代的古文化加以继承和发展，对不符合或阻碍新时代的糟粕应该剔除。也就是说，对古代文化，我们应采取吐故纳新的态度。但是，孔子却主张"以相信的态度喜爱古代文化"，这一个无批判的"相信"，使学生对以前的文化成果不能用扬弃的方法，其结果就不言而喻了。西汉"独尊儒术"之后，后儒家儒生，均遵循孔子"述而不作，信而好古"，虽然儒学著作七万卷，却无哪一卷能超过孔子，也没有哪一卷不是以"注疏"、"诠释"的姿态出现的。两千多年的后儒们只干注疏、诠释的活，让创新思维凝固，这不是很可怜吗？孔子这种"述而不作，信而好古"，也自然渗透到1300多年的科举考试中，考试以《四书五经》为本，答案就在书中，不允许去怀疑、存疑、质疑，难怪，一千多年出现的众多科举状元，在中国文化史和科技史上，却鲜有出类拔萃者。

当今中国的应试教育，重点是知识的记忆，而且考试追求唯一的答案，学生死读书而无己见，无创意，从而成为无创造性的"书囊"而不是"智囊"，这正是孔子"述而不作"的现代版。

当今，在不少中国老师的眼里，教作文不如背作文，背上一篇范文，可以应付一个学期。"背作文，抄作文，套作文"成为中小学生考试制胜的法宝。只要看看他们的作文，都是同一套路，大同小异，大话连篇，毫无新意。

请我们中国教师看看日本教师给他们的学生布置了怎样一道试题："日本跟中国每一百年就打一次仗，19世纪打了日清战争（即甲午战争），20世纪打了一场日中战争（即抗日战争），21世纪如果跟中国开火，你认为大概是什么时候？可能的原因在哪里？如果日本赢了，赢在什么地方？输了又输在什么地方？分析之！"其中有个学生是这样分析的："我们跟中国很可能在台湾回归到中国以后有一场战争。台湾如果回归到中国，中国会把基隆和高雄封锁，台湾海峡就会变成中国的内海，我们的油轮就统统走右边，这样，会增加日本的运油成本。我们的石油从波斯湾出来跨过印度洋，穿过马六甲海峡，上中国的南海，跨台湾海峡进东海，到日本，这是石油生命线。中国如果把台湾海峡封锁起来，我们的货轮一定要从那里经过，我们的主力舰和驱逐舰就会出动，中国海军一看到日本出兵，马上会上场，那就打！按照判断，公元2015年至2020年，这场战争可能爆发。所以，我们现在就要做好对华抗战的准备。"

我们的高考作文是让考生只去感悟，述而不作，无所思想；而日本的学生却被老师唤醒，如何思考与中国打第三次战争，并巧妙地灌输"温柔的"军国主义。难道中国的教者见此没有震惊、没有自责、没有奋起吗？

应试教育使中国青少年辩证思维退化

● ○ --

辩证思维是思辨力的温床，只有思辨力的不断强化，才能形成思辨个性。中国自远古的卜筮阴阳文化到古代老子的《道德经》，使中国的辩证思维被推上了世界的前沿和顶峰。但是，在当前应试教育的条件下，中国的学生会"讲"，但不会"讨论"，更不会在课堂辩论，这是教师在课堂上习惯一讲到底和不善于留给学生讨论和辩论的空间所造成的，即使推行"中国式辩论"，因它不能产生未知的新观点，也只是一种只练口才的伪辩论。现在该是恢复辩论本来面目的时候了。

-- ○ ●

辩证思维是思辨力形成的温床。中国古人是世界上掌握辩证思维最早的民族，从远古中国人卜筮阴阳文化到老子的《道德经》，使中国古代辩证思维达到世界最前沿的地位。至今老子的《道德经》在世界广受影响，西方人对《道德经》的钟爱仅次于《圣经》。中国的辩证思维有着悠久的传统，但当代

受应试教育影响的中国青少年辩证思维能力在退化，自然，他们的思辨力也在退化，许多青少年无法形成自己本该形成的思辨个性。

一些有海外留学经历的高校教师感慨道：中学生的讨论课犹如一面镜子，照出了中国学生在综合素质方面存在的不足，更照出了我们这长期"一言堂"的弊端。在中国上讨论课，讨论开始，中国学生总习惯保持沉默，等待别人先讲。在美国则正相反，美国学生气势十足，人人争当"火车头"。根据笔者的教学实践，笔者十分同意学者徐英瑾的看法：中国学生的问题不在于会不会"讲"，而在于不会"讨论"。照事先准备的材料能侃侃而谈，或"依次汇报"也尚可，若要求对别的同学的发言或评论，或切磋，或驳斥，这下子就让大多数中国学生傻了眼，难以出众。谈到讨论课的表现，有香港教师拿内地学生与香港学生作了比较："从内地到香港读书的学生参加讨论时，总是以好话开头，通篇发言大多是在赞同、附和别人的观点；香港学生则直截了当，大多提问题，提意见甚至当面批评。"这缘于内地学生可能把"提意见"和"批评人"、"得罪人"之间画等号外，其根本的原因是内地的应试教育让学生的思辨力难以形成。

应试教育是以考试为中心的教育，也是以成绩的高低为其好差学生的唯一标准，而唯一的标准答案则是学生学习的"紧箍咒"，在这样的学习环境下，本来拥有盎然生气的学生思想被"圈养"起来。学生为了得高分，只有在老师和教材中才能寻找到唯一的答案，这样必然形成学生对老师和教材的崇拜，从而失去思辨力。

心理学家经过调查得出这样的结论：在反抗期中，能够同父母进行真正争辩的孩子，将来会比较自信，也富有创造力。因为与父母争辩能刺激孩子的智力发展，孩子和父母争辩的直接成因是他们语言能力的进步和参与意识的觉醒。在争论时，孩子必须根据自己对环境的观察分析，选择并运用学到的语汇和表达方式，试图有条理地表达自己的欲望，挑战父母，既刺激孩子语言能力的发展，又能学到争论、辩论的逻辑技巧。所以俗话说：淘气并爱与大人争辩的孩子长大会很聪明。

德国教育的成功，很大程度是在课堂上让学生展开讨论和辩论，德国教育工作者聪明地利用了争论能促进思辨力和形成思辨个性的教育原理。我们的教育，要让学生自由地思想，并为学生诞生自己的思想铺设绿色通道，并使他们逐渐形成思辨个性，就应在课堂让学生多讨论、多辩论。学生在多次辩论中，促进其辩证逻辑思维能力的发展，从而自然地形成学生的思辨个性。我们中国的教育改革和课堂改革，就应顺应青少年辩证逻辑思维的发展，巧妙地运用课堂讨论和辩论的方式。辩证逻辑思维是按照对立统一规律展开的思维活动，是孕育思辨力的温床。小学儿童已有辩证逻辑思维的萌芽，9~11岁的儿童已能掌握概念的相对性。中国心理学者的调查表明，初一学生已能掌握辩证逻辑思维的各种形成，但水平较低；初三学生正处在辩证逻辑思维迅速发展阶段，是一个重要的转折时期；高二学生的辩证逻辑思维开始占优势地位。还有一个特点：青少年掌握辩证逻辑的概念和判断能力的发展水平似乎是同步的，而掌握辩证逻辑推理能力的发展水平，则远远落后前两者。请注意：前面所说的"中国学生能'讲'，但不会'讨论'"，从辩证逻辑思维的发展来看，就能得到破解。中国学生不对别的同学的发言发表评论或者质疑，问题出在他们的辩证逻辑思维推理能力的滞后和麻木，这主要是他们习惯于老师"一讲到底"，老师也习惯于不给学生大量的时间在课堂上讨论造成的。要从根本上解决问题，我们中国的教师就要勇敢地抛弃"注入式"教学法，向德国教育学习，在课堂上按教学的主旨并结合学生的兴趣开展讨论和辩论。

有人可能会针对我对中国学生不会辩论的评价进行辩护，并举出电视常见的学生辩论赛和各学校、班级自己组织的辩论赛加以佐证。但是，恰恰是中国学生这种辩论赛是中国应试教育的产物，是应试辩论赛。说得尖刻一点，这种"中国式的辩论赛"是伪辩论赛。为什么这样说呢？因为中外历史上的辩论是产生新思想的辩论。就以中国南北朝时期的范缜与南齐宰相萧子良召集60多位高僧的著名辩论为例，在辩论中范缜诞生了"形神不二"的一元论，有力支撑了他的"神灭论"观点。从新加坡引进并扩展到中国内地的这种早知结论的辩论，只能训练灵活的口才，而辩手虽侃侃而谈的观点则有可能是他自己最厌恶的观点，也要装腔作势地去慷慨陈词，违心而辩。想想，这样的应试辩论怎么不是伪辩论。这跟"奥数竞赛"在中国很吃香的道理一样，"奥数"答案事先就知，还算什么数学创新呢？

"探究性问题意识" 是 "探究式教学" 成功的保证

● ○ --

　　基础教育推行 "探究式教学" 步履维艰，不受师生欢迎，就在于它的定位错了。"探究式教学" 不是让学生去科学发现或只记住一些死的知识，而是通过这种教学，让学生去探索、质疑、想象、追寻为主导的教学，因此，它只有以 "问题" 为中心才能完成。让学生在探究中学会 "问"，首先就应具有 "探究性问题意识"，认识到 "创新始于问题"。教学实践证明，以 "问题" 为中心的 "探究式教学"，不论哪个层次的学生都欢迎。

-- ○ ●

　　"探究式教学" 已进入到我国的中小学，这令人鼓舞。遗憾的是 "探究式教学" 却步履维艰，在课堂教学中，老师们很少甚至不愿意去运用 "探究式" 教学，认为这种 "花哨" 的东西只适合公开课和观摩课。在农村中小学，"探究式" 教学还是一片空白。为什么这种训练学生思辨力和形成学生思辨个性的教学方法不受教师欢迎？甚至在农村基础教育中没有市场？有学者认为是 "教师驾驭 '探究式教学' 的能力欠缺，'探究式教学' 的实施需要教师具备高水平的科学素养和探究教学技能，如教育科研能力、问题设计能力、实践操作能力以及把握探究过程的能力等。由于教师自身探究能力的限制，使得探究过程力不从心"。该文还举了一个探究课课题："探究不同土壤中的无脊椎动物"（《"探究式教学" 缘何步履维艰》《光明日报》2006.5.24）。我认为该文所谈的 "探究式教学" 缘何步履维艰所列举的原因有误导作用，就作者列举的《探究不同土壤中的无脊椎动物》这一课题，这是专业工作者多年探索的任务，怎能强加给中小学教师呢？若把这个课题让学生 "探究"，即使是农村

学生也云里雾里。作者把"科研中的探究"与"教学中的探究"两个不同的概念和内涵混淆在一起，要中小学教师的每一节不同的课都去胜任科研探究是不切实际的，就是请该作者去中小学课堂实践也是难以实现的。加之每一节课的内容均不同，天南海北，都要教师去"探究"，去具有教育科研能力，去具有问题设计能力，去具有实践操作能力，去具有自身的探究教学能力，不说普通教师，就是请爱因斯坦、钱学森如此持续不断地"探究"各种不同的领域，他们也做不到。显然，这是对"探究式教学"定位的错误。

基础教育中的"探究式教学"应该怎样定位呢？从总体定位来说，达成了共识，就是通过"探究式教学"改变当今中国基础教育普遍存在的学生被动接受知识的学习方式，倡导学生主动参与的探究学习，形成学生的思辨个性，从而增进学生的创新能力。那么，前面学者提出的"探究不同土壤中的无脊椎动物"，即使是农村的教师或孩子有了结果，但也只是知识性的，还不是探究性的。因为探究的本质是探索、质疑、想象、追寻，而不仅仅是自然知识的探寻。课堂上既然要以探索、质疑、想象、追寻为主导的"探究式教学"，这就决定它的教学方法只能是课堂以"探究性问题"为中心，变知识学习为问题导学。让学生会问，也让学生会解答。既然是"探究"，至于学生解答的正确与否，那无关紧要，可以有多种答案。既然是"探究"，教师也可以按照自己的思维方法和知识面提出自己的看法，但不能成为终结答案，学生可以反驳。这样，"探究式教学"的过程不仅是学生提高思辨力的过程，也是教师提高思辨力的过程。教与学思辨力相长，何乐而不为？

第 8 章

创 新 个 性

　　创新总是在引领世界文明向前进。因此，一个优质的教育，就要把学生培养成有创新个性的人，让学生始终保持发现的喜悦。为此，教育要有"创新立国"和"创新报国"意识，而且，我们中国学生，需要一场"想象革命"。如何真正破解"李约瑟难题"，是中国学生在塑造"创新个性"时必须跨过的一道坎，它已成为影响国家崛起的核心因素。因此，本章将简要讨论这个问题，好与教育同行切磋探究。

教育创新的根本是创新个性人才的培养

创新总是在引领世界文明前进。创新，是指创造出一种前所未有的新思想、新发现和新事物，它是引领世界文明不断前进的内在动力。国家科技创新驱动战略抓住了这一要害。创新要靠创新人才，创新人才要靠创新能力。培养人的创新能力主要靠教育。因此，教育就要具有孕育创新人才的生态环境：人人拥有创造潜能，靠教育者发现和开掘，与此同时，教者应关注对学生具有创造心态和品质的培养，使学生自觉地养成创新习惯，为未来的创造奠基。

创新总是在引领世界文明向前进。创新，是指创造出一种前所未有的新思想、新发现和新事物，它是引领世界文明不断前进的内在动力。

创新必须具有两个基本条件，第一个条件是创新事物必须具有超时代性，不是原来事物的修补，而是对原来事物的变化；第二个条件是创新必须具有独特性，也就是它是独一无二的以其创新个性展现出来。创新的"超时代性"反映创新的终结目标和评判；创新的"独特性"反映创新活动的全过程，这个创新过程总是以创新个性这种特有形式表现出来。这就自然体现出这样一个创新轨迹，这个创新轨迹则是创新人才的创新活动才能达到的目标，因此，要谈创新，创新人才是第一位的。而创新人才不是从天而降，更不是有人对自我不创新的遁词："创新大师要五百年才降生一个"。而事实上，没有创新的生态环境，一万年也降不下一个创新大师；具有了创新的生态环境，就会在一定时间内出现一大批创新大师。这个创新的生态环境主要是教育。它同时也体现出创新的根本是培养出具有创新个性的人才。

中外古今的文明史和科技史反复告诉我们，创新大师在引领着世界文明和本国文明的发展。中国2000多年前的春秋战国时期，由于它具有"百花齐放，百家争鸣"的创新生态环境，诞生了老子、孔子、墨子、孙子、管子、韩非子、孟子、庄子、荀子、商子、屈原、鬼谷子等这样的创新思想大家，才由此确立和奠定了中国传统文化的根基，如果没有他们当时对中国文明的引领，那后来的中国是不可想象的。中国古代如果没有大禹、巫咸、李冰、张衡、张仲景、刘徽、祖冲之、范缜、孙思邈、沈括、毕昇、李时珍、徐霞客等创新科技大师们的引领，中国的科技发展也是难以想象的。从欧洲的文艺复兴以来，欧洲的科学革命诞生了伽利略、牛顿、达·芬奇、哥白尼、布鲁诺、牛顿、瓦特、法拉第、焦耳、达尔文等这样的科技大师，如果没有这样的一批创新科技大师，英国的工业革命和欧洲的科学革命是不可想象的。但是，这些创新思想大师和创新科技大师的孕育和诞生，绝不可能从天而降，而确确实实是沾了"地气"才产生的，这个"地气"就是生态孕育，它是创新思想大师和科技大师生长的土壤。

创新人才的培养，简单来说，就是创新能力的培养，一个人没有创新能力，创新就是奢谈。而创新能力是产生新的前所未有的想法，产生或做出新事物的能力。就创新教育来说，就是在教育过程中，培育学生的观察能力、独立思考能力和应用能力。学校不是培养思想家、科学家和文艺家，但它是培养未来的思想家、科学家和文艺家。因此，学生的重点不是培养出思想大师、科技大师、文艺大师，而是培养能自我开发创造力的人才。中外古今教育史反复证明：人人都具有创造能力。但是，它对每个人来说是一种潜能力，是一种掩埋在山岩下的"富矿"，它需要教育来开采这一富矿，也主要靠教育来开采这一富矿。但是，在传统教育中，我们的教育长期以来缺乏这种开发学生创造能力的意识，也缺乏为学生创造出生长创新能力的生态环境。一旦我们在基础教育上注重学生创造潜能的开发，就会使学生普遍受益，也同时使国家和民族受益。当学生普遍具有创新能力以后，未来走向社会，他们都会得心应手，成为行业中的佼佼者。在学生普遍具有创造力的生态环境下，就会在这群学生中涌现出一批杰出的科学家、文学家和艺术家。中美洲牙买加是个小国，由于全民从小就喜欢田径运动，从而能涌现出一大批世界级田径高手，这与培育科技大师的道理是一样的。

教育担负着培育创新人才的主力军的任务，就应努力营造出孕育创新人才的生态环境，在教育上起码应该做到下面几点：一是树立创新教育人才观，树立人人都有创造力观点，教者应不分等级贵贱、一视同仁地对每个学生进行潜质开发；二是教者必须掌握学生个性，因材施教，使学生在学习过程中形成创新个性；三是鼓励学生对事物有不同寻常的独特见解，并由此让学生对他的独特性要养成习惯；四是培养学生拥有广泛兴趣、语言流畅、具有幽默感、反应敏捷、思辨严密、善于记忆、工作效率高、从众行为少、好独立行事、自信心强、喜欢研究抽象问题、生活范围较大、社交能力强、抱负远大、态度直率、坦白、感情开放，给人浪漫印象；五是强调多元，鼓励与众不同，鼓励辩论，养成创新习惯；六是课堂上给学生留下讨论的空间、思考的空间、表现的空间，并由此融入独立精神。

49 再不能为我国青少年创造力低而麻木

一项研究显示，我国中学生创造思维水平较低。国际竞争力中心发布知识竞争力指数显示，中国大陆 11 个相对发达地区在亚太知识竞争力排行中位置居后。青少年创造力高低反映未来我国的科技水平，因此，我们不能再为我国青少年创造力低而麻木，应在课堂以及整体对青少年的教育上，实施创新教育，这是我们教育最紧迫的任务之一。

我国青少年创造性思维能力如何？教育部"中小学生心理素质建构与培养研究"课题组一项研究显示：中学生创造性思维总体向前发展，但水平较低。总部设在英国的国际竞争力中心发布《亚太知识竞争力指数（2011）》显示：中国大陆 11 个相对发达地区，目前还处于亚太知识竞争力排行榜中后位置，日本东京、中国台湾、日本爱知位于前三，中国内地上海、天津、北京分别居第 18、第 21、第 33 位；中国内地近 10 年畅销书，无一是科普。最为严重的是，我国基础教育还缺乏创新的风气，它不仅影响企业的创新，也使中国的科研有量无质。有一种观点认为，未来 10 年将爆发"第三次世界大战"，这是一场没有硝烟的"创新大战"。这场战争将决定谁是 21 世纪的超级大国。我们姑且不论这种观点的真实与否，但创新的竞争已成为世界各国、各企业乃至各级学校的主旋律。创新落后，不仅会受人掣肘，而且也难以实现"中国梦"。鉴于此，我们再不能对我国知识竞争力落后和青少年创造力水平较低而麻木不仁。

怎样才能改变我国青少年创造力落后的窘境呢？

在中小学的课堂里，应融会贯穿创新教育，特别是创造能力的教育，抓住培养学生独创性这一创造力的核心，鼓励学生任意想象，充分展现个性潜能，摒弃思维定式，激励奇思妙想，奖励创新成果。

在课堂上，开展以问题为基础的教学。根据学生不同的阶段，采取不同的、学生特别感兴趣的，又与教材主旨密切关系的问题，或分小组讨论研究后或提出学生自己的观点，或反驳不同的观点，或补充别人的观点。在展开课堂讨论或辩论前，要学生展开相关的资料或书籍进行深度阅读。对学生发言的质量和数量要作为成绩记录下来。

教师和学生要克服中国传统中的负面思想和观点，要树立鄙视平庸、追求创新的风气。要"敢于天下先"，要敢于挑战老师和权威。对言之凿凿并有理有据学生的挑战，要特别加以呵护和鼓励。

学校应给教师遐想创新教育的时间和空间，并给教师放阅读假，不应让教师只忙于改卷及日常事务。教师在课堂上应该留下至少一半的时间让学生遐想、讨论和辩论，给学生留下足够独立思考和创新的时间和空间，尽量少地、高质量地布置有效课外作业。

讲课和作业多带哲学味，能让学生举一反三，不追求唯一标准答案，讲课和作业应渗透哲学，让学生拥有哲学思辨的头脑。以作文为例，把我国2013年部分作文高考题与法美高考题作一比较，我们的教学究竟缺什么就一目了然了："更重要的事情"（上海卷），"感知能力是否可以来自教育"（法国文科卷）；"经验与勇气"（新课标卷），"艺术是否改变我们的现实意识"（法国理科卷）；"富翁的捐助"（广东卷），"人们是否可以不受磨难而满足欲望"（法国经济社会科卷）；"过一个平衡的生活"（四川卷），"在愚蠢的错误和聪明的失误之间总是存在着极大的不同。请说一说你的一个聪明的失误，并且解释一下它怎么给你或他人带来益处"（美国西北大学卷）。前者淡化思想性，后者强化独立思想能力，一目了然。

让学生从小就能认识到科学之美。诺贝尔科学奖发源地瑞典，力求保持科技创新领先，从孩子6岁开始，贯穿整个学龄期的创新教育系统正逐步建立，由政府拨款支持的"灵感教育"和新发明竞赛是其中重要组成部分。前者针对6~12岁的孩子，鼓励他们把家中的废品带进课堂，拆解后重新组装成新东西，思考还能做成什么以前没有的东西，动手动脑，突破常规，激发学习潜能。至今，瑞典拥有"灵感教育"资质的教师已达1200多人，遍及800余所学校。而3年一届的新发明竞赛则锁定在12岁以上的学生，鼓励他们寻找现实生活中的需求，将创想变为产品。

个性的自由独立发展是创新人才成长与发展的前提。世界公认的芬兰优质的教育，学习气氛轻松，不以成绩定优秀，但却紧紧抓住创新教育的核心问题，将个人特长发挥到极致，这其实就是杰出人才最本质的特征，中国的中学校长在这方面却忽视了这一人才本质特征的培养。比如四川大学2010年自主招生支持中学校长推荐"奇才"、"偏才"、"怪才"，对于分数未上线的考生，如果专业能力测试出类拔萃，将报教育部批准后破格录取。结果，重庆市一些重点中学校长们都表示，学习成绩好的学生容易推荐，真正的"偏才"、"怪才"难求。看来，中学校长们的确还没有像芬兰那样抓住创新教育的要害：谁能将个人特长发挥到极致。我们中国的教育难道不能把芬兰这一创新教育经验借鉴过来吗？

让学生始终保持发现的喜悦

● ○ --

让学生始终保持发现的喜悦，会颠覆传统的"注入式"教学。因为发现不仅指对新思想、新事物的狭义发现，而且包含"凡是用自己头脑亲自去获得知识"的广义发现，它将从心理和美感上给学生始终带来喜悦。因此，我们现代的教学就是一种广义的发现过程，教者在此基础上让学生转化为狭义发现，就会使学生创造力得到升华。芬兰在这方面做到了，美国的"问题讨论法"也值得借鉴，笔者教学运用的"观点发现法"也供同行参考。

-- ○ ●

科学之美往往体现在发现之美，让学生始终保持发现的喜悦，那么，这种教育就是成功的。否则，教育就是差劲的或者失败的。为什么"让学生始终保持发现的喜悦"会是教育成功与失败的分水岭呢？

我们先从心理学的视角来看发现。所谓发现，是指学生独立思考、改组材料、自行探索知识、掌握原理原则的认识过程。这种思考、改组、探索、掌握和认识的过程，是满足了好奇心、探索欲和成就欲的过程，因此，使人从心底里十分惬意和愉快。这种心理愉快冲动会激发新的或高一层次发现的冲动。另外，根据美国 J. S. 布鲁纳的看法，发现不仅指探索人类未知事物的行为，凡是用自己的头脑亲自去获得知识的一切形式都是发现。J. S. 布鲁纳这一看法应称为广义的发现，它对教育来说至关重要；前面所说的"发现"应是狭义的发现，它对科学探索者和发明家至关重要。"凡是用自己头脑亲自去获得知识"的形式贯穿于青少年学习的整个时期，因为青少年在学习时期主要是对未知的发现，而创造发明不是他们的主要任务，限于有限的各方面的条件，他们也承担不了创造发明作为自己的主要任务。根据上述青少年的发现轨迹，作为基础教育的教师，要做到让学生始终保持发现的喜悦，就应把重点放在"凡是用自己头脑亲自去获得知识"这个中心去参阅资料，拟出"问题"，整理教案，做好课堂主导作用的"导演"这一角色，使之趣味化、演绎化、形象化和讨论化融入"发现"的主题，让学生能真正亲自感受到因自己的独立思考、独立观察以及独立结论的思维运动过程。

我们再从美学的视角来看发现。美感是人对客观事物或对象，美的特征的情感体验，由此会产生一种肯定、满意、愉悦、爱慕的情感。"发现之美"在体现出对美的对象的感知与欣赏能引起人的情感共鸣并给人以鼓舞力量，这就很自然地产生发现的喜悦，因为是靠自己的头脑去获得知识的"发现"，寻求"靠自己的头脑去获得知识"的发现，这样立即就让学生亲自体会到"发现之美"，长此以往，学生就会去尝试和体现科学发现之美。

在课堂上以及在课外活动，教师能使学生从"靠自己的头脑去获得知识"的广义发现转化到对新思想、新事物的科学发现，则是一种里程碑式的转化，但它必须建立在学生广义发现的基础之上，狭义发现在学生中才可能持久地发生。关于此，有一个案例可以说明：一块荒芜的湿地在上海交大闵行校区已经闲置了好多年，从它身边经过的专家学者、研究生、大学生不计其数，而上海文来中学的一个初中生陈建宏和他爸爸在那里钓鱼时，这少年意外发现了一大片野生大豆新居群。经上海交大学院教授认定、采集、培育，最终向国家农作物种植资源保存中心送交种子50份，为我国野生大豆的保存收集提供了一份来自上海的新资源。发现野生大豆的少年陈建宏，是因为从小受父母影响对动植物表现出极大的兴趣，多年的专心观察和好奇的探究，让他对动植物拥有了特别强的识别力，正是他这种长期的探索动植物的习惯成就了他这次有价值的发现。这里再举一个案例：牛顿曾提出两个基本粒子力学问题，350 多年来，一直无人能解。德国一名 16 岁印度裔少年雷伊让这个问题不再是问题。雷伊幼年住在印度加尔各答，小时候受工程师父亲的启蒙，被数学"天生的美"深深吸引，6 岁时父亲就给他出复杂的算术题，12 岁随家人移居德国萨克森邦首府德勒斯登。在德国就学后对数学和物理更怀有极大的兴趣，他 16 岁完成了由"用自己的头脑亲自去获得知识"到对未知科学领域探索的极大兴趣的转变，从而终于解出了牛顿未解的难题。

"让学生始终保持发现的喜悦"是优质教学的根本标量而不是成绩，这才抓住了教育的本质。也可以说，只抓成绩，对校长和教师来说，都是一种浅薄的教育行为，理应受到批判和嘲笑。有着超过 100 年历史的芬兰赫尔辛基市罗素高中，是芬兰首屈一指的名校，该校从 1994 年起，在芬兰率先开始试点取消年级编制，学生按学科和不同学段自主选课。在每一个模块，学生都可以根据自己的水平，选择相应难度级别的课程，几乎没有学生有完全一样的课程，"让学生有发现的乐趣"成为该校课程设置的一大宗旨。美国的 J. S. 布鲁纳对"问题解决法"的倡导也值得我们中国教师借鉴。他倡导的"问题解决法"，是主要由学生自己发现问题和解决问题的一种教学方法。它以培养学生独立思考、发展探究性思维为目标，以基本材料为内容，使学生通过再发现的步骤进行学习。

另外，笔者在多年教学中实行的"观点发现法"，也推荐给我的同行教学参考。"观点发现法"是在上课时，给学生展示出一种现象、一种情境、一种表演、一种图画、模具或影视片段。在展示前，要学生准确细心地观察，完毕后思考一分钟，把上述现象用自己的观点总结出来，语言应言简意赅，不允许雷同。每个学生发言完毕，教师主要以鼓励独立思考而加以短评，给予评价或分数。其效果使学生在独立的观念发现中得到很大的满足，使学生能始终保持发现的喜悦。

教育要有"创新立国"意识

●○---

美国是一个仅有两百多年建国史的年轻国家，由于它的教育和社会紧紧抓住"创造力"，从而成为世界唯一的超级大国。中国经济上去了，要经济可持续发展，就应发展教育竞争力。有了教育竞争力才能培养出一大批创新人才。目前中国的应试教育阻碍青少年创新个性的形成，我们应尽快把应试教育"踢出"学校，让中国的学生从幼儿到大学，都能以兴趣为驱动，不追求分数，使之自由而富有创造力地健康成长。

---○●

只有200多年历史的美国为什么能成为世界唯一的超级大国，最重要的一个原因是它从学校到社会，全民都十分重视创新，从某种意义来说，美国是创新立国，这才使世界上70%的专利出自美国，从诺贝尔科学奖得主和世界一流大学排名来看，美国占了绝对的优势；另外，200多年来的德国，给世界贡献出莱辛、贝多芬、康德、歌德、黑格尔、马克思和爱因斯坦这样世界级科学巨人以及汽车、牙膏、喷气式发动机等精美的"德国制造"，最重要的原因是"创造力至上"是德国教育的宗旨。从美国和德国的成功来看，全民特别是教育"创新立国"意识的树立起着关键性的作用。

我国虽然成了世界第二大经济体，但从目前来看，我国存在着重视引进技术投资而不重视创新人才的培养、造成"人才低价流出，技术高价引进"的失衡状况，特别是教育的主流还是被应试教育所占据。据"全国青少年创造能力培养社会调查"活动的一项调查结果："我国有七成多的青少年不知如何实施'创造'"。调查显示：2010年我国公民科学素养为3.27%，仅相当于日本（1991 年的 3%）、加拿大（1989 年的 4%）和欧盟（1992 年的 5%）20年前的水平，也就是说，我国公民科学素养落后发达国家 20 年。强国的基础之一，就是民众普遍具有较高的科学素养。

是什么阻碍了中国的创新？责任在教育。据统计，从公元 6 世纪到 17 世纪初，在世界重要科技成果中，中国所占的比例一直在 54% 以上，而到了 19世纪，骤降为 0.4%，17 世纪中叶以后，正是中国明清时代，中国的科学技术开始一落千丈。而这时中国的科举考试，废除了盛唐以来兴起的有创造性的考试科目诗赋、口试、帖经、墨义和策问，剩下的仅以朱熹所注的《四书集注》为标准，实行死记、教条、陈腐的"八股文"，不允许考生"创造"，考生也不敢"创造"，这种泯灭创新精神的科举考试与衰朽的、将要落幕的封建王朝是一致的。但是，当今中国正在和平崛起，泯灭青少年的创新教育还让它固若金汤，这是无论如何也说不过去的。

美国密歇根大学教授、上海交通大学密歇根学院院长、首批入选千人计划的倪军教授花费一年的时间，对中国与美国排名前 10 名的学校分别进行调查，并对这些学校的人才培养体系进行比较研究，从教学模式看中美之间的差异："中国学生解一个方程式比美国学生巧妙而快速，但是美国学生解决实际问题的能力却要比中国学生解决实际问题的能力强很多，他们可以从生活中遇到的问题中提取出方程式，而中国学生只能就题解题；中国学生喜欢服从导师，因为中国的大学重知识传授。而美国学生对导师来说更具有挑战性，经常会提出问题，因为国外的好学校不仅重知识传授，更重批判性思维和能力的培养，而且美国的学校更重视学生自由，可以包容不同的学术观点。在中国讲台上，很少有教师敢讲自己不懂的问题，而在美国，经常可以看到学生和老师一起探讨老师并不知道答案的问题。中国学生喜欢做完作业对答案，如果大家一样就放心，而在美国课堂上，更多是开放式的，这个问题可能没有唯一解，只有若干解里面哪个比较好"（资料来源，中新网 2010.1.7）。倪军一年多的调查说明什么？我们中国的学生赢在就题解题的应试能力上，而输在创造力；而美国学生虽然就题解题的应试不如中国学生，却赢了创造力。历史反复告诉，学生赢得了创造力，就赢得了未来。从这一个调查案例也告诉我们，教育拥有创新意识则学校兴、学生立、国家立；反之，教育缺少创新意识，则学校衰、学生难立、国家难强。

因此，以创新为核心的人本教育特别是个性化教育应尽快取代以考试为核心的应试教育。不过，我们欣慰地看到，我国许多校长、教师意识到狠抓学生创新教育，让学生逐渐树立起创新个性的重要性，这是时不我待的大事。他们开始意识到创新教育要从幼儿抓起。对于幼儿，家长和幼儿老师应该充分保护和培养孩子的创造力。专家普遍认为：创新人才要从小学阶段就开始培养，让学生自己来发现自己的才能。上海闸北区小学推"创造学院"，让学生共享58门探究课就是一个有益的尝试。中学阶段是培养学生创造力的关键，失掉这个关键期，到了大学就很难有所建树。吉大附中的"案例教学法"，激发了初中课堂大碰撞。过去课堂憋得慌，考前背得慌，考后全忘光；如今热火朝天辩论，快快乐乐学习。高中生对创新个性的形成更为重要，但普遍认为，在应试条件下，中国普通高中目前难以培育新人才。专家普遍认为，高中不是专业教育，根本不必文理分科。中国高中学生独特性指标显得很弱化，他们的许多想法不独特、不领先，而且随着年龄的上升，创造的自信心却呈下降趋势。根据笔者对我国高中生创造力的调查结果，与上述专家的看法完全一致。这意味着什么？我们拥有最多的高中生，却让教育使他们的创造力弱化，这难道不是当今仍然坚持应试教育的罪过吗？应试教育坚持的是"成绩决定一切"，这是严重违背教育规律的。有一个案例很说明问题：宁波镇海中学有一个学生叫徐浩，在中学阶段就表现出对数学十分偏爱，在考博士研究生时一连几年因必考科目而落榜，幸被破格录取。结果，徐浩与他的老师一同攻克了一项被世界数学界公认为"只有天才才能完整证明"的数学难题。目前中国的大学生，专家认为进了大学的学生，惰性很重，个人喜欢等老师给思想，完成了任务就不管了。初中生的创造力已经是半死状态，到了高中则全部处于一潭死水状，等上了大学再要去复活他们的创造力就会十分困难。笔者在高校任教几十年，又自办学堂十多年，对上述专家的看法深有体会。大学不应只是拿文凭的地方，它的主要功能是培养创新人才，更不像有个叫《致我们终将逝去的青春》的电影，把大学描绘成机不可失的恋爱场。出生在杭州一个普通人家，没有择校经历就在镇上普通中学就读初中的张维加，由于他自身善于独立思考，在杭州二中高二时写出论文《寒武碰撞性大陆起源与生命进化的研究》，论文获得全国青少年科技创新大赛前三名，因此保送北大元培学院。现正在牛津大学攻读博士学位，并被英国皇家天文学会吸纳为会士。张维加以兴趣为驱动、不追求分数、自由发展而富有创造力的成长轨迹值得我们的教育者反思。

让教学变成学生做研究，让以人为本的个性化的创新教育去取代当今的应试教育，树立"教育立国"意识是当今中国教育者最紧迫的任务。

中国学生需要一场"想象革命"

> 想象力是创造力之母。牛顿通过苹果的落下想象到地球引力、月球、太阳、行星并找出其规律，终于发现了万有引力定律。我国学生想象力在全球最低，没有想象力怎么有创造力？所以中国教育、中国学生需要一场"想象革命"。中华民族自古以来是最具想象力的国度，从《山海经》到《离骚》再到《西游记》，都是最好的佐证。我们目前要寻找渐失的想象力，老师不仅要容忍学生奇思怪想，而且还应鼓励；学生也应自己主动挖掘自己的想象力。

没有想象力哪来创造力？从某种意义来说，想象力是创造力之母。秋日坐在后院长凳的牛顿，一个苹果从树上掉下来，他却跟其他小孩不同，琢磨苹果为什么会从树上掉下来，他充分调动想象力，"看见"了看不见的地球引力。由此想到月球为什么不掉到地球，这是地球的引力没有达到月球，所以它在一定距离围绕地球转。牛顿为他激发想象力的发现兴高采烈，他回到实验室，用计算机加以验证，结果验证了作用于月球的地球引力是符合平方反比律的。他进一步思考月球和地球的关系，也适合太阳和围绕它运行的行星之间的关系。牛顿由此进一步研究，终于用计算从开普勒的定律中，成功地推导出引力同距离的平方成反比，从而发现了举世闻名的万有引力定律。我国某几所高校据说从牛顿的故乡引进苹果树枝，以此想"沾沾灵气"。许多人发问："苹果树有了，牛顿在哪儿?"这种只重形式而不重学生想象力开发的形式主义是十分幼稚的。牛顿能从后院苹果的落下想象并思考到地球的吸引力，再由地球的吸引力想象到地球对月球的吸引力；牛顿到此并不罢休，不仅用计算验证平方比律，而且从开普勒的定律中成功推导出万有引力定律。一般人最多想到苹果落下是地球吸引力罢了，科研人员有兴趣也仅去计算一下罢了，就不会像牛顿那样想象到月球、太阳、行星以及规律然后再计算，持之以恒。这种想象力加执着的独立思考能力成就了牛顿，这种能力正是我们中国青少年紧缺的，不客气地说，也是中国科研人员和教育人员最紧缺的。

上海市教科院普教所对上海、天津、重庆、南京、杭州和南昌六城市中小学生创造力发展现状调查（2010 年）显示，教师对学生的奇思怪想容忍度极低，不少创意在萌芽中夭折。另外，教育进展国际评估组织对全球 21 个国家进行的调查（2009 年）显示：中国孩子的计算机能力排名世界第一，想象力却排在倒数第一，创造力排名第五。在中小学生中，认为自己有好奇心和想象力的只占 4.7%，而希望培养想象力和创造力的只占 14.9%，美国几个专业学会共同评出的影响人类 20 世纪生活的 20 项重大发明中，没有一项由中国人发明。中国学子每年在美国拿博士学位的有 2000 人之多，为非美裔学生之冠，比排第二的印度多出 1 倍，但美国专家评论说，虽然中国学子成绩突出，想象力却大大缺乏。

想象力缺乏直接影响创造力。中国学生紧缺想象力，不是民族的原因，而是应试教育之使然。对于中国教育来说，中国学生特别需要一场"想象革命"。从心理学角度来说，想象是在头脑中对已有表象进行加工、改造、重新组合形成新形象的过程。想象力之所以能成为创造之母，是在于想象有助于打破原有联想方式的局限，使人能从新的角度去看待事物，从而起到开拓思想、激发创造性思维的作用，所以它对创造力的形成和产生起到至关重要的作用。我们中国的教育应对我国学生想象力在世界倒数第一实行零容忍，应把这看成我国教育的耻辱，用一场"想象革命"来改变它。

教育上的"想象革命"，首先要革去还有 85% 的教师不容忍学生的奇思妙想，应该鼓励学生奇思妙想。我们中华民族本来是自远古以来就最具有想象力的民族，诞生于唐虞之际的散文史诗《山海经》，就是一部最具想象力的奇书，就想象力来评价，也是世界绝无仅有的。我国自古以来就是一个诗歌传统的国度，屈原的《离骚》、《天问》、《九歌》以及李白的《梦游天姥吟留别》，没有超凡的想象力是写不出来的。而后来那个《西游记》，则是超凡想象力的代表作。中国人不缺想象力传统，教育若去抑制学生的奇思妙想是一种罪过。美国小学生曾写了这样一篇作文：一群孩子在森林里发现了一枚蛋，他们小心翼翼地将它捡回准备将它孵化出来。孩子们纷纷猜测这枚蛋，有的说是孔雀蛋，有的说是鸵鸟蛋。孩子们在猜测中焦急地等啊等，28 天后终于有了动静了，蛋壳中竟孵出了他们的总统克林顿。后来这篇奇思妙想的小作文获得了全美最优秀作文奖。如果我们中国的教师，你能容忍这样的奇思妙想吗？

对于紧缺想象力的中国学生来说，为了寻找渐失的想象力，上海复旦附中特意为高中生开了一门"童心文学专题"选修课，引进了《小王子》、《夏洛的网》、《查里和巧克力工厂》，这是弥补学生想象力缺失的有益尝试，但这显然还不够，不能根本性地解决中国学生想象力缺失的问题。应采取下面三个步骤：第一个步骤是初级的，也是基础的，让不同层次的孩子自己发掘自己的想象力。幼儿让他们对自己的画编个想象故事，让小伙伴分享。因为幼儿画本身就包含幼儿自己的想象密码，让他们讲画的故事，就是让他们讲童话、寓言以及民间故事，可以是自己编的，也可以是童话书、寓言书、民间故事上看到的；并适时开一些"梦想"会，让他们想想自己、家乡和祖国的未来。中学生可以让他自己编童话故事，寓言故事、神话故事，展示想象力的比赛。第二个步骤是中级的。教者或者学生伙伴给对方一个表象的基本材料，要求根据这一表象进行再加工、再组合，形成一个新的形象故事。比如，给学生一个"神灯"之类的形象，让他想象、加工成一个神话故事。明代吴承恩的《西游记》中孙悟空就是通过神话中的"无支祁"的形象再加工、再组合形成的美猴王形象。第三个步骤是高级的。教者要求学生想象的东西要力求打破原有联想方式的局限，使想象者从新的角度去看待事物，开拓思路。牛顿从苹果落地到地球吸引力、月球、太阳、行星的想象、联想，达尔文从动物的进化想象到人的进化。当然，我们不是让学生个个成为牛顿、达尔文，这是不可能的，但第三个高级步骤的原理是一样的。

第 9 章

心 理 个 性

　　历史多次证明：自己是打败自己的敌人。在当代激烈竞争的社会，许多人不适应而患心理疾病。作为现代教育，培养学生强健的心理品质就成了重要任务，要学生具有强健的心理品质，就必须树立学生的心理个性。在情感、意志和认真与现实零距离接触，使学生化平庸为杰出，化自卑为自信，化挫折为奋勇，则是我们现代教育的基本任务。

教育要抓住心理个性的支点——情感

97%的中外"神童"最终归于平庸，八成中国少儿胆商不及格，皆主要是患了心理疾病。要剔除少儿心理疾患，就应培育少儿的心理个性。长期以来，虽然在教育过程中我们关注孩子的认知能力和意志品质的培养，却收效甚微，其根本的原因是没有抓住心理个性的支点——情感。我们的教育不仅要重视幼儿早期情感教育，更要重视青少年积极情感的培养，用"授之以渔"的方法让青少年受用一生。

据考察，97%的中外"神童"最终归于平庸，其最主要的原因是心理因素造成的，由于他们少年时代的知识"超前"与心理不成熟，导致自我泯灭。控制论的创始人诺伯特·维纳（他是"神童"中幸存的3%那一类）曾在他的回忆录中感叹，当年他所熟知的一群与他智商不相上下的少年科学天才，最终归于平庸，唯独他一人取得了杰出的成就。而那97%的"神童"陨灭，主要是自己的情感出了问题。

有人曾对一组120名6~16岁的中国小学生进行胆商测试，竟有七成不及格。他们"遇事总喜欢征求父母的意见，无独立主见"，"不主动跟陌生人打招呼"，有一种说不出的心理障碍，"平时很活跃，一到台上就很害怕，一吓就把话吓得没有了"。这种胆怯的心理很容易被误认为是意志力问题，而它的根源源于情感的四维度，特别源于情感的复杂度和紧张水平，第一次上讲台，情人第一次约会以及逃、跳、吓、怕、乐等这些动作的冲动程度都与情感的复杂度和紧张水平密切相关。

"神童"的归于平庸与中小学生胆量七成不及格，既体现出他们在心理方面的认知出现偏差和意志力的自控能力弱，更体现出他们的情感出了问题。心理学一般包括知、情、意三个部分，而情乃是心理之支点，既然情感是人心理支点，那情感在人心理的重要性是不言而喻的。情感之所以是人心理的支点，首先是情感一旦发生，它总与人的意识紧密联系，若意识从情感中消失，它立即就蜕变为与动物一样具有的情绪而不再是情感。另外，人的任何一种情感，都有一种与它性质相反的情感相对应，如欢乐与悲哀、爱与恨、紧张与轻松、强与弱、肯定与否定，这种情感的两极转化的过程，就需要渗入意志的力量，没有意志的渗入，情感两极的互相转化是难以实现的。故我国心理学家潘菽把人的心理活动分为两大部分，把情与意归为意向活动。他的理由是："'情'是什么呢？其实'情'也是一种'意'，是一种意向活动"（《心理学简札》上册，北京：人民教育出版社，1984 年版，第 5 页）。总之，从心理学的知、情、意三个部分来看，情感是居于主导地位的，也就是举足轻重的心理支点地位。但是，我们长期以来的教育，却并不重视培养学生的积极情感，把它视为人的心理次要和陪衬的地位，这与人的心理活动规律是不相符合的。从臆想而不从心理科学出发，过多地注重认知能力和意志品质的培养，其收效甚微，忽视作为人的心理支点的情感教育是一个重要原因。因此，作为现代教育，就要重视培养学生的积极情感。

　　重视培养学生的积极情感，首先要从幼儿早期的情感抓起，这要引起幼儿家长和幼儿教师的高度重视，因为婴幼儿时期是幼儿时代情感教育的黄金时期，如果在这个时期幼儿的积极情感成了习惯，也就是说它深入到婴幼儿的潜意识之中，那么，他将受用一生；反之，他将遗憾终生。例如，中国传统的"孝"道，我们剔除封建的礼仪和家规，汲取它的合理内核，培养孩子从小对父母和长辈敬爱，对人敬爱，对大自然和动物的尊重，让其重视和体会亲情、友情，让其尊长爱幼，让其热爱大自然，爱祖国、爱人类，让其分辨美、丑、善、恶，那将使婴幼儿受用一生。又例如，从小让婴幼儿目睹家长搓麻将嗜赌、吸烟、酗酒、讲脏话、不看书报、不讲礼貌、不遵守交通法规、炫富欺穷等陋习劣性，必将潜移默化地培养幼儿负面的消极情感，必将戕害幼儿终生。

孩子在进入学龄时期，家长和老师更应注重孩子的积极情感，消除不良情感。事实证明，积极的情感可以增强学习的积极性，提高学习效率。比如，孩子这时都有一个美好的梦想，家长和老师应激发孩子要实现梦想，就必须一步一个脚印努力奋斗，要他们从历来的奋斗故事中懂得必须持之以恒、锲而不舍，让孩子的梦想变成他不断奋斗的内在动力。在此基础之上，家长和老师因势利导，让孩子逐渐树立起自信、独立、坚韧的心理优势，这样，孩子的积极情感就能逐渐树立。与此同时，为了巩固其积极情感在孩子心中的优势，就应着手帮助孩子消除不良情感，诸如自卑、嫉妒、不辨是非善恶、奢侈、势利、炫富、恶霸、献媚、懒惰、悲观等不良情感。

让家长和老师帮助消除不良情感，激发其积极情感，不如让孩子学会自己掌控自己的情感，"授人以鱼不如授人以渔"。孩子学会自己掌控自己的情感，就要自己学会对情感的调节。比如，中国孩子常见的心理困惑：学习焦虑、人际交往焦虑、自责倾向、挫败感等一旦发生，首先用转移活动或转移注意力的方法，让这种消极情感逐渐淡化，若此法减少了负面情感，就可以与朋友、与父母、与老师、与心理咨询师、与大自然的山水林木沟通，借外力的帮助和自己内在的努力克服不良情感。一旦激动、亢奋，情感往往不能自控，就要设法找到控制这种情绪延续时间的办法。在应该摆脱的那些坏情感中，怒、恨、恐以及疯喜是最难对付的。比如拿怒来说，有人认为发泄一下内心的不满就觉得舒服些，其实这是最糟糕的做法，因为勃然大怒不仅会被发怒方反弹，而且因为勃然大怒会刺激脑部的唤起系统（又称觉醒系统）活跃起来，令人的怒气增长而不会平息，这等于火上浇油。最为有效的方法则是采用中国古代以情制情的心理治疗方法，即悲可以治怒，喜可以治悲，恐可以治喜，思可以治恐，怒可以治思，爱可以治恨，如此种种辩证以情制情，最为有效。

抛弃竞争就会制造平庸

　　由于学校和社会正常竞争和病态竞争鱼龙混杂，各种纷繁的竞争，使好些人害了"竞争疲劳综合征"，于是提出"甘居平庸就是成功"，这对国家、民族和个人的未来成长都是极为不利的。中外文明史反复证明，竞争则兴，不竞争则衰。我们应该反对的是病态竞争而不是竞争本身，因为竞争是发展和创新的内动力，对于教育也是如此。我们国家要富强、民族要兴旺、个人要成才，就不能丢开竞争这个法宝。父母和教师不必强行培养孩子成科技大师，但不能丢掉"上进心"，力争做一个有竞争力的人。

　　当今我们处于竞争的时代。国家若退出竞争，就会成平庸之国；民族若退出竞争，就会成平庸民族；教育若退出竞争，就会成平庸之教育；个人若退出竞争，就会成平庸之人。因为中外文明史反复证明，竞争是发展的动力。

　　由于社会上和学校出现病态竞争，与社会上的正常竞争鱼龙混杂，加之市场竞争的白热化，那种"竞争疲劳综合征"开始在人们心中蔓延、扩散。在观念上，有些学者、教师主张允许平庸，允许人生无所作为，允许人生得过且过，甚至主张"对人教育分层次"，"精英是极少数，平庸者是大多数"，"不需要鼓励学生立志、奋斗和坚韧，甘居平庸就是成功。"学校为此推波助澜，一切以成绩的高低为评价优劣的标准，学生和家长为了争成绩第一或班上前三名，不辞辛苦，不堪重负；社会上的"赢在起跑线上"的过度教育甚嚣尘上，甚至一个大学教授高喊毕业的学子："没挣到 4000 万元别来见我！"一时，这种病态的竞争充斥了社会、充斥了学校，学生教师不害"竞争疲劳综合征"

才怪呢。显然，上述病态竞争是扭曲了竞争的本质，它的本质是人人有所期望的相互争胜。这个"人人有所期望"作为竞争的前提，就必须在公平竞争的前提下。比如，中国自隋代实行了1300多年的科举制度，我们抛开它是培养封建卫道士不谈，就仅以"竞争"这一角度来看，它是公平的，因为它不分贫贱富贵，只要考生达到录取分数线，就可被官场录用分科取士。有人统计，科举分科取士的成分，基本上是城市和农村各占其半，这不仅让农村人有奔头，也对稳定社会起到了重要作用。就现行实行的招生制度来看，我们抛开应试教育一切围着分数转让学生失去想象力和创造性不说，就高考来说，它也不分贫富贵贱，而以分数说话，长期以来，使处于相对贫困的农村子弟也有奔头，也使农村孩子和城市孩子融为一体取长补短，得到了城乡之间的思想、文化和性格交流。

人类漫长的发展史，是一部竞争史。凡是通过自己同自己竞争方式的时期，人类要发展就会产生质的飞跃。猿人之所以摆脱了动物成为人的先祖，全靠自我竞争方式完成的。达尔文进化论中的"生存竞争"、"优胜劣汰"，其核心就是自我竞争中的新陈代谢，而不是征服对方。达尔文在解释他的"生存竞争"这一用语时，特别声明"我应用这个用语是在广泛的和比喻的含义上的，它包括了生物之间的相互依存性，并且更重要的也包括了生物的保存生命和传留后代"，这就跟霸权主义和弱肉强食的病态竞争区别开来。亚当·斯密在1776年出版的《国富论》中提倡市场经济的竞争机制，这是强调在公平竞争前提下的竞争，它使生产者为使自己有竞争力，就必须用科技手段和管理等手段降低生产成本和商品价格，并促使人们不断地探索新产品和新的市场机会，使之竞争带来动态效益。因此，亚当·斯密主张的市场经济体制下的相对平等的竞争与"寡头垄断"，即"少数人之间的竞争"有着本质的区别。

教育竞争力在提升国家综合竞争力中有着举足轻重的地位，因为科技竞争力必须依赖教育竞争力，企业竞争力也必须依赖教育竞争力，军事、外交、外贸的竞争力更要依赖教育竞争力。因此，教育竞争力如果长期落后，它必然影响科技、企业、军事、外交和外贸，我国经济的可持续发展就会成为一句空话。因此，教育的竞争在相对公平竞争的前提下不仅不能削弱，而且必须加强。

出自台湾女作家刘继荣的一篇博文"妈妈，我不想成为英雄，我想成为坐在路边鼓掌的人"在微博上火了起来。有人在媒体著文赞赏道："坐在路边鼓掌，其实也挺好"，其实质，这是在为迁就平庸寻找遁词。试想，因为奋力拼搏要长期忍耐苦和累，如果人人都想清闲悠哉游哉地"坐在路边鼓掌"，那无人争胜，民族、国家乃至个人还有什么希望！笔者在自我办学的经历中曾做过这样的实验，让笔者负责的八个班每班周末进行自创文艺比赛，让同学做评委，只能选一个优胜者，结果每周各班的文艺节目质量都很高。后来，笔者宣布各班取消竞争，结果，周末表演的节目各班都一塌糊涂。于是，笔者长期让学生形成竞争态势。一次重庆几十所高校文艺汇演，汇演前，我们选了两个代表性的节目，都请国家级舞编辅导，条件是最后互相竞争，让实力说话，由同学评委选出一个代表演出。果然，最后竞争后参赛的舞蹈，荣获重庆市高校文艺汇演一等奖。从此，笔者懂得竞争是个内动力，它在群体中须臾不能离开，用之则兴，避之则衰。教育的改革和发展也是我们的大学与大学之间的竞争，这种竞争是比大师科技成果而不是比大楼多少。如果我们的基础教育，不仅比基础知识的传授，更要比同类学校学生的想象力、阅读力、实践力以及独立思考能力；如果我们的幼儿教育，不仅比幼稚园的数量，更要比谁让幼儿"玩"出成功而不是小学课程幼儿化，那么，这样的教育竞争力就该提倡。

教育的竞争，不是成绩高低的竞争，而是德行、智慧和独立思考富有创造性的竞争；幼儿的竞争，不是越早越好的智力竞争，而是让孩子在未"长硬翅膀"以前规避病态竞争的伤害，要比幼儿的童真、童趣和怎样玩出成功。成功不是成绩第一，也不是高不可攀，而是人人、时时都能拥有。父母和教师不必培养孩子成"科技大师"，但必须让孩子时时有"上进心"，力争做一个有上进心和竞争力的人。

55 有了自信的生态环境才能孕育自信的心理

自信是自身发展和创造的动力，人有了自信就拥有了锲而不舍、持之以恒为其目标奋斗的勇气和力量。在中外文明史中，凡出类拔萃者，无不从小就养成了自信。因此，学校培育学生的自信十分重要，而学生的自信心理又需要学校拥有自信的生态环境。学校自信的生态环境必须具备下述三个条件：其一，树立"每一种性格都能成功"的教育理念；其二，积极正确引导学生的好胜心；其三，呵护和培育每个学生的梦想。

自信能驱动一个人不断地奋斗吗？回答是肯定的。

一群普通学生，为什么成绩突然优异？1968 年，美国心理学家罗林塔尔和贾可布森做了个实验，他们来到一所小学，做了一次智能测试，然后随意从每班抽 3 名学生共 18 人写在一张表格上，极为认真地告诉校长、老师，这些名单上的学生具有在不久的将来产生"学业冲刺"的潜力，并将名单透露给了这些学生。其实，这份学生名单是随意拟定的。八个月后出现了奇迹：凡被列入此名单的学生，不但成绩提高很快，而且性格开朗，求知欲望强烈，与教师的感情也浓厚。再后来，这 18 个人全都在不同岗位上干出了非凡的成绩。为什么会出现这种奇迹呢？是由于罗林塔尔和贾可布森都是著名心理学家，教师对他们提供的名单深信不疑，于是对名单上的学生特别厚爱，并在教学过程中通过语言、笑貌、眼神等表现出来。在这种厚爱的滋润下，学生会产生一种自信、自尊、自爱、自强的心理，在这种心理推动下，他们有了显著的进步。这个心理实验有力地证明了自信的力量。

自信为什么能具有这样的威力呢？因为一个人有了自信，就能坚信自己的能力和力量，自己相信自己的一种信任情感，它能转换成锲而不舍的动力，也会开放式地看待别人的优点并吸收别人的优点为己所用；也能正确对待批评，修正错误；还能抵御外来的人身攻击和伤害，不理睬诬蔑和诽谤，走自己的路，让别人说去。所以，一个国家和全体公民拥有了自信，就能激励一个国家的崛起和振兴；一个人拥有了自信，就会刚毅顽强、勇于克服困难去夺取胜利。因此，教育让学生树立起自信是多么重要。但是自信的心理要在自信的生态环境下才能孕育出来。自信的生态环境需要什么条件呢？

第一个条件：学校和教师必须树立"每一种性格都能成功"的教育观念，要摒弃社会上或学校里流行的"性格决定命运"的宿命教育观，这样才能对每个学生，即使是学校或教师认为的"差生"，一样地呵护、一样地厚爱、一样地扶持、一样地关心，体贴细微并根据性格进行引导，让每个学生都能树立起自信心。学校和教师要真心地明白这样一个教育道理：每个孩子身上都蕴藏着独特的强势智慧，父母、教师和学校的责任在于帮助孩子把它们挖掘出来，并发扬光大。很多名垂史册的伟人年少时都不是以高分见长，而是以他们难以发现的强势智慧展现其外貌的，像爱因斯坦、卓别林、爱迪生、达尔文、鲁迅、郭沫若等为代表的多位科学界和文化界大师的人生历程都证明，每一种性格都能成功，特别是那些年少成绩不突出但却有着隐含不露的强势智慧的孩子，只要方法对，他们有可能攀登上科学和文化的顶峰。一个高明的学校和一个睿智的教师，将是那些具有隐含不露的强势智慧学生的呵护人和指路人。

第二个条件：激发学生好胜心的同时，正确引导学生的好胜心。好胜心是上进心的原动力，它的内驱力不仅能激发人的期望，更能激发人为其确定的目标而奋斗，它非常接近自信心了，所以，从小培养和引导学生积极的好胜心是让学生形成自信心的一个重要条件，家长和教师对此应特别关注。但好胜心的养成，既会让学子时刻有上进的冲动，也容易暴露出学子在内心早已存在的嫉妒心。嫉妒是指对在才能、名誉、地位或境遇等方面比自己好（或高或强）的人心怀怨恨的一种非道德情感。拥有好胜心的，自知技不如人，就很容易产生嫉妒心理，在这方面，家长和教师发现了学子这种心理，不应公开指责，也不要夸大其词，而应以"朋友"的姿态，在他不经意间，巧妙地将其嫉妒引向好胜、向上、追赶、超越这样的心态上来。因为嫉妒是一种极坏的情感，它既想去摧毁别人，与此同时，也毁了自己。因此，家长和老师此时的正确引导尤为关键。引导得法，学子的好胜心会发展为自信。另外，激发学子的好胜心的同时，还应引导学子自己克服自卑。自卑人人皆有，只是存在于人的潜意识的深浅程度不同而已。自卑心理总是妄自菲薄，过低地认识和估价自己，自己看不起自己，认为无法赶上别人，甚至降低自己的人格和尊严。显然这与自信是格格不入的。我们要正确引导孩子的好胜心，就要引导学生自己主动地克服自己的自卑心理。在这里，家长和教师对孩子好胜心的正确引导，还要让学子注意克服自负心理。求胜心理的着重点是根据自己的实际能力和实际情况进行正确的评估而获得的心理联动，而自负心理则是夸大自己的能量又不脚踏实地地去奋斗，这其实是人的自卑心态的另一种极端表现，如果不消除学子这种自负心态，就会使学子的好胜心扭曲，从而使形成的自信心变味儿。

第三个条件：学校和老师以及家长应呵护学子的梦想。你到美国就会感觉到，美国的孩子不管学习好坏、高矮胖瘦，个个都是趾高气扬、神气活现的，谁都觉得自己不含糊，是个人物。于是有人见此发问，美国孩子的自信是从哪里来的呢？其心理根源是怀揣着自己的梦想，因为美国人意识到，梦具有创造力。在我国教育部的一次新闻发布会上，一位学生记者曾提出这样尖锐的问题："为什么我们学生的书包越来越重？为什么我们学生的睡眠时间越来越少？"校长感叹目前中小学教育没有时间做梦。学者陈永明这样分析认为是对的：美国校长认为，只要能够把学生培养成终生学习者，他就是好校长；而中国校长把更多学生送进北大、清华，把追求更高升学率作为奋斗的目标。陈永明看到了我国现行应试教育的症结所在。我们的基础教育，再不能让孩子没有时间做梦。我们国家在谈"中国梦"，落实到中国未来的脊梁——青少年，却没时间做梦，这对中国未来不是很危险吗？我们的教育再不能让学子的信心沉默，让他们怀揣梦想，志存高远，奋斗不息。有这样一个案例值得我们中国的家长和教师深思：在很多年前，一个小孩子在院子里玩，妈妈在屋里做饭。饭熟了，妈妈叫孩子回来吃饭，孩子说我要去月亮上玩，妈妈说去吧，别忘了回来吃晚饭。这个小男孩后来真的上了月球，他就是前苏联的加加林。要特别看重孩子的梦想，要创造机会让孩子产生梦想，让他有动力。

56 学会用"延迟满足"来战胜自己

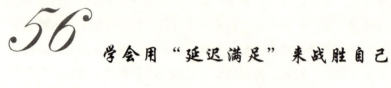

> "延迟满足"是指抵制诱惑推迟满足,从而获得更大的满足。它使一个人走向社会,在干事业时不浮躁、脚踏实地地表现,凡具有"延迟满足"心理素质的人,他在事业上往往容易成功。"延迟满足"的心理必须从幼儿抓起,然后在青少年中形成稳定的心理,所以,我们的家长和学校要特别关注和培育孩子"延迟满足"心理的形成,它是一个人成熟个性心理的重要组成部分,我们要在人的自我调节和自我控制上下功夫。

环顾古今中外历史,一个国家,一个民族乃至一个人的成败史均证明,除了自己,没有人能把我们打败。自己永远是自己最大的竞争对手。选择一个适合的能战胜自己的法宝,就会确立自己的意志力去战胜自己。事实证明,这个最有效的方法就是"延迟满足"。

这里所主张的"延迟满足",不是不满足,而是推迟满足,从而能获得更大的满足。"延迟满足"说白了,就是在此时此地"适度不满足",从而让"适度不满足"者再继续去追求满足的目标,这样就会使满足的目标实在或扩大化。"延迟满足"心理的形成,将会助长科研的成功、商战的顺利、军事的预期和政治的成熟。心理学的追踪调查说明,一个人的"延迟满足"要从小在幼儿心理逐渐形成并巩固发展。这方面笔者不得不强调发展心理学研究中有一个经典实验,称为"延迟满足"实验,因为这个实验充分说明"延迟满足"的心理形成必须从幼儿抓起。实验者发给4岁大被试儿童每人一颗好吃的软糖,同时告诉他们,如果马上吃,只能吃一颗,如果等20分钟后再吃,就可以吃两颗。有的孩子急不可耐，把糖马上吃掉；而有的孩子则耐住性子，闭上眼睛或头枕双臂做睡觉状，也有的孩子自言自语或唱歌来转移注意力消磨时光以克制自己的欲望，从而获得丰厚的报酬。研究人员进行跟踪观察，发现那些以坚韧的毅力获得两颗糖的孩子，到上中学时表现出较强的适应性、自信心和独立自主精神；而那些经不住软糖诱惑的孩子则往往屈服于压力而逃避挑战。在后来几十年的跟踪观察中，也证明那些有耐心等待吃两块糖果的孩子，事业上更容易获得成功。这一经典实验证明，自我控制能力是个体在没有外界监督的情况下，适当地控制、调节自己的行为，抑制冲动，抵制诱惑，延迟满足，坚持不懈保证目标实现的一种综合能力。它是自我意识的重要成分，是一个人走向成功的重要心理素质。

"延迟满足"是提升孩子品质的重要手段，家长和教师在培育孩子的心理素质时，对"延迟满足"应特别关注。尤其是0～3岁的孩子，家长更应该对此关照，该向孩子说"不"时，不管孩子怎么哭闹要横，给他讲明道理后说"不"，一次、两次、多次的"不"，让他习惯"延迟满足"。对孩子"可给可不给"的需求，也必须让他们经过一些努力才能给予满足。让孩子知道要满足某种欲望，是要付出代价的。特别是对待"富二代"，我们国家好些"富一代"过度去满足"富二代"的奢欲，从而让孩子丧失上进心。这方面我们可以借鉴美国教育"富二代"的经验，让"富二代"到"精英教会高中"去为无家可归的人提供服务，他们里面有毒瘾者、精神不正常者，使"富二代"那种养尊处优感荡然无存，珍惜生活，不铺张浪费而注重延迟满足，走向社会并非花花公子，而且社会责任心比较强。

心理上的"延迟满足"，就是为了终结目标去抵制诱惑，而这体现在意志力的"自我调节"和"自我控制"上，即体现在自我调节和控制自己心理和行为活动的能力，善始善终把决定贯彻到底，这是一个人对自身心理的主动调控和掌握，所以，具备了这种心理素质则终生受用。作为家长和老师，就要关注培养孩子的坚持性，教会孩子学会等待。如果孩子有网瘾，先培育孩子拥有"延迟满足"的心理，让他在完成双休日作业前提下，适当地将只在双休日上网时间控制在两个小时，逐渐让他养成上网克制的习惯并予以鼓励。为了让孩子学会用"延迟满足"来战胜自己，"逆向关怀"也是一种可行的办法，即该碰的钉子要碰，该绕的弯路要绕，该犯的错要犯，该受的苦与累要受，该动脑动手的要动，该讲清的道理要讲清。

控制欲望、抵御诱惑，中国古代的老子早有名鉴："知足者富"，"金玉满堂，莫之能守"，"多藏必厚亡"（藏得多，必丢失得多）。

57 树立学生抗挫折力和灾难意识

● ○--

调查显示，我国中小学生冒险性弱和胆小成了普遍的弱点。现代富裕的生活条件，尤显"挫折教育"和"灾难教育"对于培养孩子强健的心理品格、树立心理个性的重要意义。我们的教育怎样树立学生抗挫折力呢？怎样让他们愈挫愈勇呢？心理学家告诉我们：孩子的耐挫折力的培养，主要应在孩子未做充分准备状态下进行；我们的教育怎样树立学生的灾难意识呢？让孩子们学学咱们的祖先大禹、巫咸是如何面对灾难的，而地震频发的四川孩子从容地面对灾难也值得学习。

--○ ●

据调查显示，我国中小学生好奇心强而冒险性弱；另一项调查发现，胆小已成为当今小学生最突出的缺点。学校的调查还显示，在家庭和学校中经常有挫折感的学生占 16.1%，而有一定挫折感的人数则占了 41.3%（资料来源：《文汇报》2012.2.27）。显然，这些数据显示，并不是只有少数学生才需要培养抗挫折力；又据调查显示，在灾难和生命面前手足无措，竟有三成中小学生偶有自杀念头（资料来源：《扬子晚报》2013.1.18），许多中小学生对诸如频发的地震灾难无所适从。这给我们一个教育警示：挫折和灾难已是许多青少年的心理问题，教育要确立学生的心理个性，就应强化树立学生抗挫折力和抗灾

难意识。

　　要树立学生抗挫折力和灾难意识，首先在教育上要努力消除学生的"蛋壳心理"。"蛋壳效应症"是英国儿童心理学家西蒙·安妮于1965年首次提出并命名的一种生理性心理疾病，是指孩子的脆弱心理，比如只能听赞美之词，听不得半点反对意见；有的孩子外表高傲，内心脆弱，敏感多疑；有的孩子只能接受成功，不能面对失败，遇到一些不顺心的事情，就会有极端的举动，甚至轻生……总之，"蛋壳心理"的本质是脆弱。作为孩子的教育者家长和老师，要树立学生抗挫折力和灾难意识，还应树立这样的教育观，让孩子有挫折感和灾难意识，引导得法，往往能成为学生成长的动力。

　　学子的挫折感和灾难意识怎样成为他们成长的动力呢？就学生的挫折感转化为成长的动力，在这方面，孙中山与诺贝尔是愈挫愈勇的典型。孙中山领导同盟会与满清王朝斗争愈挫愈勇；诺贝尔在试验炸药的过程中愈挫愈勇。对诺贝尔来说，挫折并不可怕，可怕的是在挫折面前倒下。他克服种种心理障碍，以坚韧不拔的精神在失败面前一次次继续实验，连他的哥哥罗伯特都从外地来劝他停止试验，而且还要面对父亲对他的嘲笑。他感叹道："我经历过许多次失败，乃至亲眼看到这些失败的父亲和哥哥都嘲笑我的固执。"后来，诺贝尔在战胜多次挫折后终于走向了成功，成了"背着炸药的科学家"。挫折感可成为学生成长的动力，上海市中小学德育研究协会课题为此做了个很好的实验，实验课题《初中生抗挫力培养的实践研究》显示，摆脱单一的考试评价，鼓励学生"做最好的自己"，可有效提升学生的抗挫力。在学校的积极干预下，学生在生活、学习中产生的挫折感也可成为他们成长中的动力（具体详情可参看《文汇报》2012.2.27）。在"挫折教育"方面，应该向同行提个醒，要谨防"挫折教育"步入误区。为了培养孩子强健的心理品格，不少人开始尝试"挫折教育"，但只满足了夏令营的"吃苦"，一次旷野跋涉、深山探险。央视二频道的《变形记》栏目虽然十分有益有趣，但也仅有一周，锻炼的学生知道一周后就能回去，所以，还不能完全是抗挫力锻炼。心理学家告诉我们，耐挫折力的培养主要应在未做充分准备的状态下进行，孩子在参加"吃苦"夏令营、爬山以及"变形记"，他们已在心理上和生理上做好了准备，即使是为了赌一口气，也要经受痛苦的考验，而生活中的许多挫折却往往出现在不经意间。的确，为什么20世纪60年代上山下乡的"知青"，在心理和生理上大都具有抗挫力，就在于下乡的"知青"在未做心理、生理充分准备，又不知未来的特殊情况下，使他们在挫折和苦难中，不经意之间就形成了强健的抗挫个性，而回到工作单位，它们往往最管用。

　　至于树立学生的灾难意识，在传统文化上中国具有他国没有的优势，我们当代教育却没有很好地利用这一优势，不知是为了应试而无暇顾及或者对中国传统文化置若罔闻，恐怕这两种情况皆有。中华民族5000年的文明史，也是抗灾史。中华民族在特大的水患、旱灾、瘟疫、地震等灾害中挺过来，既成为了世界古文明唯一传承至今的文明古国，也成为了人口兴旺并是世界人口最多的国家。请想想，舜禹时代全国1/3的地方被洪水长期淹没，这是何等的灾难？这时候涌现出大禹这样不顾辛劳和生死的英雄人物，率众治水，终于制服了水患；在南方瘟疫流行，人人闻瘟疫色变，这时涌现出巫咸等十巫这样的巫医，遏止了瘟疫，还百姓以健康。故远古《山海经》中所载的神话故事《女娲补天》、《大禹治水》、《羿射九日》、《夸父逐日》、《精卫填海》等，都是人们战胜灾害壮举的写照。正由于中国的地震频度和强度居世界首位，抗灾史贯穿中国5000年，也磨炼了中国人的秉性，"二战"时期，这也是中国人能坚持14年之久以弱胜强打败日本的深层次原因。因此，我们教育应学会教孩子面对灾难。四川百姓在面对地震频发和泥石流灾难时是那样镇定自若，笔者亲自考察过多日，在那里，并没有外面想象的恐怖，更多是安闲和从容；在那里，并没有外面想象的是谈灾色变，而是比过去繁荣。由于四川学生学校和教师让他们面对灾难，他们在有心理准备后更加从容，使我不得不向他们致敬。

第 10 章

动 手 个 性

　　工匠传统与理性传统联姻，才能诞生科学这个宁馨儿。当今国家倡导"工匠精神"正当其时。工匠传统就是动手能力和实践能力，它是形成人的动手能力的主要途径。过去我们由于"独尊儒术"，排斥有动手个性和逻辑思维的墨子，现在该是请墨子回归中国教育的时候了。动手个性，要从小抓起，这样才能"冒"出瓦特、法拉第、焦耳这些以工匠出身的世界级大师。

用"工匠精神"改变鄙弃动手能力陋习

中央倡导"工匠精神",是我国教育让学生养成精益求精动手能力的契机。我们要建成世界科技创新强国,就应该改变轻视动手能力的陋习。近现代科技史反复告诉我们:理性传统(动脑能力)与工匠传统(动手能力)完美结合,是建成科技创新强国的基础之一。为此,咱们的教师应担此重任,让学生具有动手能力,是功德无量的大事。

"工匠精神"首次出现在政府工作报告中,不仅让人耳目一新,而且是改变封建遗留下来的轻视动手能力、脑手分离的绝好机会,咱们的教育首当重任。近现代科技史反复告诉我们:理性传统(动脑能力)与工匠传统(动手能力)完美的结合,才能成就建成世界科技创新强国。近代科学之所以在欧洲特别是英国发生,除英国有成熟的市场经济生态环境外,最重要、最根本的是欧洲发生的文艺复兴运动,当时尊重人、尊重人的实体地位成了社会风尚,最重要的是体现在社会手脑结合上。工匠瓦特不仅没受到歧视,由于他是一位高手工匠,还被英国格拉斯哥大学聘为负责修理教学仪器的员工。在大学工作期间,他与一些教授相识,如年轻的教授约瑟夫·布莱克和约翰·罗比特,他从他们那里学到了很多科学理论和知识。此时,他对蒸汽动力机械产生了浓厚兴趣,正巧格拉斯哥大学的纽可门蒸汽机坏了,让瓦特去修理,瓦特凭他的高超手艺虽然看出了纽可门蒸汽机的两大缺点,但不知从何下手。布莱克教授的"潜热理论"和热容量概念给他很大的启发,终于使他找到纽可门蒸汽机效率不高的原因,由此产生了采用分离冷凝器的最初设想,最后终于获得了成功。

使工匠瓦特的蒸汽机在当时的纺织、采矿、冶炼和交通运输等部门得到了广泛的应用，从而使世界步入了"蒸汽时代"，并导致英国和欧洲第一次工业技术革命的兴起，极大地推进了社会生产力的发展。这就是动手能力与动脑能力完美结合的产物，这也是工匠传统与理性传统完美结合的产物。

当今我国《国家创新驱动发展纲要》提出：2020年进入创新型国家行列、2030年跻身创新型国家前列、到2050年建成世界科技创新强国"三步走"战略目标，时间紧迫、时不我待，作为培育未来科技大师的教师，肩担历史重任，不可懈怠，其最紧迫的教育任务是，不管你属于哪个教育层次，都应让学生拥有动手个性，这是功在当代、利在未来的国家大事。国家倡导"工匠精神"，正是我国学生改变封建传统脑手分离的切入点，也是我们通过"工匠精神"对青少年进行手脑结合的教育的契机。

树立"工匠精神"不应只是职教的事，更应是中小学教育和学术型高校的大事，因为科学发现和科技发明与动手能力的强弱是密切相关的。居里夫人（1867~1934年）是著名的物理学家和化学家，放射性元素镭的发现者，不是工匠出身。但是当她根据科学理论确定无疑以后进入实验室，是她自己设计了一种当时社会上不曾有的测量仪器，这种测量仪器不仅能测出某种物质是否存在射线，而且能测量出射线的强弱。显然，居里夫人这种超强的动手能力直接促进了她的科学发现的成功。因此，一个人的动手能力对其科学发现和科技发明是非常重要的。但是，当今我国社会上以及教育界轻视动手能力陋习尚存，虽然再不会出现清代和民国出现的怪现象：中国人一旦穿上长衫，他们就抛弃了体力劳作，认为那是另一个下层社会阶层的标志。在实际采访中，连许多当了一辈子工人的父母也说："我无论如何也不会让孩子上职专。"大部分初中毕业生选择进入普高，只有极少一部分人才去读中职。有些中职学校一年只能招到几十人，教工数量甚至大于在校生数量。择业、升学、报考公务员等各方面，普遍存在对职校生的政策限制和歧视，原本应该形成技术门槛的职业资格证书也面临下降的境地。显然，这种生态环境不扭转，动手个性怎么形成？工匠怎能脱颖而出？为此，我们的教育要渗透"工匠精神"，努力去达到三个目标。初级目标：教育应有意安排动手能力课程，让学生从小就喜爱动手能力；中级目标：让学生的动手能力与理论相结合，每学期能有一周时间到农村和工厂去体验和实习，与农民或工人打成一片；高级目标：让学生的理论设想通过动手能力化为学生的动手个性，为其以后的创新深造奠定基础。学生在喜欢脑手并用后，让他们逐渐具有不浮躁而又有精益求精的品质。

 ## 请墨子学说回归应成为当今中国教育的战略之举

物理学家杨振宁曾认为中国传统文化缺少重视动手能力的技术和推演式的逻辑思维方法，从而阻碍了中国科学的诞生。杨振宁这一看法是有其真知灼见的，不过，这一现象是中国自西汉实行董仲舒的"罢黜百家，独尊儒术"以后造成的。中国传统文化并不缺失上述基因，如长期遭到歧视和遗弃的墨家学说，在春秋战国时期曾与儒学并列为"显学"。因此，当代中国教育请墨子学说回归应成为当务之急，因为它内含丰富的逻辑学，提倡动手能力并身体力行。

诺贝尔物理学奖获得者杨振宁教授，在"2004文化高峰论坛"上，以"《易经》对中华文化的影响"为题，提出观点称"《易经》影响了中华文化的思维方式，而这个影响是近代科学没有在中国萌芽的重要原因之一"。杨振宁把原因归结为五点，一是注重实际而忽略抽象架构；二是科举制度；三是观念上认为技术不重要，认为是"奇技淫巧"；四是对于逻辑不注意，中国传统里面无推演式的思维方法；五是扭曲了"天人观念"，把人世间规律与自然界规律混淆了（请参看《中国新闻周刊》2004.10）。杨振宁的这一看法已过去10年，但其观点仍然十分锐利而颇有真知灼见。他所说的这五点中的第三点和第四点，正是《墨子》学说的精华，而墨子正是春秋战国时与儒学并列的"显学"，只是到几百年后的西汉董仲舒的手里，用"罢黜百家，独尊儒术"，把墨子学说废了，致使中国传统文化缺少重视动手能力的技术和推演式的逻辑思维这两个基因。因此，就中国教育来说，请墨子学说回归应成为中国教育战略之举。

墨学提倡动手能力与技术，着力于逻辑推理，特别重视逻辑的演绎法。因此，墨子思想的核心是倡导力的文化意识，它的本质是崇尚力的作用，主张在社会系统的运动过程中重视人力、物力乃至兵力，利用实力推进社会进步，特别重视动手能力，并与演绎法并存成为科学技术发展的基础。崇尚力的作用，也是英国的工业革命和科技革命之所以发生的基础原因之一。令人扼腕的是，自西汉"罢黜百家，独尊儒术"以后，墨子就遭到中国2000多年封建社会长期的歧视和遗弃。墨子这个被毛泽东称之为中国的赫拉克利特（古希腊最伟大的哲学家），其《墨子》一书，历经2000余年之久，极少有人问津。

墨子姓墨名翟，春秋战国时期鲁国人（有说宋人、楚人），生卒年约为公元前468~前376年，活动期在孔子以后孟子之前。由他创始的墨子学派代代相传，在中国兴盛了数百年之久。从战国到秦汉，墨子与孔子齐名，墨家与儒家并显，学者常以孔、墨对举，儒墨并称。大量资料表明，墨子不仅大力提倡动手能力，而且是身体力行，是一位动手个性的典型化者。他会木工和其他手工技术，其木工技艺可以跟古代名匠公输般（鲁班）相媲美。墨子自称能"须臾斫（砍削）三寸之木，而任五十石之重"（《墨子·公输》），表明他会做大车。墨子还亲自制作"守御之器"（守城器械），帮助宋国守城。他在楚惠王（公元前488~前432年）面前，用小木片代表各种攻夺城池的器械，把公输般比输了（《墨子·公输》）。他还曾用木片制成会飞的老鹰，并亲自操作演示，弟子们见了说："我们的老师真巧呵，竟能使木鹰飞起来"（《韩非子·外储说左上》、《淮南子·齐俗训》）。这里特别要提到的是，墨子经常用"百工"（各种手工业工匠）的技巧作为谈话论证的资料。他大力提倡中国远古动手能力之典范大禹，称颂大禹不仅是治水的领袖，而且还身先士卒，亲自拿着土筐、木锹疏通江河，治理洪水，奔波劳累得股上没有肉，腿上没有毛，是为了天下的利益而不辞劳苦的大圣人。他要求自己的门徒学子效法大禹，"以裘褐为衣，以跂蹻为服，日夜不休，以自苦为极"，并说"不能如此，非禹之道也，不足谓墨"（《庄子·天下》）。这充分展示了墨子的动手个性。

墨子学说回归当代中国教育是战略之举，也就是当代中国教育吸收墨子学说的精华不是可有可无的事，是让中国教育不仅有孔孟的基因、老庄的基因，还应有墨子的基因。墨子的基因哪些方面必须融化在中国教育的血液里呢？笔者认为有下面几点，当代中国教改时须无条件吸收，否则就会使教改得不到本质的良性改变。

其一，归纳与推演逻辑是世界近代科学中不可缺少的基本思维方法，中国儒家传统不重视这种逻辑推理的方法，而着重于人与人之间的关系以达成社会的稳定和统一。不注重说理的逻辑次序，这对科学的发现思维是很要命的，这也导致中国的散文多偏于风花雪月，骨子里很少有逻辑思想，虽然鲁迅的作品弥补了这个缺陷，但仍不能改变中国散文的整体文风。从中学《语文》选材和高考作文，均可见其软肋。而墨家的精华理论恰恰弥补了上述的不足。墨家中的《墨经》重理性，重逻辑思维。墨家弟子把"谈辩"作为弟子学习、训练的一个科目，这是当今中国基础教育乃至大学教育课堂最紧缺的东西。墨子在平时言谈以及授课中自觉地论述了辩、名、类、故、法等逻辑范畴，提出了"知类"、"察类"、"辩故"、"明法"等辩论原则，这也是我们当今好些基础教育老师、校长乃至大学教师、校长所紧缺的，所以，不论我们的学生、教师和校长，都应补上《墨经》思维这一课。为了民族性格的科学思维的形成，因此，它是战略性的，中国教育改革必须实行的。

其二，墨家文化崇尚力，这是英国乃至西欧在近代发达的工业和科技革命的重要原因之一。我很同意学者张立儒在20年前的真知灼见的看法：墨子力的文化意识，即崇尚力的作用，主张在社会系统的运转过程中重视人力、物力乃至兵力，利用实力推进社会进步，也包括利用科学和技术手段。这种文化观念是由墨家、法家和兵家共同倡导的（《传统文化与现代化》1994年第1期）。从18世纪60年代开始到19世纪中期的英国工业革命，使英国从一个小岛国家一跃成为当时的世界超级大国，其建立和运行的基础就是靠的"崇尚力"，它已成英国普遍的社会现象和教育现象，也是当时英国科学发明大家层出不穷的根本原因之一。当今中国的教改，应把"崇尚力"的基因融化到教育之中，首先要改变人们不想入行工匠职业，逃离工科的趋势，这种趋势将从实证道路上泯灭科学的发展。然后，我们应在基础教育和高等教育中推行"崇尚力"的教育，把力的文化意识融化在学生、教师和校长的血液之中，使对待墨家学说的回归教育，不是战术或战役性行为，而是战略性行为。

其三，社会和学校应重视动手能力，才能为社会崇尚工匠和崇尚力铺上红地毯。而墨子的学说和身体力行的动手能力就是崇尚工匠和崇尚力的红地毯，是我国传统文化的珍宝，我们当代的中国教育怎能等闲视之。墨子出身工匠，会做大车，他的门徒也多半是各行各业的能工巧匠。他希望用他的动手个性让生产改观，他认为"凡天下群百工，轮车鞼匏，陶冶梓匠，使各从事其所能"（《墨子·节用中》），即轮车工、皮革工、陶工、冶金工和木工等各种手工业者，都各自发挥所长，"修舟车，为器皿"，制造各种产品，以供给民用。在战时，墨子集团就组织各种工匠，制造军用产品，以供给军需。墨子及其后生不仅是动手能力和崇尚力的倡导者，而且也是身体力行、积极劳动、勤于巧干者。《庄子·天下》篇说墨子一生勤劳，又"好学而博"，一反儒生那种鄙视劳动的书呆子气，这种提倡动手个性并身体力行的精神，正是我们当前教育中紧缺的东西。

鉴于上述三点内容，请墨子学说回归应成为中国教育战略之举的现实意义之所在。

60 蔑视动手能力成了中国人强国之痛

●○ --

蔑视动手能力自孔子始。孔子就主张动口不动手，不愿学农人，称庄稼汉是"鄙夫"，这对中国后世影响很坏。荀子就把有动手个性的墨子称为"贱人"。自此，中国鄙视动手能力、鄙视劳动者和实践，从而阻止了中国科学的诞生。18~19世纪发源于英国的工业革命和伴随的科学革命，就因欧洲文艺复兴的人文主义提高了工匠的地位，而英国又是工匠传统和理性传统结合得最完美的国度。第四次工业革命若想从中国发生，那么，中国的教育和中国的社会从现在起就要尊重动手能力、尊重劳动。

-- ○●

英国作为第一个迈进现代社会的国家，在18世纪和19世纪的时候，它是世界发展的领头羊。究竟是什么原因，让这个岛屿国家孕育了超凡的能量，改变了自己也影响了世界？答案是英国出现了工业革命。工业革命是以机器生产取代手工劳动，以工厂制度取代家庭作坊和手工工场的过程。怎样的条件下才能以机器生产取代手工劳动？怎样的条件下才能以工厂制度取代家庭？西班牙和葡萄牙作为殖民者，凭着殖民扩张，掠夺世界各殖民地的黄金，成了世界上最富的国家，但它们却在其内部没能发生了工业革命以及所伴随的科学革命，是因为它们舍弃工业和制造业，鄙视生产劳动和动手能力，而去疯狂地追求奢侈性消费。英国的殖民扩张得到的巨额财富，则首先用于工业和制造业，工业和制造业的繁荣，必须依赖出色的工人、技工和工程师的大量涌现，这里就要涉及提高工匠的传统的社会地位，而且让它与实验科学紧密结合在一起，才能孕育出工业革命和科学革命。中国自从排斥、歧视墨子思想和动手能力以后，中国的工业革命在近代始终没有发生，这是一个主要的内因。

　　中国传统文化是儒、道、墨三位一体的。"独尊儒术"必然让儒家的优势和劣势一同见风生长。儒家的劣势除封建的"三纲"等级制外，就要数歧视劳动、蔑视动手能力了。这从表面上好像只分动手阶层和动脑阶层，但它的危害性不可小觑，它直接制约了中国科学在近现代诞生，这应让我们当今的教育决策者和执行者警醒。中国鄙视"百工"（各种手工业工匠）自孔子始，孔子在这方面带了个很坏的头。他把庄稼汉辱称为"鄙夫"（《论语·子罕》），当他的学生樊迟向他请求学种庄稼时，孔子一再表示不如老农。一旦樊迟离开后，他破口大骂樊迟为"小人"。他还说，做了官百姓都来投奔，为什么要自己种庄稼呢？（《论语·子路》）。可见，孔子对农人和百工是不屑一顾的。自孔子之后，儒家的荀子继承孔子这一衣钵，把善于动手能力并重视农桑的墨子的墨学直呼为"役夫之学"或"贱人之所为"（见《荀子·王霸》），战国的楚国大臣也曾称墨子学说是"贱人之所为"，所以楚王不能应用（见《墨子·贵义》）。到了西汉董仲舒时，汉武帝吸纳他的"罢黜百家，独尊儒术"以后，墨子学说和社会上的"百工"，更被贬为贱人学说和下等人而不屑一顾，使春秋战国时代兴起的人本主义思潮遭到了颠覆，而封建的"三纲"等级开始堂而皇之地形成了。

　　中国封建社会2000年蔑视百工成为社会主流思潮，它使中国各种手工业者的地位处于社会最底层。唐人韩愈的《师说》，虽然脍炙人口，但在谈及"百工"时，也列为"不耻相师"，并说"巫医乐师百工之人，不耻相师"。社会上把工匠技艺视为不屑一顾的"奇技淫巧"。到了清朝，一个臣子奏折云："臣是天朝的大臣，应该按照国家的制度办事，什么火车、轮船走得虽快，总不外'奇技淫巧'。"如此昏庸之朝廷，怎么不会做出卖国害民之昏庸之事？到了民国，中国封建地主制这一根基并没有拔掉，鄙视劳动者和实践也严重地存在着。文人之酸溜溜，在于重视高人一等的学者身份的标记——穿长衫和注重文人生活的种种礼节，如鲁迅笔下的孔乙己一般，不愿也不屑去干动手的活，而真正勤动双手的是底层百姓，不是文人学士，文人学士决不同匠人在车间一起工作。这种观念也渗透到中国的教育，使中国的教育脑手分家。因为用双手工作的人在中国都不是读书人，这种不动手的中国读书人却失去了科学的青睐，成了中国人的强国之痛。

在英国，首先兴起的工业革命和伴随科技革命的一个根本原因之一，就是英国国内已经形成理性传统与工艺传统完美的结合。理性传统不轻信权威的结论并敢于探索真理；工匠传统则重视动手能力以及亲自实践科学实验，两者一结合，就能产生出重大科学创新和科学发明。而且欧洲14~16世纪的文艺复兴产生的尊重人、尊重劳动、尊重动手工匠的人文主义思潮，为这种结合创造出了良好的生态环境。工匠的地位提高了，工匠瓦特和法拉第就自然能脱颖而出。请注意，如果没有布莱克的"潜能"的理论做指导，瓦特也许根本不会想到分离冷凝器；如果法拉第没有发现电流的磁效应现象，就没有电动机的出现。理性传统和工匠传统的辩证关系也在这里。这里也看到动手能力与科学实验在科学发展中具有举足轻重的作用。从文艺复兴以来，工匠的地位和传统根本性的提高，动手能力成为时尚而不是鄙视的对象，由此伴随的欧洲科学革命在伽利略、牛顿、达·芬奇、哈维、波义耳、哥白尼、康德等巨人的推动下，科学革命推动技术发明一个接一个涌现出来，从而为工业革命奠定了技术基础。

第四次工业革命将要到来，有人预测将从中国发生。中国准备好了吗？中国能抓住这个机遇吗？要如此，必须实行下述几个举措：学校应把动手能力作为重要的教学内容，孩子的动手能力应从小抓起；社会上、媒体电视的宣传应崇尚工匠和动手能力之风而非影视歌星；学习德国，让人们充分体会到崇尚工匠远超过崇尚文凭学历，职业教育不再是"渺小"被人看不起的教育，而且是国内热门专业教育；理工科专业不再遭遇考生的冷遇，著名工程师鲁班、茅以升、詹天佑以及工程界泰斗如张光斗、吴良镛等是学生追逐的明星，学生视工程师成为他们未来最理想的职业；我们还应学习德国的职业教育开销大部分由企业承担，这是德国经济崛起并且是职业教育在全球享有盛誉的根本原因；重视农村职业教育这个广阔天地的开发和农村职业教育师资队伍的培训；树立社会和教育方面尊重劳动、倡导劳动光荣之风，改变年轻人不愿做普通劳动者的不良思想，改变孩子劳动意识淡薄的不良思想；政府和社会应保证劳动者在收入分配中占有合理的比例，并使劳动者有出彩和梦想的机会；依靠千千万万杰出的工程师，依靠千千万万杰出的企业，让他们拥有创新经济、创新社会的动力。作为国土只有 4 万平方公里、每年可耕种和放牧的时间仅有 4 个月的瑞士，却有世界品质一流的奶制品；平均每千余人拥有一家银行，人均吸收国内外存款世界排名第一，瑞士手表"含金量"世界第一，机床若是论斤出售，单位价格约为日本和美国的 3 倍。在当今欧洲经济不景气的情况下，它却一直保持经济稳定增长，这与它特别注重职业教育和动手能力有着密切的关系。在瑞士人眼里，学历没有技能更重要。瑞士有 2/3 的年轻人 15 岁时不是坐在教室里全天候学习，而是参与职业教育与培训。年轻人大多数都有一技之长，很容易找到工作，手表和精密仪器等享誉世界，与这是分不开的。

让儿童从小就养成动手动脑的良好习惯

儿童时期是养成动手动脑良好习惯的关键时期，我们的教育只要从幼儿抓起，就会使孩子受用一生。但是，长期以来我们在抓孩子动脑时忘了训练他动手，在抓孩子动手时，忘了训练他动脑。教育实践证明，只有动手和动脑互相配合，并根据学生对象，采取与之相适应的动手动脑方法，就会使教育事半功倍。这方面瑞典的经验和天津市红桥区的经验值得我们借鉴。

儿童时期是其养成良好习惯的关键时期，一个优质的教育，就要让儿童从小就养成动手动脑的良好习惯。美国苹果公司联合创始人乔布斯，从小就爱动手动脑，脑手并用，这为他未来发明创造奠定了基础。写《昆虫记》闻名于世的法布尔，自幼爱好自然，经常观察昆虫和贝类的生活情况，他观察雄榭蚕蛾"求婚"的过程花了整整三年时间，榭蚕蛾"新娘"被螳螂吃掉了，他毫不气馁，又从头整整观察了三年，终有结果。发明家爱迪生，从小特别喜欢自己动手，什么事情都想亲手做一做，有时爱异想天开，闹得大人哭笑不得，并坚持不懈地进行试验，终于在留声机、电灯、电话、电报、电影等方面拥有了发明创造。我们可以看到乔布斯、法布尔以及爱迪生在幼年时既爱动手又爱动脑，才使他们长大以后能成大器，为人类做出贡献，这也反映出让幼儿动手时必须动脑，让幼儿动脑时必须动手，脑手并用方有成效。

关于脑手并用的有效性，一位将退休的工人在退休大会上对公司总经理说："你知道这么多年我们是怎么工作的吗？我们每天来上班，在门口传达室将自己的脑袋从肩膀上卸下来，然后带着手和脚去岗位，下班时再从传达室将脑袋装在自己的肩膀上，然后回家。几十年来，公司雇用的只是我们的手和脚，从来没有雇用我们的脑和心。"这种生动的说法所表现的企业现象，据我了解，是十分普遍的现象，它既说明了人才的大量浪费，也说明了企业的体制不知埋没了多少有智慧的工人。如果我们把这个退休工人的生动说法放在当今中国应试教育上，也是很贴切的。特别是教学生动手时忘了训练他的大脑，训练学生大脑时，忘了训练学生的双手，使教育的有效性甚微。

作为诺贝尔科学奖的发源地瑞典，这个小国为什么能保持科技创新的领先地位？有一个重要原因就是从幼儿抓起，让他们在动手动脑中快乐成长。瑞典儿童从 6 岁开始，贯穿整个学龄时期，引领儿童认识科学之美的创新教育系统正逐步建立，由政府拨款支持的"灵感教育"和新发明竞赛是其中重要的组成部分。前者针对 6~12 岁的孩子，鼓励他们把家中废品带进课堂，拆解后重新组装成新的东西，思考还能做成什么以前没有的东西，动手动脑，突破常规，激发学习潜能。至今，瑞典拥有"灵感教育"资质的教师已达 1700 多人，遍及 800 余所学校。而三年一届的新发明竞赛则锁定 12 岁以上的学生，鼓励他们寻找现实生活中的需求，将创想变成产品。所有这些创新不涉及高深技术，却让学生看到了创意对生活实实在在的改变。调查显示，3200 多名参赛学生中，77% 的学生觉得科学学习更好玩了，62% 的学生表示想学的更多。

让儿童从小就养成动手动脑的良好习惯，天津市红桥区教师许洪媛也做得很出色。她介绍道：开学初，幼儿雯雯带来了一只奇怪的桶："这个桶特别听我的话，它滚出去，我叫它回来，它就回来。"大家被这个有趣的玩具所吸引，并给这只听话的桶起名"魔桶"。教师观察到幼儿这一兴趣以后，通过创设情境，引导幼儿进行合作探究，使其了解其中蕴含的简单的科学道理：当桶滚动时，桶中的螺母将皮筋绞起来，皮筋不断储藏能量。当皮筋被绞得很紧时，桶就停止运动，并开始释放能量，桶又会滚回来。当幼儿了解了"魔桶"的"秘密"以后，兴致很高，纷纷产生了拥有"魔桶"的欲望，此时教师因势利导，引导幼儿自己制作"魔桶"，画图、收集材料、进行制作，最后终于自己制作出"魔桶"，幼儿那种成就欲和高兴劲儿已难以言表，使他们久久不能忘记。

优质职业教育是国家竞争力的重要方面军

从"中国制造"走向"中国创造"，需要优质职业教育。我们国家不仅需要一大批张秉贵、徐虎、李斌这样的技术能手，更需要有瓦特、法拉第、焦耳这样以工匠出身的世界级大师，才能引领世界第四次工业革命。我国重视职教的数量，却忽视了职教的质量。中国职业教育要普遍地走向优质，不仅需要社会予以尊重，也需要企业大力扶持，还需要借鉴学习瑞士和德国办优质职校的经验。

中国要从大国走向强国，"中国制造"是一个非常重要的标量，这就要从

"中国制造"走向"中国创造",而"中国制造"要转化为"中国创造",依赖于优质的职业教育。调查显示:我国七成中职生感觉自己很"渺小"。调查还显示:大多数中职生在乎别人对自己的评价和看法,有强烈的被人认同的需求。这显出我国的职业教育生态环境出了问题。虽然政府在中职教育上推行了一系列优惠政策,诸如启动国家助学金制度、对农村家庭经济困难学生和涉农专业学生免除学费、对第三学年顶岗实习家庭经济困难的学生免除学费等,致使中职生占高中阶段教育在校生总数的一半。但中职业的职业教育和素质教育的质量与德国、瑞士等国家优质职业教育还差得太远。甚至我国一些中职校强制学生到指定单位实习,被指有贩卖学生做廉价劳动力从中牟利之嫌,这显然是在毁我中职校。中职校不仅承担着培养出千百万像张秉贵、徐虎、李斌这样行业的技术能手,而且承担着在这些中职校中,能"冒"出瓦特、法拉第、焦耳这样工匠出身的世界级的大科学家。只有中国土地上"冒"出了瓦特、法拉第、焦耳这样的大师,才能引领世界第四次工业革命之潮流。我们寄希望于此。

瑞士是西欧的一个小国,它的竞争力之源就是优质职业教育。在《全球竞争力》报告(2009)中,瑞士被评为最具竞争力的国家,它来源于优质职业教育。瑞士高质量的职业教育使2/3的年轻人在初中阶段结束后,就选择接受职业教育和培训。这种培训通常在提供学徒岗位的企业中进行,辅以职业学校的理论辅导。经过4年的职业培训,他们成了熟练的技术工人。在车间、产品流通环节、宾馆都拥有训练有素的高水平的技术工人,正是他们使瑞士的产品和服务以优质而闻名于世。在瑞士,职业教育不是成绩不好的学生无奈之举的选择,而是完全根据自己的兴趣选择,约有300个学徒工种供他们选择。在2/3接受职业教育的年轻人中,有一部分人接受高等教育。瑞士有许多成功人士,都在年轻时接受过职业培训。瑞士的优质职业教育在于:瑞士职业教育系统培养出来的学生最终可以成为非常好的劳动者,并不比拥有学士学位的差。就瑞士的经验提醒我们,不强化职业教育而盲目搞高校扩招,既造成年轻人失业率升高,又极大地浪费了本来就很紧张的教育资源,还对中职业生的社会生态产生极坏的影响。

职业教育决不能被视为低层次教育,不然就将给国家的未来带来灾难。德国仅有8200万人口(包括德裔),却能分享世界一半诺贝尔科学奖,其重要的因素首先是立法禁止学前教育,让儿童玩出成功;其次是极为重视职业教育，社会崇尚工匠超过学历，使工匠传统与理性传统很自然地结合，这就很容易诞生新的科学。学校很注重从小培养儿童的动手能力，从而开发小孩的想象力和创意。像手工课，就是德国小学使用最多的教学方法之一。从小学到初中，课表上都编排一门劳技课。德国的职教组织严密、责任明晰、重视技能培训，"为每个人提供培训的机会"，严把质量关，紧跟就业市场的变化，有咨询机构为家长和学生服务。特别是德国职业教育开销大部分由企业承担，而中国目前仅有5%的企业提供实习机会，远远落后于发达国家，更落后于德国。培养技工，德国舍得花钱，培养一名职业学校学生每年平均花费1.5万欧元。培养一名职校学生在德国年均花费是普通学校的3倍。德国愿意花这笔钱，因为他们认识到只有拥有和储备一流技术工人，才能使企业在经济全球化进程中保持强大的竞争力。任何轻看职业教育都是一种短视行为。所以，德国的技工不仅社会地位高，而且技工收入也超过德国平均水平。

企业进步和社会需求逼我国职业教育走向高质，因为高质的职业教育是国家竞争力的重要方面军。有人建议职业教育应走出"制器"时代，实行八级技制，发展本科高职、培养本科技术、让匠人与教授联姻，不过，这些都应在"优质"这一前提下进行才有意义。

63 忘了培训新一代农民将会造成重大失误

　　新一代农民代表了农业的未来，而新一代农民的成长必须靠实用、高效的农业职业学校来培养，但在这方面，我国面向"三农"的职业教育还很薄弱，忘了培训新一代农民将会造成重大失误。我们的农业职教不妨向丹麦的农业培训模式学习，对凡有志务农的青年，必须经过7年义务教育，然后参加理论和实践相结合的系统培训，考试及格后才能获得正式农民绿卡证书。

农村青壮年出去打工挣钱，剩下老人和留守儿童致使农村孩子放弃中考和高考的越来越多，他们上学前途渺茫，不上高中和大学前途也渺茫，弃考的学生可选择的，大多只有一条——以农民工身份进城打工。难道我们就这样让有朝气的一大批农村孩子失去深造的机会？难道我们真的忘了培训新一代农民，让他们成为新农村、新农村文化和新农业的主力军？

发展农村职业教育的重要性早已得到各界共识，但面向"三农"的职业教育非常薄弱。据调查，河北省有5万多个行政村，农业人口密集。可是，这个省100多万职校生中，学习涉农专业的只有几千人。20世纪末，全省有农业中专校15所、农业中学60多所，到了2008年末，分别锐减至3所农业中专、4所农业中学。甚至农业高等教育向综合型大学靠近，农业职业院校又归口地方，使得很多涉农专业受到挤压，举步艰难，纷纷改名：比如把"农业秘书"改为"办公自动化"，"农业会计"改为"电算会计"，甚至开设钢琴等艺术类专业（资料来源：《中国青年报》2011.8.24）。农村职业教育不再具有改变身份地位的功能，体系不畅，专业老化、升学受限，其吸引力大幅下降，规模持续萎缩，成为职业教育体系中最薄弱的一环。

农业职教必须"吹糠见米"，让青少年感到学农业技术有奔头，让农民亲眼看到实效，然后经过理论和实践相结合的系统培训，经过理论和实践考试及格后，学员才能获得成为一名象征正式农民的绿色证书。对新农民培训有丰富经验的丹麦就是这样做的。不过，笔者在上述丹麦经验中还有一点建议，就是正式的绿色证书建议分成四个等级：即基本农民证、一级农民技师证、二级农技师证、三级农技师证。并根据农技师的级别，他们的权利与义务也应有差别。

我们具体地看丹麦的农业培训模式，也许对我国广大农村的农业职校的发展有所借鉴和启发。丹麦农业培训模式是根据层次和目标的不同，一是采用基础教育，它包括2个月的基础课程，12个月的农场实践培训，以及最后4个月的重点为学习操作农业机械的基础课程；二是技术教育，包括18个月在农场进行的实践培训（目的在于使学生学会不同的生产方法）和6个月的技术课程，圆满完成3年半课程可以获得熟练农业工人绿色证书；三是管理教育，包括6个月实践培训和4个月管理课程，旨在培养学生成为一个农场管理人员，在前 6 个月的实践培训中收集管理经验，以有利后 4 个月管理课程的学习，圆满完成全部课程可获得一般管理人员绿色证书；四是高级管理教育，包括 5 个月高级管理课程，丹麦农学院提供高级农业经济管理的课程，其目的是培养有限的高级管理人员，包括劳动管理人员，合作社管理人员和市场管理人员。圆满完成这些课程后，可获得高级管理人员绿色毕业文凭。丹麦农业培训的四种模式，其优点是使农业管理化、教育层次化和科学化，着力于与农业贴进而实用，并用实用考试的方法发展农业及管理文凭，这就杜绝了农民的随意性。不过，它也有明显的不足，最大的不足有两个，一是农业技术和改造；二是由此生发的乡土文化如何扶持。虽然它重视管理，但却忽略了植被土壤的管理、种子改良的管理、水的生态管理、多元农业及丰产管理、农业技艺的竞争性管理、乡土文化的独特性管理以及农民增种增收、发展副业和乡土企业的管理等。

第 11 章

美 德 个 性

　　"一德立而百善从之"（宋·杨时语）。美德是黑暗中的明灯，它照亮人们前行的道路。目前我们学校德育目标体系呈现"头大尾小"的"降落伞式"现象，诸如爱祖国、爱人民、爱劳动、爱科学……很难落实和操作。其实，我们自古以来是以德治国的文明古国，孔子等世界大师已经积聚了丰富经验，只要我们对仁爱、礼、尊重、良心、从善、为人师表、美育等略加整理改造贯彻在教育之中，就会成为中国教育中的道德体系风范，并让学生形成具有中国特色的美德个性。

64 仁爱是教育的第一要义

仁爱既是人的第一美德，也是教育的第一要义。孔子对仁爱的内涵做了广泛而科学的界定，也是对世界文明做出的巨大贡献。孔子所讲的"仁爱之心"塑造了中国人的民族性格，它包含"爱"、"泛爱众"，即博爱，还有"己所不欲，勿施于人"等忠恕观，还包含"以德报德"，知恩图报、报答父母、报答社会、报答大自然，仁爱已成世界的普世价值。作为教育，就应毫不犹豫地把"仁爱之心"注入在学子的血液之中。军旅歌手李双江教子之误，就是没有教会儿子如何去爱。

仁爱，不仅是做人应具有的第一美德，而且也是教育的第一要义，中国人如此，世人皆如此。仁爱为中国孔子之首倡，不仅塑造了中国人的民族性格，也影响了全世界，近代西方作家狄更斯也说："仁爱先从自己开始，公正先从别人开始"（《马丁·朱述尔维持》第 27 章）。仁爱为什么是做人的第一美德？仁爱为什么是教育的第一要义？为什么"仁人无敌于天下"（《孟子·尽心篇》）？

在孔子的思想里，"仁"是最高的道德原则，而"仁"的主要内容是"爱人"。樊迟问仁。子曰："爱人"（《论语·颜渊》）。这里的"人"是一种泛称，也就是"泛爱众"，用现代的话来说就是"博爱"，即爱亲人、爱同胞、爱人类。孔子的"仁爱之心"是对人性的深度考察后得出的结论，他发现人性是"性相近也，习相远也"（《论语·阳货》），人的本性就发端于相互仁爱，母爱子女，父庇护子女，这是人的原始的爱，动物皆有；父母对子女人格和能力培养的爱，也具有原始性，更具有人独有的意识，因此，在意识的指导下，对子女的爱已远远超过动物。由此发端，子女对同胞、对人类之爱，形成一个和谐而充满爱的世界，这正是人之本义，也是人之理想。作为教育中的学生，树立了"仁爱之心"，就会耻于过路见车人被压而不闻，也会损人利己之事不做。这种自律，来源于"仁爱之心"使其内心强大。

仁爱的力量还体现在孔子的"忠恕"观上，即"夫仁者，己欲立而立人，己欲达而达人"（《论语·雍也》）、"己所不欲，勿施于人"（《论语·卫灵公》），孔子这一"忠恕"之道，是检验一个人是否真有"仁爱之心"的试金石。孔子在这里强调：作为有"仁爱之心"的人，自己想自立也帮助别人自立，自己想通达也帮助别人通达。自己不喜欢的事，就不要强人所为。孔子这一"忠恕"思想，不仅从根本上塑造了中国人"仁爱之心"的民族性格，而且深刻地影响了世界，法国1793年宪法所附的《人权和公民权宣言》以及法国1825年宪法所附的《人和公民的权利和义务宣言》都写入了孔子的名言"己所不欲，勿施于人"，分别把它定义为自由的道德界限和公民义务原则。作为孔子后代的我们，把孔子这一"忠恕"信条定为师生义务原则那就更是理所当然的。

孔子的"仁爱之心"还有一层哲理褒义，就是"以德报德"（《论语·宪问》），即以恩德报答恩德。有人说"以恩德来报答怨恨，怎么样？"孔子说："那以什么来报答恩德呢？"应该以正直报答怨恨，以恩德报答恩德。这是展示"仁爱之心"遇到了怨恨、恩德时应该采取的方法。孔子在这里强调"以恩德报答恩德"，是立足于对人性的深度思考后的产物。他立足于偏向性善，虽然对方有怨恨，我以恩德报答，怨恨在感化之中就会转变，如舜对其爱挑剔的父母；而用恩德来报答恩德，就会使人际关系更加和谐，如禹治水；也如父母对儿女养育之恩，儿女知恩图报；又比如大自然给人的恩德而人类保护自然；等等。"以德报德"之所以重要，是因为它把人性中最美的东西体现出来了。人能"以德报德"，自然就能以仁慈之心待人，"仁"的核心是"泛爱众"，"慈"的核心是"帮"，"爱"是"帮"的基点，"帮"是"爱"的延伸。也可以说，"帮"是"爱"（仁）的产儿。在这方面，戏剧家莎士比亚对孔子这一思想理解得特别深："讲仁恕就要以善报恶，以德报怨"（《威尼斯商人》第4幕第1场第184行）。作为孔子国度的中国教育，在树立学生仁爱之心时，不能丢掉仁慈这一内涵，因为它能塑造学生的心灵美。

教育起源有四种说法，即起源于生物、心理、过去以及需要。还有一种比较前沿的说法，认为教育起源于人的道德，因为教育起源于教者（长者）对学者（后辈）的责任和爱。我们不管教育起源于谁，总之道德在教育中是占着显著地位的。孔子非常明白这个道理，故他担忧地说："德之不修，学之不讲，闻义不能徙，不善不能改，是吾忧也"（《论语·述而》）。教育的首要任务是教养学子从善，因为人有善良的人性，孩子才知爱什么，该怎么爱，恨什么，该怎么恨。而孩子的善良人性靠激励。这里涉及谁对孩子影响最深呢？哪怕他已是大学生。从2012年6月起，中国社会科学院当代中国研究所三名博士历时7个月，深入北京大学等12所驻京高校采集样本，发放问卷做了深入分析。调研显示，传统教育仍然是影响大学生政治理想和人生信念形成的基本途径。而家庭教育和父母言行对大学生政治信仰和人生信念影响最大，其影响因素约占57.8%，其次是"学校教育和书本知识"，约占29.1%，选择"主流媒体的舆论宣传，英模事迹"和"影视媒体如励志片、偶像剧等"各占被调查总人数的10%和3.1%。他们从访谈和座谈中得出这样的认知：学校教育与书本知识在大学生政治信仰和人生信念的形成和发展过程中起到了关键作用。对于提升大学生理想信念的层次和品位不可或缺。这个调研结果说明两点：第一，家长教育及言行和学校教育对大学生的政治理想和人生信念形成影响最大，那么对于中小学生及幼儿的影响就更大了；第二，孩子从幼年、青年的成长，是"好苗子"还是"坏苗子"，这跟家长的教育及言行和学校的教育脱不了干系。

我们根据上述科学调查结果来分析未成年人、军旅歌手李双江之子李天一犯罪案，为何仅有17岁的青少年竟有如此恶习，从脉络上分析就十分清楚了。对此案例的分析着实有其现实意义。李双江之子15岁时就因开车问题将小区业主彭姓夫妇打伤，这已是人格十分扭曲的出格行为。2年后，因其子涉嫌轮奸被判刑10年。一个未成年人仅17岁竟如此暴戾和恶德，着实使人震惊。探究其产生的根源，对家长和学校都有其现实意义。

首先，是李双江教子之误。有人提问：李双江之子是"坑爹"还是"被爹坑"，很显然是后者。57岁时，军旅歌手李双江老来得子，李天一4岁学钢琴，8岁习书法，10岁加入中国少年冰球队，受名师调教，曾多次在钢琴、书法、冰球比赛中摘金夺银。网上流传的一段视频中，身着军装的李双江牵着身着红军服的儿子，两人配合默契地共唱《红星照我去战斗》。李双江很希望孩子也走音乐道路，他也尽可能给儿子提供最好的教育环境。此小子4岁入选中国幼儿申奥形象大使，13岁成为海淀书法协会最年轻会员，某次访谈节目被某主持人称为"根正苗红"的男孩，为什么一下子成了判10年牢狱的罪犯？李双江教子之误是最根本的原因。李双江谈到儿子时已忘乎所以："我儿子天赋好，但我们现在不逼他。他喜欢运动，喜欢交朋友，电脑在他手里我看就像弹钢琴一样，孩子总归学不坏。"而结果孩子在他的"教养"下不仅学坏，而且成了大坏。其根本在于李双江和梦鸽并没教会孩子去寻求大爱。因为家庭教育的本质是教会孩子如何去爱：爱父母、爱长辈、爱邻里、爱同胞、爱人类，这也是孔子"仁爱之心"的精髓。孔子上朝回来听说家里马棚失火，首先关心的是养马人的安全与否而不是自己的马。李双江之子因开车问题，不是向邻里道歉，而是动手打人并把人打伤，期间还对众多围观者大喊"谁敢打110！"这是谁给的霸气？我们先从李双江纵容儿子无证驾车到处逛，并处处潜移默化其强烈的优越感，孩子身上一股暴戾之气而不察，致使小小年纪"被爹坑"。另外，从小请名师教钢琴、学书法、练冰球、学英语，这些"名师"只施其技不教其心，更忘了孩子健康人格的塑造，还被某主持人吹捧"根正苗红"，加之李双江夫妇教子之误，放弃教会孩子如何有仁爱之心之误，李天一的恶德得不到批评和矫正，使之人品越往下滑，终成罪犯。故清人陈确云："恶不自恶，恶必极；善不自善，善必至"（《圣人可学而至论》）。

环顾古今中外，仁爱既是人的第一品质，也是教育的第一要义。

65 不学礼，无以立

●○ --

　　礼仪教养是人内在精神的外化，是个人教养的形象展示，也是一个群体或族群素养和品位的检验器。当前我们在经济等方面强劲地超过日本，但日本的市民文化领先中国。日本人曾学孔子的"礼"，如今学生成了先生。要在"礼"上超过日本，就应用批判继承的方法发展中国个性的"礼"。礼仪素养应从儿童抓起，我们的小学生守则实行多年，却收效甚微，在于"头大尾小"，套话而不具体，这是应该改进的。

-- ○●

　　我们在经济等方面已超过日本。据几位从日本旅游回来的朋友告诉作者：日本市民文化领先中国。据我国学者张维为观察："我们最大的短板是我们市民文化的水平还不如日本。所谓市民文化指的就是城市生活形成的一整套规范，如办事排队、遵守交规、不在公共场合大声喧哗、开车不乱鸣笛、社会生活中讲秩序，讲礼让，讲温良恭俭让。访问日本的人大都会对日本人的礼貌、守序、敬业等市民文化素质留下深刻的印象，日本社会的这些优点，值得我们认真学习"（《环球时报》2013.8.23）。我十分同意学者张维为这一倡议。环视中日市民文化，最先是从公元 285 年开始交流的，百济博士王仁渡海到日本，向鬼道稚郎子献《论语》和《千字文》等，使日本真正有了自觉的文化教育。日本人根据自己的民族特性汲取了孔子的"和为贵"，排斥了孔子的"和而不同"，并立日本各民族统归为"大和民族"；日本人又汲取了孔子的"礼"，并在孔子的温、良、恭、俭、让的基础上加以发展为日本的传统礼节；后又在中国唐代服装的基础之上改造为日本和服。由于日本人"忠"和"利"系国民性的基

础，使这个民族一方面坚韧不拔、忠为第一，另一方面又贪得无厌和嗜好侵略。但日本从明治维新全民识礼开始，政府用儒家礼教与现代化相结合，进行了大规模的礼貌教育，并持之以恒百多年才达到如此市民文化的水平。学者张维为呼吁："全面超越日本，市民文化是关键"，在这里还应补充一点：全面超越日本，社会特别是学校是关键之关键。

礼本是原始社会人们在日常生活中的一些风俗习惯，至殷商时代，才逐步强调、完善，使之成为主要是祭祀仪式的礼。继后周礼成为等级制的典章制度和道德规范。孔子对礼特别感兴趣，幼儿时就演习简单的礼仪。成人后，他又到处参观、访问收集资料，对礼进行广泛而深入的研究。从事教学之后，又把礼作为一项重要内容列入教学科目。在《论语》中，"礼"字出现的频率就有74次。礼作为历史标志、治国、规范三种功能，我们在这里强调的孔子的"不学礼，无以立"的"礼"，是指道德规范的"礼"。"礼"既然是一种等级制度，是以"德"和"孝"这两个道德规范来确定并维系其等级的。宋代王应麟编著的《三字经》和清代李毓秀编著的《弟子规》就是儒家幼儿道德规范的产物。它通俗，三字押韵，朗朗上口，为历代儿童必学的启蒙读物，但它也典型地带着封建的"三纲"，这是必须批判剔除的，加之文中把太平天国运动称为"粤匪"，把下辈以"奴性"来培养，等等，均不能用于现代。因此，对《三字经》和《弟子规》我们必须吸其合理的内核而用之。

礼仪教养是人内在精神的外化，是个人教养的形象展示，如果作为一个群体或族群的"礼"，则是代表这个群体或族群有没有素养和品位，是自尊也是尊人的行为。因此，对于现代化中国青少年和社会人，也需要有中国人的"礼"，这是中国人塑造美德个性的一部分，也是学校教育应该承担的责任。中国现代化不能没有现代中国人的"礼"。"文革"毁掉了传统的"礼"的全部，均不分青红皂白一律要摧毁，这肯定是违背辩证法的，我们中国人特别要补上现代礼仪教养这一课，因为礼仪教养对孩子来说是看不见的根基。

对于孩子的礼仪教养应该从小抓起，我国古人提出"子训始稚"，"教儿婴孩"。西汉的贾谊主张儿童还不懂事时，就开始进行教育，可以先入为主，容易教育成功："必未疑而先谕教，则化易成也"。让孩子在规则中享受充分的自由，而事实上也只有在有效的规则下，孩子才会享受充分的自由。为什么实行多年的《中国小学生 10 条守则》收效甚微？我们与美、英、日小学生守则做了对比发现，中国学生守则"头大尾小"，套话太多，"爱祖国、爱人民、遵守公德、自尊自爱……"因为礼仪教养本身就应是具体的，这种"头大尾小"的套话很明显的两个害处，一是使教者在套话前，在教学过程中，很容易带有明显的倾向性说教、灌输以及教师爷式的教训，久而久之，使儿童十分反感；二是不具体，空对空，使儿童无所适从，教师也难有操作性，使"规则"成了空中楼阁。现笔者根据中国国情和现代化学习的需要，也拟"小学生 14 条守则"，仅供同行切磋参考：1. 尊敬父母，尊敬老师，尊敬长辈，更尊敬真理。2. 吃苦在前，享乐在后，助人为乐。3. 不迟到，不早退，有事请假。课堂踊跃举手，积极提问，大胆发言。4. 有进步就是成功，自己完成自己的作业，让我天天享受成功。5. 路遇老师、长辈鞠躬致敬，路遇困难者勇于相帮。6. 晨读朗朗，夜读默默，独立思考，想象独创。7. 背心、裤衩覆盖的地方不许别人摸。小秘密要告诉妈妈。不与陌生人说话，不喝陌生人的饮料，不吃陌生人的糖果。8. 见别人干好事要学；见别人干坏事要告诉父母或老师，或打 110，不保守坏人的秘密。9. 遇意外或灾难冷静应对，要会急中生智，化险为夷。10. 说真话，说实话，不撒谎，不作弊。11. 生活中应经常说"你好"，"谢谢"，"对不起"。12. 做家务不含糊，野外劳动不偷懒，实验和劳动勤动手动脑。13. 别人有痛苦当自己的痛苦帮助解痛；别人有困难当自己困难鼓励克服困难。14. 爱运动，爱生物，爱自然，爱祖国，爱人类，辨善恶，做好人。

尊重是德育必须具备的基本美德

尊重是人性的基本诉求，尊重也是德育必须具备的基本美德。我们的教育要让孩子们懂得尊重，就应该让老子的"尊重自然"、孔子的"尊重人"、墨子的"尊重弱者"融入他们的血液中。"尊重自然"不仅要爱护自然，更要按自然规律办事；"尊重人"不仅要尊重自己，而且要尊重别人；"尊重弱者"不仅要同情弱者，更应保护弱者。这三点做到，"尊重"的美德也就自然体现出来了。

---○●

我国早熟的人本主义孕育了老子、孔子、墨子这样的思想大家。他们的思想里散发出"尊重"的光辉，老子的尊重自然，孔子的尊重人，墨子的尊重弱者，把尊重的内涵完美概括出来了，为我们中国的美德教育有所依归，为中国教育塑造学生具有美德个性，具有实质性的意义。

老子思想的核心就是尊重自然规律，"人法地，地法天，天法道，道法自然"（《老子·二十五章》）。他强调人以地为法则，地以天为法则，天以道为法则，道（自然规律）以它自己的样子为法则。庄子根据老子这一思想做了恰如其分的诠释："春天是气息升腾勃发的时候，百草萌芽生长；待到金秋时节，万物纷纷成熟。春天和秋天，难道无缘无故会这样的吗？这是自然规律运行的结果"（《庄子·庚桑楚》）。从老子和庄子"尊重自然"的观念中，让我们来审视当今的中国教育是大有裨益的。幼儿的天性就是爱玩，我们何不顺其幼儿的天性让他们"玩"出成功呢？为什么要用"拔苗助长"的"早教"去戕害他们呢？青少年善于梦的想象，也喜欢独出心裁地奇思妙想，为什么我们总用死记硬背的"应试"去束缚他们的想象和奇思妙想呢？这种违背教育规律的傻事为什么我们总舍不得丢弃呢？这除了教育制度出了问题外，校长、老师和家长也有不尊重人性规律的责任，难道我们还要继续这样下去吗？

谈到庄子"顺应自然"的观点，学校和社会上常有一种曲解，把"顺应自然"与老子的"不为"联系起来，认为"不为"就是"不管"、"放养"、"不作为"的同义语，这显然是误解了老子的思想。老子的"不为"的本质是"有为"。幼儿或儿童过于任性"放养"，虽然是任性，却少了"规范"的习惯，就会滋生出毛病来。美国对幼儿和儿童的放任就出了这个毛病，长大了就追求绝对的自由主义，而思想上自恋而养成"唯我独尊"的潜意识，如今的许多美国成人都患有这个毛病。于是产生了严加管教的"虎妈"教育思潮，这又从一个极端走上了另一个极端。我们当今的幼儿和儿童教育，既不要"放养"，任其所长和自恋，不加规范，也不要"圈养"，虎妈狼爸，束缚个性，中规中矩，而应像树苗那样，既让它在阳光下自然生长，又要给予关照，给足养分和水。如果树苗弯了，应主动帮助扶正生长。

孔子的核心思想是"仁爱"，它的精髓就是尊重人。孔子的尊重人，是与他倡导"无差等"观念相一致的。《论语》中生动地记叙了孔子尊重人的言行：孔子家的马棚失火了，他从朝廷回来得知失火的消息，首先关心的是人，而不去问马，看马棚的虽然是奴隶。另外，孔子的尊重人体现在双方的情感关照。一方面，主张"父母唯其疾之忧"（《论语·为政》），做爹娘的只是为儿女的疾病发愁，在这种用爱尊重子女的行为基础上，自然得到子女的尊重，这种尊重是以"孝"的方式加以回报的。这种"尊重"的内涵就扩大为既尊重自己又尊重别人，既尊重自己的情感，又尊重他人的情感，既尊重自己的智慧和才能，又尊重他人的智慧与情感，使人与人之间始终处于平等和谐的氛围之中。那种专横跋扈、独断专行、孤傲霸道在孔子的"尊重"面前荡然无存。孔子这种"尊重"是建立在"君子贵人而贱己，先人后己，则民作让"《礼记·坊记》的观念基础之上。正因为君子尊重别人而看轻自己，让别人居先而自己在后，这样人们就会兴起互相谦让的风气。显然，孔子这种尊重人的观念应该纳入中国的教育之中，让中国学生都具有孔子尊重的美德个性，让世人一见中国人，都会赞叹中国人懂得尊重。

谈到孔子的尊重人，特别孔子的"孝"父母与子女相互尊重的观点，却被自西汉董仲舒的"三纲"给彻底瓦解了。董仲舒为迎合西汉以后的封建集权的统治而提出君为臣纲、父为子纲、夫为妻纲。臣与君、子与父、妻与夫再不是平等关系，而是绝对服从，这哪里还谈得上彼此尊重呢？这种封建等级观念也直接影响到中国的教育，长期以来，使本以真理为本的"师道尊严"变成了以"教者尊严"，教者成了真理的化身，教者所教是以考试标准答案的面目出现的，学生不能怀疑，更不允许质疑，久而久之，使富有创新思维的青少年变成了"知识的奴婢"，并形成传统，即外国人发现中国学子，从儿童开始，特别是大学生和留学生，都不善提问，不敢提问。甚至中国的这种病态已蔓延到教师和学者之中，这种现象与崛起的中国显然是极不相称的。学生应该尊重老师和教材，但不能迷信老师和教材；应该尊重权威，但不能迷信权威。

中国战国时期的墨子，曾与儒家一道被称为"显学"，只是在西汉"独尊儒术"以后被封建统治者扼杀，但它仍在民间广泛流传。墨子学说的核心是"兼爱"，即"天下彼此相爱"，彼此尊重。因此，墨子"兼爱"的精髓就是尊重弱者，反对以强凌弱；"天下之人皆不相爱，强必执弱，富必侮贫，贵必傲贱，诈必欺愚。凡天下祸篡怨恨，其所以起者，以不相爱生也"（《墨子·兼爱中》）。墨子把"饥者不得食，寒者不得衣，劳者不得息"（《墨子·非命下》）视为老百姓的三项"巨患"。战国时期巧匠公输般（鲁班）给强大的楚国建造了云梯，准备攻打处于弱势的宋国。墨子得知消息后从鲁国动身走了10天10夜到了楚国都城，见到了公输般，喻之以理，发之于启，终于说服了公输般和楚王放弃攻打宋国，从而赢得天下助弱之美誉。

墨子的"尊重弱者"对我们的教育启示意义也是重大的。校长和教师如果尊重学生的青春年华，就不应让学生成为书呆子的应试教育的吹鼓手。教师虽然目前不能改变应试教育体制，但能改变教者"一讲到底"的教学方式。像北京小学大兴分校在构建新课堂模式中，采取每节课只讲8分钟（特殊课型除外），把课堂大量时间留给学生，让学生探究学习（请参看《现代教育版》2012.4.6）。家长与孩子之间，孩子处于弱势，家长莫让自身的精神垃圾污染儿童，像粗鲁的语言，暴躁的脾气，不端的行为，不良的嗜好，当着孩子搓麻将赌博，不遵守交通规则，贪小便宜，打群架，酗酒等，这是家长对子女的不尊重。

尊重是人性的基本诉求，尊重也是德育必须具备的基本美德，使学生具有尊重自然、尊重人以及尊重弱者的美德个性，为他们打开做一个高尚的人的道路。

67 辨善恶是美德个性形成的前提

●○ ---

辨善恶，要从小开始，家长对培育孩子的善恶观有着天然的优势。培育学生正确的善恶观，不仅有利于学生的一生，使他们从小成为有教养的人，而且长期从善，就会让学生形成美德个性。故孔子说："君子成人之美，不成人之恶"，连北齐颜之推也说："为善则预，为恶则去"。辨善恶的主战场仍是学校，在课堂上我们可采用"道德困境"、"道德冲突"等多种情况教学法，让学生从善恶的情境讨论中获益。

---○●

音符无高低，怎有悦耳的抑扬顿挫？颜色无明暗，怎有出色惊叹的名画？不辨善恶，怎能成就美德个性？故，人之初，辨善恶。善和恶，历来是伦理学一对基本的道德范畴。中国是以德治国的文明古国，就其善恶之论，更是充沛而丰富，是中国教育中德育的最好养料。我们的教育对此不能置之不顾，否则，实属忘本之举。

善和恶是对人的行为和事件进行道德评价，并概括德行和非德行的一般概念。通常意义上，善与道德、恶与不道德是同义语。从字义上来说，善具有好、正、美、吉等含义；恶具有坏、邪、丑、凶等含义；从道德生活中，善往往表示着多种含义，如"有益的"、"应当的"、"理想的"、"令人愉快的"等；恶则表示着相反的意义。就其善和恶的定义，中外古今的思想大家们众说纷纭，不过，就中国古代的墨子对善恶的定义较为准确和确切，特推荐给同行朋友们。他倡导"兴天下之利，除天下之害"（《墨子·兼爱下》），这个"天下之利"就是"善"，心系百姓和社会；而"天下之害"就是"恶"，也是心系百姓和社会。这种善恶观均以百姓心为依归，就使善和恶的内涵具有了普世价值，也是我们教育学子具有善恶意识的准绳。

关于道德概念中善和恶，中国先贤们有许多宝贵思想供我们在教育上施展。孔子首先强调："君子成人之美，不成人之恶"（《论语·颜渊》），继之的《国语》和《左传》也强调："从善如登，从恶如崩"（《国语·周语下》）、"善不可失，恶不可长"（《左传·隐公六年》），因为"善积者昌，恶积者丧"（《诸葛亮集》），以家教闻名的北齐颜之推也强调："为善则预，为恶则去"（《颜氏家训·有事篇》）。可见，让学生学会辨善恶之重要。

人之初，辨善恶。美国耶鲁大学婴儿认知中心通过一系列实验，发现1岁的婴儿已有善恶道德判断力。他们对一个1岁婴儿的是非感进行了一次测试。这个婴儿首先被安排观赏了一次木偶表演，木偶表演中，一个木偶运球时迎面遇到另外两个木偶，这时，把球传给右边那个木偶，球被传回来；但把球传给左边那个木偶时，左边的小木偶就躲闪开。表演之后，左右两个木偶都被带到婴儿面前，每个木偶旁边都放上零食以示奖励，而婴儿此时可以取走任何一个木偶的奖励。和其他很多接受过这个实验的婴儿一样，这个1岁婴儿取走了躲闪的小木偶的零食以示"惩罚"，不仅如此，他还努力挪到那躲闪球的木偶跟前，用手使劲拍了它一下。但这种实验只说明是一种感性地分辨是非善恶的初始能力，要让儿童从小就要会辨善恶，家长处于一种天然优势，应从小就抓起。我国自古以来的家教，就很重视让子女不仅能辨善恶，而且能扬善惩恶。我国三国时代有个叫孟宗的男子，10岁时，母亲送他到河南南阳求学，临行前，特意为儿子做了厚褥大被。南阳气温较高，用不着厚褥大被，邻人便问为什么。孟宗母说："求学的同伴中难免有缺衣少被的，我是要他和那些家境贫穷的同伴同铺一条褥，同盖一条被。这样，可以'听声相应，同气相求'，受到良好的影响和熏陶。"可见，孟宗母为了儿子从小受到"善"的熏陶，其良苦用心而成为美谈。

要以善恶作为突破口，使学生形成美德个性，其主战场应该是学校。当今许多老师尝试用"道德困境"引发学生道德体验，让学生在善与恶的问题上获得正能量的收获。"道德困境"是指需要在是与是、善与善或两个均有价值的事物之间进行二取一的选择的情境。由于只能二取一，本来同样的是、善和有价值的事物，变成了相对的"非"与"否"，因此，道德层面的辨别力、判断力和选择力就会在这种情境下凸显出来。不给标准答案，让学生从自我观念中充分发挥己见。笔者在教学中就用过这样的情境让学生处于"道德困境"，即在太平洋一个孤岛，突发强烈地震，将在一刻钟后沉陷，岛上有我（发言者）、一个五岁小孩、医生（女）、教师（女）、市长、工人、农民、商人、保姆（女）9人，但小型飞机只能载3人，请在5秒钟内决策哪3个人上飞机生还，并说明让其他6个人都能信服的理由。其发言的热烈之中，学生已感到了一个没有显露隐含的中心，就是"道德"。在课堂上，除"道德困境"法外，还可运用"道德冲突"法，它是用两个很强烈的善和恶案例让同学们找出其发生的根源。笔者在给学生一次讲座后，让大家踊跃提问。有个学生提到西安某艺术院校某学生开车碾伤人后又下车给伤者刺了八刀的无人性的恶性案例，笔者同时提出一个四川宜宾高考生，当一个考友在临考时昏厥，他居然放弃考试，把昏厥同学背去医院。这种一恶一善的典型案例，让同学们寻找出他们产生的不同根源。讨论热烈，教师不时加以启发，听完讲座以后学生都觉得对善和恶有深刻的印象。在这方面，教师还可创造新的方法，让学生对善恶有分辨力，久而久之，学生的美德个性就会在课堂形成。

用"良心"塑造学生的"君子人格"

调查显示：85.7%的受访者肯定当下需要"君子人格"，而"君子人格"的内涵，人们共识是"富贵不能淫，贫贱不能移，威武不能屈"，"自强不息，厚德载物"，"君子坦荡荡"。而要使这些内涵融化在青少年的血液中，就必须有内在的力量负起道德的责任，这就是中外古今所推崇的"良心"才能胜任。学校是学生形成"良心"的主战场，因此，需要改变重知轻德的教育生态环境，文明要学生从自己做起，练就内心修养功夫之一"慎独"。

教育之目的，是要使学生个个自觉地建立起理想人之形象，这个理想人之形象，对中国学生来说，就是要塑造学生的"君子人格"。《中国青年报》一份调查显示：85.7%的受访者肯定当下需要"君子人格"。受访者最为推崇"君子人格"内涵，孟子的"富贵不能淫，贫贱不能移，威武不能屈"排在首位，次之是《易传》的"天行健，君子以自强不息；地势坤，君子以厚德载物，"再次之为孔子的"君子坦荡荡，小人长戚戚"。这些数据昭示了一个社会态势：当下社会健康发展亟须倡导"君子人格"。

作为中国的教育，用什么去塑造学生的"君子人格"呢？我们先从大家公认的"君子人格"三个重要内容说起。"富贵不能淫，贫贱不能移，威武不能屈"，"自强不息、厚德载物"以及"君子坦荡荡"，要实行之，仅靠外力是不行的，它主要靠人的内在力量，靠内的力量负起道德的责任，并要体现出一种强烈的道德情感，还需要内心有着一种稳定的道德信念，从而对他人和社会怀有道德义务感。这种内在力量的最佳选择就是中外自古以来所讲的"良心"。作为中国之教育，我们就应选择用"良心"塑造学生的"君子人格"。

良心是一个最古老、最广泛的基本道德范畴。良心之所以用来塑造学生的"君子人格"，是因为指合乎道德的善良之心，是至善的，是一种隐藏于人们心灵深处的一种道德意识，是道德意识和道德情感的统一。所以，几千年来，家长和社会教育都强调人要讲"天地良心"，把"良心"与"天地"并列，可见其在人们心中的地位。中国战国时代的孟子就认为具有"恻隐之心"、"羞恶之心"、"辞让之心"、"是非之心"，并认为这"心"是仁义礼智的绪端。他的这一发现和看法是很有真知灼见的，只是看法过于偏激，这四种"心"肯定为稳定的内在，认为都是天生具备的，使正确的独见走向了谬误。明末的王夫之把孟子这一理论缺陷纠正过来了，认为人心本来并非良心，良心是后天形成的。我们的许多社会道德与法并行，并用"法"来扶持，往往才能畅通。这说明王夫之的看法是正确的，这也证明了我们的教育对青少年的"良心"的塑造起着主战场的作用。西方对"良心"也十分重视，卢梭就高度地评价"良心"，认为"良心是灵魂之声，而情愫是肉体之声"（《爱弥儿》第4卷），诗人乔叟更直言："有两种东西是必不可少的：良心和美名。换言之，为了你的灵魂，你须有良心；为了你的友邻，你须有美名"（《坎特伯雷故事·梅利比的故事》第52节）。不过，对"良心"的功能，约·库克说得确切而简洁："良心强调的是'应该'二字"（《波士顿星期一演讲集·良心》）。"应该"，它体现了人的内心的责任和力量，这就是良心的基本功能，出于这种功能，我们要想塑造学生的"君子人格"，就要对学生赋予这一"良心"功能，这也是当代文明教育的基本手段之一。

教育，若要从人性的底线开始，就要从塑造学生的"良心"开始。我们从什么角度来让学生具有"良心"的稳定心理呢？对中国青少年，我们应从以下三方面实行：

第一方面，尽快改变中国教育长期存在的"重知轻德"的生态环境。一项国家社会科学基金项目、教育部"十一五"规划重点项目、历时5年的调查显示（2010）：我国青少年情感素质虽然以积极正能量为主流，但水平尚低，且各类情感发展不平衡。其中生活幸福感、成就感和爱国感等较高，艺术美感、道德正直感和人际合作感等明显较低。只有改变现有教育"重知轻德"状况，才能使其改观。

第二方面，让学生懂得文明首先从自己做起。大国的崛起，首先是文明的崛起。如果为民者不懂礼貌，为富者不讲仁义，为商者不讲诚信，为官者不顾廉耻，经济搞上去了，也成不了真正崛起的大国。要告诉学生，在群体生活中，不要伤害别人，也不要让别人伤害自己；在生活中要有谦让精神，但不能因谦恭而纵恶；在社会生活中，要上善若水，疾恶如仇；在道德上要知荣辱，并养成学习做人的好习惯，等等。

第三方面，要学生练就内心修养功夫之一的"慎独"。这是孔子对良心形成的一个理论上的大贡献。我们中国教育怎能舍弃呢？"莫见乎隐，莫显乎微，故君子慎其独也"（《中庸》）。慎独是指当个人独处而无人察觉时，仍保持一种道德操守的自觉性，谨慎地按道德标准去行动。慎独不仅是道德和良心修养的方法，也是一种极高的道德境界，还是一个人的良心水准的检验器。这对中国教育使青少年"良心"得以形成是个重要方法论，教者不妨一试。

做个"好老师"

教师既是一种职业，又是一项崇高的事业。因此，做个受学生和社会欢迎的"好老师"，应是一个教师的基本追求。什么是"好老师"呢？既是学生的导师又是朋友；相信每个学生都有才能；良好品性，为人师表；教会学生独立思考；精心设计每一节课；坚持个性化教育；宽容学生的弱点和错误；让学生爱上课外阅读；使学生崇尚科学家和英雄劳模；注重仪表美。

教师既是一种职业，又是一种崇高的事业。因此，做个受学生和社会欢迎的"好老师"，应是一个教师的基本追求。笔者认为"好老师"应具备以下十种素质：

一、教师，既是导师又是学生的朋友。常以友善态度对待学生，决不做专门训人、大唱高调的"教师爷"。善于与学生共同探讨问题，鼓励发言、鼓励质疑、鼓励学生超过老师。当然，作为老师，也不会无所作为，要让自己的讲课使学生心服口服，并让学生听了你的课后自然地产生敬畏感和尊重感。

二、相信每个学生都有其独特才能。公正、公平地对待每一个学生和家长，不势利，不偏见，在教师眼中的学生和家长没有尊卑贵贱之分，只有个性的差异，而这种个性的差异正是教者因材施教的主要根据。然后，尽量让学生的个性潜能展现出来并能发挥到极致，使学生的个性、特长发挥到极致，使学生走出学校以后，表现出类拔萃而不是平庸。

三、良好品性，为人师表。教师的本身特点就是言传身教，但又不要把自己放在道德的神坛上。汉代杨雄曾有一个名言，"师者，人之模范"（《法言·

学行》），这绝不是一句戏言。因为作为传授知识，引导人生的教师，这个职业之所以是崇高的，就在于他不仅是传授知识的教师，而且是学生的榜样。因为作为教师，他自然有为人师表的性质。孩子从幼儿到青年，接触最多的是老师，耳濡目染、潜移默化，会影响孩子的一生。故唐代韩愈言"道之所存，师之所存也"（《师说》）。这是职业所为，当官的不能为发财，为师的不能缺德，为艺的不能走邪。想发财者就不要去做官，缺德者应被逐出教师阵营，走邪者不配从艺。因此，教者不仅应是模范，而且应是学生安全的保护神。

四、教者要使学生拥有独立思想为己任。教师不仅教学生知识，而且让学生探求思想，教者自己也要拥有思想。一个好教师，他会通过教学的各种方法，让学生在极大兴趣和快乐中，让学生在不经意之间，帮助学生学会自己思考，做出独立判断，并能举一反三地解决其他问题。

五、精心地设计每一节课，不仅让学生有兴趣，而且感到颇有收获。教师自己会创造，才能有创造性教学。将才源于疆场，名师出自课堂。好老师总是精心设计每一节课，使之具有生动性和灵活性，把繁冗的知识变得简洁，把深奥的道理变得简约，把一讲到底变为讲后为学生留下思考、质疑和论辩的空间。课堂上，教者富有幽默感，教者努力突破老师讲、学生听的传统模式，让老师更多地与学生共同探讨问题，使学生把课堂当成乐学的场所，又要防止教者出于炫技而故弄玄虚。

六、坚持个性化教育。对学生个人的关注。教者认识到当今个性的完善与创新已成时代的主旋律。能坚持个性化教育的两个基本点：第一个基点是发现和尊重学生现有的个性，第二个基点是教者在可能的条件下，提供有利于学生个性和创新提升的物质条件和训练条件。实行因势利导、顺其自然、因材施教、呵护个性和创新的教育。

七、宽容学生的弱点和错误。对个别学生的弱点，尽量扶强，如若不行，也不歧视，给他找出自身优点，使其自信；对犯错误的学生，一是要宽容，不责难；二是帮忙找出错误根源，使学生不犯同样性质的错误。

八、让学生爱上课外阅读。教师也应口传身教，喜欢业余阅读。使学生阅读个性化，并使学生把教者的讲授融入学生的阅读当中，融入自我，发现并了解自我，从而让学生形成深阅读的习惯。教者善于以此为突破口，培养学生广泛的兴趣。

九、使学生崇尚科学家和英雄劳模。教者不是当"教师爷"，而是通过教学、课外实践、学校生活，采取不经意之间改变当代青少年偶像崇拜以明星为主的倾向，让科学家和英雄劳模自然成为当代青少年崇尚的对象。

十、注重仪表美。教者不能不修边幅，要注重仪表端庄、慈祥，在学生面前经常面带微笑，让学生既有敬畏感又有亲切感。穿着既时尚又不俗套，既有创新又不浮华，既有文化品位又不卖弄，既有个性风采又是个严师。

"美育者，以陶养感情为目的者也"

美育，是陶冶情操、提升品位、塑造君子人格必备的素质。美育使之不流于形式，正如蔡元培所说，必须具备两个条件：一是把美学理论融入艺术载体之中，使其有骨力；二是通过美育陶冶学生的感情，使学生既爱美又会审美，从而引发学生展现出向上、进步的神采。当今我们教育中的美育，还存在可有可无的状态，这就很难形成学生的君子人格，因此，在教育中强化美育是教育的基本责任。

美，是一种看不见的竞争力。美育，则是陶冶情操、提升品位、塑造君子人格必备的素质。什么是美育呢？教育家蔡元培做了简洁明快的解答；"美育者，应用美学之理论于教育，以陶养感情为目的者也"（《蔡元培教育文选第159页》）。蔡元培非常准确地阐明了美育的本质：一是应用美学之理论。而我们常常认为学了音、体、美就诉诸美育了，这显然是一种肤浅的认识。音、体、美仅是美学理论的形式和载体，如果不诉诸美学理论其间，必收效甚微。

以音乐为例，我们不融入美学理论，只能以"悦耳"与否为其标准，如果我们把音乐美学理论融入其间，就能分清壮美、秀美之音，也能分清靡靡之音，还能用美学观去与音乐情感相通、同频共振，心心相印而共鸣，达到通达、通气之效。二是美育"陶冶感情"，这显然是对美学的本质了解后的一种见解。因为音乐起源于情感又表达于情感，音乐通过听觉使人类情感交流，音乐变化的旋律和节奏使情感语言达到极致。

音乐是开发智力的金钥匙。2个月的婴儿能安静地躺着欣赏音乐，2~3个月时会区分音高，3~4个月能区分音色，6~7个月能区分简单的曲调。研究发现，3岁儿童经8~9个月的音乐训练后，能明显提高他的时空推理能力。这种能力帮助孩子认识模型、拼图和迷津游戏。音乐训练还有利于提高儿童的数学和解决问题的能力，提高右脑创造力和直觉思维，改善注意力和记忆力。在少年儿童时期，开展音乐艺术培养，有着修身养性、陶冶情感、发掘才智的作用。以《儿童古典音乐欣赏》为例，按诱导期、萌芽期、体验期和欣赏期四个阶段，分别可以侧重训练孩子的注意力、语言能力、记忆力和想象力等智力因素，全面提高孩子的学习能力。冼星海说过："音乐，是人生最大的快乐；音乐，是生活中一股清泉；音乐，是陶冶性情的熔炉。"但我们又不能因音乐美学的诸多功能而让音乐成为孩子的负担，像音乐的培训、考级、艺考不能逼子女上阵，因为它对孩子的成长不是主要的，主要的还是让孩子能欣赏音乐之美，能触动其情。中学的艺术教育继续深化小学的教学内容外，应在音乐创作、造型艺术方面多些内容。也以音乐为例，歌者的根在民间，民间的歌者是生成音乐的沃土，应随时组织学生边劳动边创作，民间的渔歌、船歌、田歌、打夯歌、挖土歌、栽秧歌、酒歌、舞歌、祭奠歌、情歌、恋歌、婚嫁歌、丧歌、船夫号子等，能使学生既受生动民间音乐的洗礼，又达到"歌美心"的目的。孔子是在音乐面前最动情的思想家和教育家，当他听到《韶》乐时，情不自禁地叫起来："美极了，而且好极了。"在论《武》乐时也说："美极了，但不够好"（《论语·八佾》）。孔子是从美学角度去理解音乐的，"音乐是可以了解的，开始演奏的时候，众乐齐鸣，继续下去，音调和谐，明亮清晰，余音袅袅，一曲就告终了"（据《论语·八佾》）。孔子不仅善于欣赏音乐之美，而且能在音乐中憩息心灵："聆听远处的声音，只听得见快速的节奏而听不见舒缓的音调"（据《谷梁传·恒公十四年》）。故古希腊的亚里士多德认为："音乐可以陶冶性格……可用以增高兴致和洗炼理智的享受。"（引自《西方资产阶级教育论著选》第567页）。

音乐作为美育陶冶学生的情感如此，其他艺术皆然，除音乐之外，美术、舞蹈、雕塑、建筑、文学、戏剧等，只要融入美学理论，都会达到美育陶冶学生之效。

就美育教育，中国青年报对8322人进行调查显示：30.2%的受访者认为美育在高中阶段的落实情况最差，58.8%的人认为学校、家长和学生没有充分认识到美育的重要性，84.5%的人认为学生需要美育。有学者指出：当前我们学校的美育从本质上来讲，不是美的教育，而是标准答案式的常识和技能教育。有位叫田峰的大二学生，小学、中学分别在农村、城镇度过，她的印象里，小学课程表上的音乐、美术课只是个形式，根本没人教，初中的艺术课也经常被其他"主课"占用，高中课程表更完全找不到艺术课的影子。直到大学，才好好上了几堂美育课，可对审美没什么感觉。根据我的了解，我国基础教育中的美育地位岌岌可危，全被应试教育排斥了，显然，这对我国青少年的心灵和美德塑造是极为不利的。儿童缺少美育的熏陶，就会唱出这样灰色的儿歌："一年级的强盗，二年级的贼，三年级的小妞没人陪，四年级的帅哥一群群，五年级的情书漫天飞，六年级的鸳鸯成对对。"这居然从9岁的小学生口中唱出。到了中学，盲目地成为歌星、影星的粉丝，哪怕歌星、影星吸毒、偷税也只是惋惜，照样崇拜。到大学，男生穿裙、高跟鞋、抹口红舞台"反串"，赢得的是大学生长久的喝彩，显然这是与美育和塑造君子人格背道而驰的。北京十一学校，让学生在艺术享受中提升人文素养的经验是值得借鉴的。北京十一学校的各年级学生以42台自编自导自演的戏剧演出，成功举办了学校首届艺术节。自2011年9月以来，十一学校开设了音乐、美术、影视、舞蹈、文学等相关艺术类课程，提高了学生对艺术的感受力、鉴赏力和创造力，学生在表达沟通、团队合作及树立自信等方面得到了长足的发展。孩子是天生的艺术家，在笔者自我办学十多年来体会了这一点。让学生通过竞争，学生自创的小品、舞蹈质量都很高。我对从未进行过舞蹈训练的男女生进行舞蹈考试，考试前告诉学生舞蹈要作为毕业成绩并装入档案后，其结果每个同学舞蹈考试都合格，有些从未经过专门舞蹈训练的男生高难优雅的舞蹈动作，竟让我目瞪口呆。

　　此时，我对蔡元培怀着深深的敬意。还是他说得对："教育家欲由现象世界而引以到达实体世界之观念，不可不用美感之教育"（《蔡元培选集·对于教育方针之意见》）。孔子对此就对同学们大声呼吁，"学生们，为什么不去学《诗》？学《诗》可以培养联想力，可以提高观察力，可以锻炼合群性，可以掌握调整方法；近则能用诗中道理侍奉父母，远则能用诗中道理侍奉君主；而且还能够多知道一些鸟兽草木的名称"（据《论语·阳货》）。

教育传承短语（百则）

　　教师，系平凡之山溪江流，他们却能使地球具有生命力；教师，系土丘山岗，他们却愿承载着森林使之郁郁葱葱。平凡的教师能让学子彰显个性，而使他们通过创新从平庸走向出类拔萃，因此，教师虽平凡却崇高。教师，不是仅为"稻粱谋"之辈，他们首先是民间思想的火种，是人类的智者。

（1）每个人的自由发展　个性解放是个性化教育之精髓，故个性解放仍是人类世代的追求。故恩格斯在回答意大利两位记者关于人类未来归宿时，他摘出《共产党宣言》第二章结尾的一段话：未来"将是这样一个联合体，在那里，每个人的自由发展是一切人的自由发展的条件。"若把上述内容概括为一句话："每个人的自由发展"。"每个人的自由发展"既是人类未来的归宿，也是现代教育必须遵循的不可动摇的原理。

（2）终生学习之重要　一个人要养成终生学习之习惯，就要从少时开始时时锻炼脑子和时时充实，爱读书又不死读书，读书时的感悟和启发常记于笔端。更为重要的是，不断学习能使人的身心发展到一个高度，以后就会形成一个平稳状态，即呈现出高原状态，这对自己的一生是十分重要的，它可以促使你继续可持续发展。一个人若没有终生学习的习惯，当他身心发展到一个高度后会降下来。如果他拒绝学习，那么他的身心水平就会像滚巨石一样从山坡滚下去。

（3）美梦将会成真　温州实验小学老师陈耀有一个美梦："到2049年，他们（所教学生）之中应该能够诞生诺贝尔奖获得者。"陈耀老师这个美梦将会成真，他在温州实验小学教"科学课"第一班算起，已有13名学生赴美留学，在读小学时，都选了科学科目。他鼓励这些走出去的孩子学成以后仍然回到中国，成为一批有造诣的中国学者。"科学课"是我国基础教育中最薄弱的一环，它直接导致许多青少年不立志当科学家。有人主张把小学的外语课改为科学课，这是很有见地的。

（4）英语不计入高考总分　江苏将2016年高考做出重大改革，不再将英语考试成绩计入总分。英语将实现一年两考，划分等级，高校在录取时对考生英语等级提出要求。我们为江苏这一高考改革先行者叫好，这是一个适时又来得太晚的举措。长期以来，因某种原因形成教育和社会的"英语至上"观念，并给人会英语就有学问的印象，4亿中国人学英语，而把95%的时间空耗在这里，大多数学了忘光而无用。这不仅扭曲了学问的评价，也空耗了青少年学习母语、钻研科技的大好时光。现在该是各省向江苏这一先行举措学习的时候了。

（5）个性化教育之精髓　芬兰教育被世界公认为最优秀的教育，它不重视学生的考试成绩，而是注重引导学生如何把自己的长处发挥到极致，这显然是抓住了使学生成才的关键。为此，个性化教育要让孩子自己解决自己的两个问题：一是"我真正的长处在哪里？"二是"我怎样把我的长处发挥到极致？"然后，学生自己、家长、教师为使其"长处发挥到极致"而努力奋斗，这就是个性化教育之精髓。

（6）过度教育之害　对婴幼儿过度早教，实际上不是爱护而是残害婴幼儿。为什么这么说呢？德国权威幼教专家艾申波茜博士从脑生理做了科学解释："人脑研究的结果不断证明，儿童大脑中的神经键只有在孩子主动用脑时才会得到锻炼，孩子只有在自觉自愿的情况下才能接受所学的内容"。也有研究表明，过度早教阻碍了神经元与突触生长的形成，进而阻碍了幼儿大脑发育。幼儿早教不能过度，青少年教育也不能过度。

（7）我向"蚁族鞠一躬"　"蚁族"已成高智商、低生活水平的同义语。笔者在北京见到很多"蚁族"，他们乐观、辛苦、勤奋，虽处于蜗居而不贱，虽拿低薪而不凡。他们在北京图个政策好，有奔头，而不惜日夜操劳。作者为此向他们鞠一躬，他们只要奋斗得法，终有一成。因为他们在这里，能力和才华不会因为制度性原因而埋没，任何肯于付出、能力出众的人，几乎都能在这个社会找得到属于自己的位置。遥想当年北漂的"蚁族"毛泽东、齐白石，不是浑身有力量了吗？

（8）不成功并非失败　韩国人有个极端思维方式，即不成功即失败。这种极端的非辩证的思维方式甚至融入了教育观念之中，那是很危险的，造成"失败"的学生容易轻生。据韩国媒体报道，2009 年自杀的韩国中小学生首次突破 200 人，达到 202 人，同比增加 50%。中国的应试教育虽然没有上述极端思维，但让学生只拼分数，而第一名只有一个，这是隐含的极端思维，所以应该尽快教改。

（9）孩子与电脑　英国心理学家西格曼博士在出席一个国际儿童保育会议上呼吁，各国政府应颁布法令，禁止 9 岁以下儿童接触电脑，因为儿童过早接触电脑会影响智力发育。来自英国的研究发现，2008 年 14 岁少年的"高层次思考"能力只抵得上 1976 年时 12 岁孩子的水平，而这与电视和电脑游戏的普及以及学校频繁考试有关。这值得我们惊醒。

（10）爱因斯坦大脑的启示　我国华东师大以门卫伟为主笔发表在英国

《脑》季刊的研究结果显示，同对照组相比，爱因斯坦的两个脑半球之间有广泛的连接。被认为是科学家破解爱因斯坦天才之谜（英·《泰晤士报》网站2013年10月7报道）。这一科学成果让我们的教者看到，培育学生左、右脑功能的开发多么重要。笔者认为，爱因斯坦连接他左右脑的胼胝体之所以比常人发达，不是先天而是后天造成的。爱因斯坦从小喜爱音乐等艺术锻炼了他的右脑；他从小喜欢科学和思考锻炼了他的左脑，从而使连接他左、右脑胼胝体在长期锻炼下也经受了锻炼，并形成了良性的左、右脑紧密合作功能，这也为他的"思想实验"奠定了脑的基础。这给我们的教育启示是，我们的教育既要注重学生抽象思维的训练，同时也要注重形象思维的训练，相得益彰，互补互进，才会更利于学生成才。

（11）美丑相生 老子关于"美丑相生"的观点，应成为教育的基本教育观。他认为："天下的人都知道怎样才算美，这就有了丑了，这就有了恶了"（据《老子·第二章》）。我们根据老子的观点，在向学生赞扬舍己救人的美德时，可以举损人利己的丑德加以映衬、对比，并让学生追根讨论，就比单方面讲美德效果显著。

（12）忌拔苗助长 禾苗有它的生长规律，拔苗助长必适得其反。幼儿的生理和心理也有其生长规律，不顾及幼儿规律的过度"早教"，甚至把初小的语、数、外也降下来让孩子学，不仅适得其反，而且泯灭了儿童的童真，故老子指出："合抱的大树，是由幼儿的嫩芽长起来的；九层的高台，是由一筐筐的泥土堆筑起来的；千里的行程，是从伸脚迈步开始的"（据《老子》六十四章）。

（13）帮助的辩证法 帮助他人是损失还是富有？给予他人是失掉还是充裕？我们常常把这个问题弄颠倒了。老子在这里用辩证观点睿智地解答了这个问题："尽可能帮助他人，自己反而更富有；尽可能给予他人，自己反而更充裕"（据《老子》八十一章）。我们的学生能理解老子这一辩证哲理，则兴美德就有牢固的基础了。

（14）学习有度 学习有度，这是学习的规律形成的，任何好事过度了都会转化为害，学过则痴，氧过则毒，网过成瘾，乐过则靡，正过为邪，善过为恶，爱过为孽。老子就明确地指出："容器里面装得满满的，不如适可而止。

捶尖了再磨得锋利，就不能长久保持"（据《老子·九章》）。我们喜欢在课堂上一讲到底不让学生消化，我们喜欢学生学得越多越好，不给他们玩的时间和空间，都是违背教育规律并最终会走向它的反面。

（15）真理高于生命　生命与真理比较谁最重要？孔子（前551~前479年）坦然地告诉大家："早晨得知真理，要我当晚死去也可以"（据《论语·里仁》），孔子把追求真理高于追求生命，这就是孔子最高尚的地方，也是他之所以能成为世界级大思想家的根本原因。这是所有做学问的人应该学习的地方。

（16）取众长于斯　在人际交往中，择善而从，往往是自己取得学业和事业的保证。择善而从必须抱定孔子所说的这种心态："几个人一块走路，其中便有一定让我学习的人。我选取他们的优点而学习，看出那些缺点而改正"（据《论语·述而》）。故，后辈学问家常称"择善而从"是事业走向成功的基石。

（17）错而改之　人不可能不犯错误，初涉人生的学生更是如此。作为老师，不仅要宽容地看待自己犯错，也应宽容学生犯错。犯了错怎么办？孔子的主张是："有了过错，就不怕改正"（据《论语·学而》），这是正确对待错误的方法。

（18）谦让应讲原则　谦让者，谦虚而礼让者。谦让表现为尊重别人，平等待人，正确评价自己，从不把自己看作高人一等，先人后己、谦居人后、虚心学习，永不满足、严于律己、宽以待人。当对方蛮横辱己或是缺德的人时怎么对待呢？孔子讲了："面临着仁德，就是老师，也不同他谦让"（据《论语·卫灵公》）。当代，面临着真理，就是老师，也不同他谦让。

（19）学而知之　人不是生下来就什么都知道，而都是后天学来的。因此，后天勤奋好学才能把自己锻造成能人。连大学问家孔子也坦言："我不是生来就有知识的人，而是爱好古代文化，勤奋敏捷去求得来的"（据《论语·述而》）。所以，人们常说：天才出于勤奋。

（20）做学问一团和气，既害己，亦害人　科学的本质是批判的，这种批判包括自我批判和批判他人。自我批判是使自己形成一种反省、反思的习惯思维，才能修错而前进；批判别人，不在于别人怎么样，而在于别人学问中的错误，这才能使学问正常发展、前进。孔子在这方面的态度是正确的："批判那些不正确的议论，祸害就可以消灭了"（据《论语·为政》）。

（21）何谓聪明智慧　孔子对聪明智慧的诠释是："知道就是知道，不知道就是不知道，这就是聪明智慧"（据《论语·为政》），这是十分精当的诠释。为什么这么说呢？不懂装懂，还能勤奋探索未知吗？明明半桶水，你叫着已经满了而不再装水，这是聪明智慧之举吗？

（22）学与思　在学习的条件下，我们的学生只会考试和对答案，而忘记了学习中思考、质疑，这就会成为会考试的书呆子；我们的学生不读书只是空想，这与看海市蜃楼差不多。因此，孔子强调："只是读书却不思考就会受骗，只是空想却不读书就会缺乏信心"（据《论语·为政》）。

（23）为乐者成　学习知识或技能，最重要的是喜爱上它，凡喜爱者，事业均有所成。孔子在这方面有其精辟的看法："对于学习和事业，懂得它的人，不如喜爱它的人；喜爱它的人，不如以它为乐的人"（据《论语·雍也》）。中外教育家都谈到兴趣是成功的保证，而孔子在这里深一层地指出"为乐"，即把干事业当享受者比只有喜爱（兴趣）的人更易成功。一些科学大师正是拥有"为乐"之心态。

（24）威而不猛　教师的仪表非常重要，它直接影响到学生的学习情绪。孔子作为教师，他在仪表上采取"温和而严厉，有威仪而不凶猛，庄严而安详"（据《论语·述而》），这样的仪表应是教师所应有的。温和使学生易于接近，敢于提问和质疑；严厉在于给学生的权威性。仪表威仪而不轻佻又不凶猛，使学生产生敬畏感；庄严而非轻浮，安详而内涵丰富，使学生产生信赖感。

（25）常怀竞争心态　钱学森之所以成功，按他自己介绍：常怀竞争心态。因为竞争心态是一种向上的氛围，竞争不是挤压，是不甘落后；竞争是向上，不甘平庸。一个人的能力总是在强者的竞争中显现。故孔子是这样描述竞争心态的："做学问好像追逐什么的，生怕赶不上；赶上了，还生怕丢掉了"（据《论语·泰伯》）。

（26）不可丧志　在公平竞争的环境中，有教者主张培养庸才无不可，这显然是与伟大时代不合拍的，宋人陆九渊就直言："人最可担心的是胸无大志，胸有大志，则没有成就不了的事业"（据《语录下》）。为此，还是把孔子的一段话奉送给那些主张培养庸才的个别教者："读书人而留恋安逸，便不配做读书人了"（据《论语·宪问》）。

（27）举一反三 教学的有效性可以用学生能否"举一反三"验证。孔子在这方面就具体地指出："教给学生东方，他却不能由此推知西、南、北三方，便不再教他了"（据《论语·述而》）。孔子的意思是两方面的，一方面教者给学生讲课，应该让学生有多角度、多方面思考的空间；另一方面学生只是书呆子教条地学而不从多角度多方面来思考，这样的学生是不受欢迎的。孔子重视从一件事类推而知道相似的许多事情的思考方法。

（28）学子之忧 作为具有"君子人格"的学子内心应该经常忧虑的是什么呢？孔子为此做了确切的回答："君子忧虑自己没有才能，不忧虑别人不知道自己"（据《论语·卫灵公》）。从心理学来说，一个人只要感到才能不足，才有自我发奋的内在动力。而常忧别人不知道自己，则会使自己走向懈怠的消沉。孔子深知此理，这也是我们教者要让学子具有这样的内在。

（29）学习和实践 孔子清晰地指明了学子要做到"四要"，是哪"四要"呢？"要有见识得去请教，要有才能得去学习，要给予人得先自足，要完善自身得去实践"（据《尸子·处道》）。请教、学习、自足、实践是学子实现"四要"的基本保证，也是教师、校长应该遵守的教学原则。

（30）学习与制约 广泛地学习，才能使人博学通达；法礼约束，才能对所学的东西用扬弃的方法既保留又克服，不至于囫囵吞枣、食而不化或走向极端。学习和制约是一个辩证的关系。故孔子强调："君子博学于文，约之以礼，亦可以弗畔矣夫！"（《论语·雍也》）

（31）孔子之志向 一谈志向，历代文人言语滔滔。明代海瑞有诗云："丈夫所志在经国，期使四海皆祖先衽席"。他主张男子汉大丈夫志在为治理国家出力献身，所希望的是让天下的人们都过上舒适安逸的生活。这种志向慷慨高歌，有何不可，但对大多数人来说都是大话、套话。然而孔子在学生问他的志向时答道："我的志向是，使老人得到安逸，使朋友得到信任，使少年得到关怀"（据《论语·公冶长》）。孔子把志向细化，既贴切又能做到推而广之，也是仁爱天下。孔子这一思想方法值得我们教者学习。

(32) 聪明与仁德　让学生既聪明又有仁德，就让他们与大自然接触吧！学生接触大自然，既能使思想活跃，又能使思想沉静。水上，天上、空中、地上、地下无处无有，其活跃而显聪慧；山者，能承载森林而喜，仍怀"仁德"之心。故孔子说："聪明的人喜欢水，有仁德的人喜欢山。聪明的人活跃，有仁德的人沉静"（据《论语·雍也》）。

(33) 知善避恶　怎样对待善恶，孔子对学生做了贴切和细致的描绘，值得我们今日的教育借鉴。他指出："看见善良的行为，就像怕赶不上似地努力追求；看见邪恶的行为，就像要把手伸到沸水里似地赶快避开。我见过这样的人，也听过这样的话"（据《论语·季氏》）。

(34) 认识方法论　怎样提高学子的认识能力？墨子（约前468～前376年）提出几种切实可行的方法论：①寻因方法论："故（缘故），是没找到原因而后成为结果"（《墨子·经上》）。②考察方法论："认为所有议论都是谬论，这本身就是谬论。因为还要看那些言论的本身如何"（《墨子·经下》）。③鉴别方法论："有两个人，知道其中一人是强盗，不笼统地憎恶这两个人。虽然知道其中一个人是强盗，如果不知他究竟是哪一个，一概憎恶就是不对的"（《墨子·大取》）。④大道理方法论："一个人偷了一只狗、一头猪，那就说他是不仁义；他偷了一个国家、一个都城，都认为他符合仁义。就好像看见一小点白色就是白的，看见一大片白色却说是黑的"（墨子·鲁问）。

(35) 量力而行　尺有所短，寸有所长。一个人在学习上、实践中都应量力而行，量体裁衣。如果超过自己的能力去追求不可企求的目标，这叫狂妄；如果贬低自己的能力去追求唾手可得的目标，这叫自贬。学习和干任何事都要量力而行。故墨子主张："聪明的人一定会估计自己的力量能够达到，然后才去做"（据《墨子·公孟》）。

(36) 不能当旁观者　在竞争的社会，只有发奋努力才会成就事业。现在，有教者或学子在竞争的环境中，想当"旁观者"。若年纪轻轻就没有发奋的动力，到老来一定会后悔的。因为人类的精彩与否是自己决定的。墨子说："现在这里有一个人，他有10个儿子，只有1个儿子耕种，其余9个闲着，那么耕种的那一个就不能不加紧干活了"（据《墨子·贵义》）。如果大家都当"旁观者"，民富国强就是一句空话。

(37) 自满则衰　一个人自满就必然是走向衰败的开始，管子（？～前645年）谈到自满则衰的个中原因："无成就时固然重视成就，有成就时更应重视尚无成就的本色。太阳升到最高之后，就要偏斜；月亮到了最满之后，就要亏缺。最高的要走向偏斜，最满的要走向亏缺，最庞大的就要走向灭亡。谁能把自己忘掉呢？请效法天地的运行规律吧！"（据《管子·白心》）。

(38) 良好的教育　孟子（约前372～前289年）重教，把教育提高到特别重要的地位，对当代教育应有不小的启发。他说："仁德的言辞不如仁德的声望深入人心，良好的政治不如良好的教育深得人心。因为良好的教育得到的却是百姓的心"（据《孟子·尽心上》）。这个"良好的教育得到的却是百姓的心"是至关重要的，我们的政府应该充分认识到，关注"良好的教育"是一件得民心的大事，不可轻视。

(39) 富有教化　在重商环境中，炫富傲慢，钱能通神，物欲横流，毫无教养，孟子视之为禽兽。孟子有一段精彩的话，对我们当今重物轻德者是一个警示："人类的生活规律往往如此，吃得饱、穿得暖、住得舒服，但如果没有教化，那就与禽兽相近了"（据《孟子·滕文公上》）。当今有教师以学生"毕业后必须有4000万元才能见我"为成功标准，抛弃学生的人品教化，实属是一种邪道。

(40) 易子而教　孟子主张"易子而教"，古时候人们相互交换儿子来进行教育，父子间避免拿正道来责备对方。父子间拿正道来责备对方，彼此就会产生分歧，彼此有了分歧而产生危害，没有比这种危害更大的了（据《孟子·离娄上》）。孟子主张："易子而教"是有科学根据的，也具有现实意义。因为父亲或溺爱而无威，或过于严厉而无慈，或有这样那样缺点不受儿子尊敬，这都会成为父亲教子的障碍。

(41) 自觉求得学问　任何逼迫都会对孩子造成伤害，学习更是如此。孟子深得此理：自觉求得学问。一些家长逼女上补习班，一些教师课堂一讲到底逼学生听课，都会适得其反。"自己自觉地求得的学问，就能心安理得地拥护它；能心安理得地拥护它，日积月累就能有深广的阅历和常识；只有深广的阅历和常识，便能随心所欲，左右逢源，所以君子应当自我要求，自觉地求得学问"（据《孟子·离娄下》）。

（42）**标准就是底线**　不能因扩招学生而降低标准，也不能因为差生只为"文凭"而降低标准，因为标准就是底线。这方面，孟子把这个问题说得十分明白："高明的木匠不会因为笨拙的徒工而改变或废弃墨线，善射的羿也不会因为笨拙的射手而变更他弯弓的限度"（据《孟子·尽心上》）。

（43）**专心致志**　干任何事情专心致志才得，三心二意则失，学习和做学问更是如此。孟子对此有个生动的描述，令人信服："全国最出色的棋手弈秋教两人下围棋，其中一个聚精会神，只听弈秋的指教；另一个即使也在听，但实际上一心想着天鹅将要飞来，想拿起弓箭去射它，这样，即使和那人一起学习，但水平便不及人家了"（据《孟子·告子上》）。

（44）**学问靠钻研**　学问，学问，要学要问。这种要学要问才能形成钻研的精神。因学了会问，是会思考的结果；问了要学，是要使学问更上一层楼。孟子对此有个生动的说法："流水这种东西，不填满地上所有的坑坑洼洼，是不再向前的；君子有志于钻研学问，没有一定的成就，就不能通达事理"（据《孟子·尽心上》）。

（45）**类无一**　庄子（约前369～前286年）的精神就是"类无一"，这种精神是可以成为社会人人平等、法律人人平等、教育人人平等的思想基础。高低贵贱，大小长短，若从宇宙视角来看，它们均属"类无一"。庄子提倡："相尊相运"，对地位低的人，你也要像对待高贵者那样去尊敬他。不同的意见、不同的内容也应该互相包含，推而广之，不同国家的民族，不同的民族文化都应该相互尊重，相互蕴含，这是"类无一"、"齐物"的精神，这种精神贯穿到教育之中，老师、校长就应对学生一视同仁，一样的关爱，一样的呵护。故庄子说："从道来看，无所谓贵，无所谓贱，贵与贱是循环往复、相互转化的"，"无所谓少，无所谓多，少与多是相互更替不断变换的"（据《庄子·秋水》）。

（46）**专与博的辩证关系**　在学问这方面，处理好专与博的辩证关系，就会起到事半功倍之效。因为博是专的基础，专是博的自然延伸。因此，教育的单一化都是与教育的规律不相吻合。这方面，庄子做了一个通俗的比喻："脚在地上踩踏的地方很小，虽然用以踩踏的地方很小，但也得依靠脚所不踩的地方，才能到达遥远广阔的地方"（据《庄子·徐无鬼》）。

（47）知识在于积累　知识在于积累。庄子说了句很生动的话："大海不拒纳滚滚东流而来的水，因而大到极点"（据《庄子·徐无鬼》）。他还形象地举例阐明这个道理："山丘积累了许多低矮的东西才变得高，江河汇纳了许多细小的水流才变得大，伟大的人物采纳了各方面的意见才做到办事公正"（据《庄子·则阳》）。知识积累，亦然。

（48）夯实基础　高楼大厦若不夯实基础，那是不可想象的。科学技术的发展以及人的事业的成败，与夯实基础有着紧密的关系。基础牢，未来的事业则成功了一半。庄子深明此理："水聚积得不深厚，那么它浮载大船就没有力量；风积聚得不雄厚，那么它负载巨大的翅膀就没有力量"（据《庄子·逍遥游》）。

（49）不需自卑　自我评价偏低为自卑。按照个体心理学派 A. 阿德勒的理论，自卑感在个人心理发展中有举足轻重的作用。阿德勒认为，每个人都有先天的生理或心理缺欠，这就决定了人们的潜意识中都有自卑感存在。据笔者多年对个性心理考察，阿德勒这一观点是正确的。自卑是自信的大敌，怎样有效地克服自卑呢？庄子有一方法，就是"路是人走出来的，事物的名称是人叫出来的"（据《庄子·齐物论》），因此，何卑之有？

（50）至理正道　幼儿的天性是玩，而我们要强加他苦读，人的个性特长不同，我们的教育要拉平齐一，这都是违反"至理正道"的。怎么才是"至理正道"呢？庄子说："所谓至理正道，就是不违背自然本性。因此说连在一起的不能说多余，分枝的不是过剩；长的不是有余，短的不是不足。因此，野鸭的腿虽然短，给它接长一段就会痛苦；仙鹤的腿虽然长，给它截去一段就会悲哀，所以事物原先是长的不可截短，原先是短的也不可加长，用不着担心忧虑"（据《庄子·骈拇》）。大自然如此，难道教育可以例外吗？

（51）促其所长　每个人都有所长，也有所短，我们当今的教育就漠视这样一个极简单的道理，在教育中漠视个性，把"手指"弄成一样长，搞"大一统"，这是失败的教育。庄子就清晰地指出："栋梁之材可以用来冲击城墙，却不可用来搪塞洞穴，这是说器物各有各的用处。骐骥、骅骝这样的骏马一天可以奔驰千里，捕捉老鼠却比不上野猫和黄鼠狼，这是说它们各有自己的技能。猫头鹰在黑夜里能够抓取跳蚤，可以明察毫毛的末端，但是白天出来，即使睁大眼睛也看不见山丘，这是说禀性不一样"（据《庄子·秋水》）。

（52）**顺应自然** 顺应自然就是顺应自然发展的规律。教育是对人的教育，因此，一个称得上良性的教育，就必然要顺应人的天性。幼儿要顺应他爱玩的天性；儿童要顺应他爱奇思妙想的天性；青少年要顺应他理性思考和理性质疑的天性。人的个性就应顺应，顺应了就会逐渐明朗。故庄子说："万物都有其自然本性与规律，顺应了就会逐渐明朗，冥冥之中都有关键之处，事物产生的同时也就有了相应的对立面"（据《庄子·徐无鬼》）。

（53）**尊师重教** 荀子（约前313~前238年）特别强调"师法"，认为是"人之大宝"。他认为教育的目的在于"个性起的"，积礼仪为君子，就要注重师法。因为学习必须依靠教师的指导，学生应该尊重教师。他认为当时通行的教材都过于陈旧而不切实际，无益于治国之急。要传礼，只有靠教师结合实际的讲解和以身作则的传授。因此，为学必须接近贤师，仰承师训，这样的学生才可成材。荀子这一"尊师重教"思想是具有现实意义的。

（54）**行比知更重要** 荀子认为学习要注意闻、见、知、行。而行比知更重要。他还强调只有行之有效的，才是正确的。这方面，他有生动而形象地表达："不登上高山，不知道天的高远；不走进深谷，不知道地的深厚"；"不把半步一步积累起来，就无法走到千里远的地方；不把细流汇聚起来，就不能形成江海"（据《荀子·劝学》）。行之重要，昭然！故荀子断言："知之而不行，虽敦必困"（《荀子·儒效》）。

（55）**不断更新** 荀子强调学习应不断更新，至今这也是非常重要的学习原则。他说："君子的学习就像生物脱去皮壳一样，应不断地更新变化"（据《荀子·大略》）。学习要不断更新，应采用虚、一、两、静的方法。虚，就是虚心，不因已有的知识而妨碍接受新知识；一，就是专心。心中已有各种不同的知识，这叫"两"，不能使这种知识妨碍另一种知识的吸取，"不以（彼）一害此一"。静，即静心，能不受烦乱杂念扰乱。这样才能使学习不断更新。

（56）**专一有恒** 荀子强调专一有恒是学习的宝贵品质。因为只有专一有恒，才会有成："君子一心一意地教，学生专心致志地学，很快就会有所成就"（据《荀子·大略》），"如果成天徘徊在歧路的人是走不到目的地的，同时侍奉两个国君的人，双方都不容纳他"（据《荀子·劝学》）。

(57) 母不可欺子 作为家长，不能以诳话教育孩子，否则一会教会孩子说谎，二会让孩子不信任母亲。韩非子（约前280~前233年）就直言："做母亲的欺骗孩子，孩子也就不相信母亲了。这不是教育孩子的方法"（据《韩非子·外储说左上》）。后来汉代的韩婴也强调："贤良的母亲会教育她的孩子学好"（据《韩诗外传》）。

(58) 道义教子 究竟怎样教子呢？《左传》提出"道义教子"之方值得我们当今借鉴："喜欢子女，应用道义教育他，不要让他接受邪恶的东西。骄傲、奢侈、淫乱、放荡，就是从邪恶来。这些恶劣品质产生的原因，是宠爱太过分"（据《左传·隐公三年》）。这对当今如何调教自己的"富二代"很具现实意义。

(59) 不羞学不羞问 学习和发问应是十分光彩的事，如果一个社会有羞于学、羞于问，这个社会就没有希望；若落实于人，这个人也没有希望。西汉刘向（约前77~前6年）提出："君子不把学习当作羞耻，也不把向别人请教当作羞耻"（据《说苑·谈丛》）。故刘向强调："少年时代爱好学习，像刚升起的太阳；壮年时代爱好学习，像中午的阳光；老年时代爱好学习，像点燃的蜡烛的光亮"（据《说苑·建本》）。

(60) 求真求实 王充（27~约97年）提倡求真求实，打破师法家法门户之见，探索经书的本义。他指出，当时儒者讲说五经错误很多，当代儒生又不了解事情的本来，"空生虚说"，后代儒生又盲目迷信师教，所以"随旧述故，滑习词语"。他提倡独立研究，独立思考，破除偶像，这对我们如何对待文化遗产是很有启示的。

(61) 适度早教 早教不是不可，而应根据婴幼儿的特点适度、得体的早教，而不是如今让幼儿学语、数、外，那种过度早教就会戕害儿童。我国首倡早教者，要数南北朝的颜之推（531~约595年）："教儿婴孩"（《颜氏家训·教子》）。他甚至还提出"胎教"，怀孕3月以后的孕妇，应在举止、行动、声音、滋味上，处处"以礼节之"不可失度，使胎儿受到良好的感应。在他看来，儿童时期精力集中，学习效果好。

(62) 学而知礼 一个文明社会，要讲知书识礼，而知书识礼，是从"好学"得来的。《礼记》就强调："玉不琢，不成器；人不学，不知道"（《礼记·学记》）。这个"不知道"就是不懂'道'这个事理。学习可以使人通晓人情道理和正义，故《吕氏春秋》也直言："人之所以不知道道理和正义，原因在于不学习。"（据《吕氏春秋·劝学》）。正当全球化的今日，我们更应学而知礼。

（63）对奴化教育说"不" 中国封建的奴化教育，就是主张教育执鞭，把儿女视为马、牛，以鞭训导，这是封建的奴化教育使然。我国古代《尚书》就公开主张"朴（戒尺、鞭子）作教训"（《尚书·舜典》），颜之推把家长或教师对学生的笞打和怒骂视为教子有方，这谬误中国教子2000年。他是这样为此辩护的："如果家庭中没有笞打和怒责，那么孩子很快会犯错误"（据《颜氏家训·治家》），这显然是侵犯人权之举。这是封建家长制的产物，这也是现代萧伯佑宣扬"三天一顿打，孩子进北大"的封建遗风的理论基础。

（64）分斋教学 北宋的胡瑗（993~1059年）提出分斋教学，是传承孔子因材施教的个性化教育的有益实践。胡瑗的分斋教学，为因材施教创造了条件。他根据学生的个性和爱好，"因其所好"，发展其长，实施因材施教。他对其学生，各就性之所近，组织他们分组学习，相互讨论，老师除从旁辅导之外，还能结合当时的时事阐发思想，引发学生兴趣，调动学生的学习积极性。这种个性化教育的实践，值得我们当今教育者借鉴并发扬。

（65）适时而教 宋代的张载（1020~1077年）主张教育应时而教，这颇具现实意义。我们的教育应根据孩子生理和心理发育的特点，适时运用结合其特点的教育施教，才能使教育事半功倍。张载主张教学要"当其可，乘其间而施之"。当学生的知识、智力发挥到可以接受一定程度知识的时候，老师要不失时机，主动适时的教学，既不能超越学生的年龄特点和认识水平，过早进行教学，也不要等到学生有所为后才去教他。

（66）学生自动 学生人格的塑造、自学的习惯，都应是自动、自觉，才能持之以恒，收效甚大。这方面，蔡元培（1868~1940年）分析得十分深刻："学校教育注重学生健全的人格，故处处要使学生自动……最好使学生自学，教者不宜硬以自己的意思压到学生身上。不过看个人的个性，去帮助他们作业罢了"（《蔡元培教育文选》第118页）。此言说得十分精当。

（67）让其自立 我们的家长对幼儿爱越俎代庖，甚至到了孩子长大了也是如此。你当了孩子成长的拐杖，孩子就不能自立。不能自立的孩子走上社会，则难以成才。邹韬奋（1895~1944年）在这方面有其精彩的看法："凡是儿童自己可以干得来的事情，总是让他们自己去干，看护或教师至多在旁指导或看着，决不越俎代庖，这是要从小就养成他们的自立精神"（《韬奋文集》(2) 第295页）。

(68) 着力知、情、意教育 陶行知（1891~1946年）从心理学的知、情、意三方面去培养儿童，在教育视角来看是很有见地的，也可以直接运用于当代教育之中。"知情意的教育是整体的、统一的。知的教育不是灌输儿童死的知识，而是同时引起儿童的社会兴趣与行动的意志。""情育是调节并启发儿童应有的感情"，"使养成追求真理的感情并能努力与奉行，便同时是意志教育。""意志教育是培养合乎于社会及历史发展的意志。""我们要求在统一的教育中培养儿童的知情意，启发其自觉，使其人格获得完备的发展"（《陶行知文集》第669~670页）。

(69) 改变天性 中国传统有个说法："本性难移"。而陶行知却大胆提出"教育能改良个人之天性"，这提法至少是对可塑性强的青少年是可行的。因此，我们的教育除知识传授外，还有一个改造人天性的重大任务。他是这样阐述的："教育能改良人的天性。人之性情有善恶，教育能使恶者变善，善者益善。即个人性情中，亦有善分子和恶分子，且善分子中亦含有恶。如怒，乃性情中之恶分子也，然文王一怒而安天下，用恶为善矣。教育乃取恶性中的善分子，去善性中之恶分子。如开矿然，泥内含金，去金内之泥，然后成为贵品。教育也若是矣"（《陶行知教育名著教师读本》第12页）。读了上文，为陶行知运用老子辩证法于教育之中，如此精当，令人佩服。

(70) 向小孩学习 这是陶行知在儿童教育上非常辩证的观点。我们有些家长和老师，以"教师爷"和"权威"自居，认为自己就是真理的化身。像萧百佑那种鞭打教育，就因骨子里自认为"主"而蔑视孩子。萧百佑们还是让陶行知这段谈话来清醒清醒自己的头脑吧："我们要向小孩子学习，不愿向小孩子学习的人，不配做小孩子的先生。一个人不懂小孩的心理，小孩的问题，小孩的困难，小孩的愿望，小孩的脾气，如何能救小孩？如何能知道小孩的力量？而让他们发挥出小小的创造力？"（《陶行知文集》第818页）。

(71) 启发式教学　古希腊的苏格拉底（前469～前399年）和中国的孔子的启发式教学，不仅适用于基础教育和高等教育，也适用于幼儿教育。特别是幼儿在无知、天真，并在好奇的心理支配下，这种不以填鸭灌输的方法，而以启发式的方法最为有效。若对幼儿采用填鸭式灌输的方法，将会戕害幼儿一生。

(72) 理性训练　理性训练是古希腊柏拉图（约前427～前347年）教育思想的主要特色。在教学过程中，柏拉图始终是以发展学生思维能力为最终目标的。在《理想国》中，他多次使用了"反思"和"沉思"两词，认为关于理性的知识唯有凭借反思、沉思才能真正融会贯通，达到举一反三。教师必须引导学生心思凝聚，学思结合，从一个思考到达另一个思考，并最终归结为理念。教师要善于点悟、启发、诱导学生进入这种境界，使他们"苦思冥想"后"茅塞顿开"，喜获"理性之乐"。而且他强调最初受教育就应强化，因为"每个人最初受教育的方向容易决定以后行为的性质"（《柏拉图论教育》第18页）。柏拉图这种以激发学生思维能力为教育目标，值得中国的教育借鉴。

(73) 吾尤爱真理　古希腊的亚里士多德（前384～前322年）是柏拉图的学生，他尊敬老师，但更爱真理，在超越老师方面，他实现了"吾爱吾师，吾尤爱真理"的诺言。在师生关系上，亚里士多德不是对导师一味言听计从，唯唯诺诺，而是采用"扬弃"的方法，既继承又克服的方式。敢于怀疑老师，敢于质疑权威，这才有亚里士多德的创新。亚里士多德的这种精神也体现在中国古代的孔子、墨子、庄子身上，他们敢于超越，这种"吾尤爱真理"的精神应该融入学生的血液之中。

(74) 实行雄辩术　在教学之中，运用"雄辩术"这一方法，能极大地提高学生的独立思考能力和积极应变能力。古罗马的昆体良（约35～约95年）举办雄辩术学校直接培养雄辩家。为了掌握好雄辩术，学生必须学习辩证法（逻辑）、伦理学、物理学（自然哲学），从而能从容推理、明辨是非，了解自然本性。并特别注意个性化教育，根据学生的具体情况，扬长补短，长善救失，通过个性去因材施教。

(75) 应时而教　捷克的夸美纽斯（1592～1670年）提出应时而教的教学原则，很值得中国教育者借鉴。他提出"假如一切事情的安排都适合学生的能力，这种能力自然是会和学习与年龄同时增长的。"他以具体的儿童为例来予以说明："儿童如果看出了谈话是由问答组成的，他自己也有了发问与答复问题的习惯，他便学会了推理的程序，即辩证法的初步"（《大教学论》第110页、第219页）。

(76) 自然主义教育 法国的卢梭（1712~1778年）提倡教育应"归于自然"，因为人之生性善良。具体来说，他主张"真正的教育不在于口训而在于实行"，"说教之所以最没有用处，其原因之一就是它是普遍地向所有的人说的，既没有区别，也没有选择"，"教师的艺术是：绝不要让学生把注意力放在那些无关紧要的琐碎的事情上，而要不断地使他接触他将来必须知道的重大关系，以便他能够正确地判断人类社会中的善恶"（《爱弥儿》第13页、第466页、第254页）。显然，卢梭的自然主义教育是按照孩子的天性进行教育，自然观点与我国老庄的"顺其自然"相一致，对当今中国教育颇具现实意义。

(77) 自主教育 英国的斯宾塞（1820~1903年）主张自主教育，反对灌输式教育值得中国教育者借鉴。他要求在教育中应该尽量鼓励学生个性的发展。就教课来说，"教课应该从具体开始而从抽象结束"，"应该引导儿童自行进行探讨，自己去推论。给他们讲的应该尽量少些，而引导他们去发现的应该尽量多些"，"硬塞知识的办法经常引起人对书籍的厌恶；这样就无法使人得到合理的教育所培养的那种自学能力，反而会使这种能力不断地退步"（《教育论》第60页、第62页、第148页）。当今我们普遍实行的"填鸭式"教学，应该立即纠正。

(78) 学会思考 美国赫钦斯（1899~1977年）对教育的本质一针见血，颇为深刻。他指出："什么是教育？教育就是帮助学生学会自己思考、独立判断，并作为一个负责的公民参加工作"（引自《现代西方资产阶级教育思想流派论著选》第214页）。从笔者的教学实践和对教育的考察来看，赫钦斯这个对教育的概括既简明又抓住了教育的本质。教育因是帮助学会思考，在课堂任何代替学生思考的讲课其本质来说是失败的；要学生独立判断，就要在课堂上敢于提高、敢于质疑："一个负责的公民"，就要以法律为准绳，既具有公德也具有美德。

(79) 呵护有个性学生 老师要呵护有个性的学生，就首先要欣赏有个性的学生。苏联的乌克兰人苏霍姆林斯基（1918～1970 年）对此的表白令人赞赏："我为自己的教育学信念而骄傲：我所喜爱的学生，不是那些唯唯诺诺、驯服的、人云亦云、俯首帖耳的学生，而是那些有个性的、有意志的、不安分的，有时甚至是那些爱淘气的、调皮的，但对邪恶和谎言有反抗精神的，敢于以头颅担保的、敢于坚持原则（这些原则是与他们的个性分不开的）的学生"（《家长教育》第 106 页）。作为一生为教的笔者，对苏霍姆林斯基这段表白，深有同感而共鸣。

（80）读书之窘 中国是一个拥有悠久治学传统的国度，可当今却以中国人不爱读书而闻名于世，这显然不是好事。有个小统计：犹太人一年平均读 68 本书，而中国人则平均每人一年读不到一本（扣除教科书）。一个普通美国高中生，一年要阅读 15 个剧本、36 部长篇小说，还要在课堂上学习和讨论各种文学流派；中国孩子一学年读两部长篇小说的人不多，而且读的书普遍品位不高，好些大学生只知道一个时尚作者郭敬明，更不说去读哲学和自然科学的课外书籍了。显然，这与崛起的中国是极不相称的。

（81）病蚌成不了珠 有人推销"苦读"，其理由是读书是特别机械、枯燥、压抑和痛苦的训练，并认为这个过程很符合"病蚌成珠"的原理。这个看法和感受其实是对读书的误解。阅读本身是认读、理解和鉴赏的过程，认读能满足好奇心，理解能解惑释疑，鉴赏能使人因美感而愉悦，何苦之有？中国古代逼其幼儿背诵枯燥的"四书五经"，那才真正是苦不堪言。

（82）母语教育 据调查，美国母语教育时间是中国的三倍，中国小学一周平均母语教学即语文课时间为 300 分钟，而美国小学教英语能达到一周 900 分钟。这不值得中国母语教育反省吗？母语是指一个人最早接触并掌握的语言，母语水平的高低决定他的思维速度、思维水平、语言交际、文字书写以及创新思路，所以，一个重视教育的国家他自然重视母语教育，有人主张小学取消英语课，增加母语课，这是"及时雨"式的建议。

（83）失误的教学 发挥学生的想象力是创新的前奏。可是，好多老师总是拒绝孩子的奇思妙想。有一次，有个孩子问老师："为什么狗尾巴总是向上翘？"结果被老师训了一顿："该看的不看，去看狗尾巴。"至此，这个孩子总是闷闷不乐，懒于发问。也许一个将来会成为动物学家的孩子就这样被扼杀了。

(84) 尊师重道 写了《正义论》的约翰·罗尔斯被美国人誉为 20 世纪美国最伟大的政治哲学家，当他上完课离开教室时，学生们会自动起立长时间鼓掌，一直到他踱出走廊消失在遥远的地方。这让我联想到当今有人恶搞鲁迅，作为体现国家意志的统编教材，编纂者却删去鲁迅的代表作《阿 Q 正传》和《药》以后，又删去鲁迅批判自我的《风筝》，其理由是"过于深刻"。呜呼，如此"尊师重道"，真让人咋舌！

(85) 为"零起点"叫好 按幼儿园的保育大纲，是没有识字、识拼音、做算术题要求的。那么小学就应该"零起点"。但许多幼儿园仍然在让幼儿读小学初年级的"语、数、外"和"兴趣班"，让幼儿失去童真。2013 年春季开始，上海市教委一项严格执行小学"零起点"教学的新政，受到社会普遍好评，我们为上海实施"零起点"叫好。

(86) 标准答案 老师问："中国三国时代蜀汉军事家是谁？"学生答："孔明。"老师给了零分，其理由很清楚，标准答案应是"诸葛亮"。又有老师问："雪化了变成什么？"一个孩子回答："变成了春天！"老师也判了零分，因为标准答案应是"雪化了变成了水"。呜呼，如此应试教育条件下的标准答案，不知泯灭了多少创新的个性。

(87) 享受孤独 一项调查显示，在 15.7 万名青少年受访中，有 37.2% 的青少年认为自己非常孤独。怎么消除这些青少年的孤独感呢？最有效的方法是让青少年常处于孤独的阅读环境，让深度阅读改良他们的孤独感，让深度阅读成为他们的习惯，从而变苦闷孤独为享受孤独。深度阅读成为他们的习惯以后，就会变苦闷孤独为享受孤独。因为深度阅读能认识世界、了解世界，并与书中人物、自然亲切对话，特别是这些对话必须有孤独的环境和心态，这样充实了孤独的内在，才能使孤独变成一种特有的享受。

(88) 越挫越勇 越挫越勇是一个人高质量的心理素质，一个想成大器者必备的强健的心理素质。孙中山、毛泽东如此，爱迪生、诺贝尔也如此。仅看美国第 16 任总统林肯的个人经历，是越挫越勇的生动典型：22 岁生意失败；23 岁竞选州议员失败；24 岁生意再受挫；29 岁竞选州议长失败；31 岁竞争被选举人落选；34 岁竞选国会议员失败；39 岁国会议员连任失败；46 岁竞选参议员失败；47 岁竞选副总统失败；49 岁竞选参议员再次失败；51 岁当选美国总统。培养学生，就要培养他们越挫越勇的精神。

（89）称职父母　"80后"父母怎么教育孩子？调查显示：82.6%的人认为父母应以身作则，为孩子树立一个好榜样；81.2%的人认为要多与孩子沟通和交流，注重孩子心理成长；74.2%的人认为应该引导孩子充分发挥自己的创造力。为此，怎不让国人感到欣慰呢？

（90）家长示弱　过去的家长总是把自己打扮成孩子的"权威"，处处以"教师爷"的心态去训子，结果让子女非常反感。如今好些家长学会在子女面前"示弱"，父母不懂装懂或虽懂却装作不懂去请教子女，子女会告诉你，或会去查找资料后告诉家长。这一下子就让子女与父母处于平等关系，久而久之，子女就会与父母心灵感应，无话不谈。

（91）状元不状　中国高考"状元"调查报告课题组一份调查报告，调查32年来出的"状元"，鲜见"状元"人才。其具体情况是1977~2008年32年的高考"状元"中，没有发现一位在做学问、经商、从政等方面的顶尖人才，他们的职业成就远低于社会预期。为什么会出现这样的结果？我认为有两点：一是中国当今的高考不是考的创新和思想，而是考记忆和知识；二是中学的应试教育以考试为中心给青少年以误导。

（92）逆商与胆商　如今考察一个学生素质的高低，不仅要看智商和情商，而且要看逆商和胆商。逆商是人们面对逆境，在逆境中成长能力的商数，用来测量每个人面对逆境时的应变和适应能力的大小；而胆商，顾名思义，乃指胆量、胆气、胆略，在关键时刻是否敢于冒险、敢做出重大决定。笔者认为不必那么烦琐，用一句话作为标准就可以了：独立思考后所形成的创新能力。

（93）读懂儿童画密码　儿童画藏着幼儿的心理密码，许多家长和老师都忽略了，使幼儿的长处得不到发展。麦克斯韦的父亲就是个例外，一次他对麦克斯韦在画插着秋菊的花瓶，画好后花瓶成梯形的，菊花成了大大小小的圆圈，还有一些奇奇怪怪的三角形，大概是叶子。父亲自此发现儿子对几何的敏感，就开始教他学几何学和代数，果然15岁的他写了一篇数学论文发表在《爱丁堡校学会学报》上。后来，他成了19世纪的著名数学家和物理学家。

（94）成功秘诀　一个25岁的中国陕西女孩张佳妮，被哈佛大学正式聘为中文教师。她在哈佛面试时，主考官请她描述一下在中国的学习和生活时，她回答道："哈佛有句话：'狗一样地学，绅士一样地玩'。从小我父亲就教育我，玩耍和学习同样重要，能全心全意玩耍的人，才能全心全意地学习"。这就是张佳妮成功的秘诀。

(95) 教育要雪中送炭 英国和中国都有分层教育。英国学校根据学生不同的学习能力，把学生分成不同的班，目的是使各层次学生达到应有水平。实际操作中教育资源向落后生倾斜，像周末学校专门为落后生补课，重点在扶持落后生。而中国内地分层则侧重培优，教育资源向优生倾斜，以提高考试成绩，提升学校名声，落后生往往被甩掉。这可以看出，中国的分层教育是封建势力的遗风所致。

(96) 民俗进课堂 成都成华区教育部门尝试将"拉大锯"、"搓麻糖"、"剪纸"、"皮影"、"川剧脸谱艺术"等四川民俗文化纳入幼儿教育，让幼儿从心灵就种上民俗的种子。教育在孩子心目中播下形象的民俗种子是重要的，它具有趣味性、生动性，与孩子"好玩"心态一致，容易记住。但民俗文化的精髓在于"生命力"，这是民俗之魂，在向幼儿传授民俗时不可忽略。

(97) 工资战略 老师工资偏低，对人才战略极为不利，这原因是不言而喻的。据美国波士顿学院和俄罗斯经济学院联合进行的一项调查发现，中国高等学校教师的工资与全球 28 个国家比较，几乎垫底，倒数第三，仅比亚美尼亚和俄罗斯略高，而大学学术人员的工资，加拿大最高，比中国大学学术人员工资高 10 倍。这不仅使中国的大学难以吸引最优秀的人才来当老师或学术人员，也让在职老师普遍兼职影响其讲课质量和学术成就。若有关部门不加以重视改进，就会形成战略性失误。

(98) 对孩子"七不责" 陶行知认为，在教育孩子时，批评比表扬还要高深，这是一门艺术。陶行知的看法是正确的。《黄帝内经育胎智慧》中就提出批评孩子"七不责"原则，值得我们借鉴，这"七不责"是：对众不责，愧悔不责，暮夜不责，饮食不责，欢庆不责，悲忧不责，疾病不责。这是从人性教育中产生的不责原则。

(99) 创造力的培养是教育的生命线 没有创造力的学生，就称不上好学生；没有创造力的职工，就称不上好职工；没有创造力的民族，就称不上是优秀民族。创造力已成当今世界教育的突出主题，学校视创造力教育为重中之重；企业视创造力教育为生存之道；国家视创造力教育为富强之道。

要使人的创造力彰显，就要精益求精、突出个人长处和优势以增强自身的竞争力，这就非依靠个性化教育不可；注重跨学科知识的融合是世界教育改革的首要趋势，使创新融于学生生活和一切活动之中，并增强高校的第四职能——技术创新。

（100）重视革除影响创造力负面文化因素 中国传统文化中有许多正面因素，像孔子确立的意象逻辑思维那样，它直接推动了中国古代科技的发现和发明，但明、清以后科技落后，是传统文化的负面因素占了上风。今日的"双创"时代，那些负面因素时时还阻碍我们的创造力的发展。作为教育者，应力求在学生思想中革除，像只讲"共性至上"而抹杀学生个性的存在；注重上下尊卑等分明；封闭保守而不察；顾虑他人褒贬，不尊重自我感受；习惯于层层隶属而失去自主和独创性；父母有错不敢言导致不敢超越"权威"，等等。这些负面因素，革除了，创造力就自然滋生出来了。

参考文献

［1］老子：《道德经》，上海古籍出版社 1985 年版。

［2］孔子：《论语》，中华书局出版社 1980 年版。

［3］墨子：《墨子》，辽宁教育出版社 1983 年版。

［4］孟子：《孟子》，中华书局出版社 1960 年版。

［5］庄子：《庄子》，中华书局出版社 1983 年版。

［6］马克思：《德意志意识形态》《马克思恩格斯全集》第一卷，人民出版社 1954 年版。

［7］恩格斯：《反杜林论》《马克思恩格斯选集》第三卷，人民出版社 1966 年版。

［8］亚里士多德：《形而上学》，商务印书馆 1979 年版。

［9］许良英、赵中立、张宣三：《爱因斯坦文集》（第三卷），商务印书馆 1979 年版。

［10］卢梭：《爱弥儿》上、下卷，李平沤译，人民教育出版社 1987 年版。

［11］康德：《教育论》，上海商务印书馆 1926 年初版，1933 年国难后第一版。

［12］赫尔巴特：《普通教育学》，李其龙译，人民教育出版社 1989 年版。

［13］福禄培尔：《人的教育》，孙祖复译，人民教育出版社 1911 年版。

［14］潘菽：《心理学简札》，人民教育出版社 1984 年版。

［15］匡亚明：《孔子评传》，齐鲁书社出版社 1985 年版。

［16］胡晓风等：《陶行知教育文集》，四川教育出版社 2007 年版。

［17］李约瑟：《中国古代科学思想史》，江西人民出版社 1990 年版。

［18］杜威：《学校与社会》，1990 年芝加哥版。

［19］蒙台梭利：《童年的秘密》，纽约朗曼斯出版公司 1936 年版。

［20］皮亚杰：《教育科学与儿童心理学》，纽约奥里昂出版社 1970 年英文版。

［21］利伯特：《发展心理学》，人民教育出版社 1984 年版。

［22］杨清：《心理学概论》，吉林人民出版社 1983 年版。

［23］舒新成：《近代中国教育思想史》，福建教育出版社 2007 年版。

［24］罗利建：《人本教育》，中国经济出版社 2004 年版。

［25］贝弗里奇：《科学研究的艺术》科学出版社 1979 年版。

［26］苏秉琦：《中国文明起源新探》，人民出版社 2013 年版。